CLEMENS BITTLINGER & DAVID PLÜSS

SHAMPOO, SEKT UND SEELENHEIL

DAS ANEKDOTENBUCH

R. BROCKHAUS VERLAG WUPPERTAL

Satz und Umschlaggestaltung:
Edward de Jong, Knoth-Design, Niestetal-Heiligenrode
Druck: Wiener Verlag, Himberg/Österreich
ISBN 3-417-24705-5
Bestell-Nr. 224 705

INHALT

„WIR WIDMEN DIESES BUCH
DEM BESTEN PUBLIKUM DER WELT
– UNSEREM PUBLIKUM!"

VORWORT

Ich komme von einer Dienstreise heim. Nach dem Aufschließen der Haustüre höre ich ein seltsames Blubbern und Plätschern. Es kommt aus dem Badezimmer im 1. Stock. Ein Einbrecher? Der nimmt aber doch kein Bad? Wenige Sekunden später geht die Tür auf und Clemens Bittlinger kommt aus dem Bad. In einem Anflug von „Beschaffungskriminalität" hatte er sich bei einer Nachbarin den Schlüssel zu unserer Haustüre besorgt und erst mal gebadet. Warum auch nicht? Ist es nicht das Selbstverständlichste von der Welt, dass man einen Gast im Orient, der von einer langen Reise ankommt, ein Bad nehmen lässt? Schließlich sind ja die Straßen staubig und die Welt ist böse, und ein fahrender Musiker ist ganz schön durch den Schweiß gesungen. Soll er doch baden! Und außerdem fand die Geschichte im markgräflichen Hoheitsgebiet Baden statt. Logisch.

Und logisch war auch, dass beim darauf folgenden Abendessen auf unserem dänischen Esszimmertisch plötzlich Clemens' leeres Bierglas umfiel. Sein Kommentar: „Zum Glück war da nichts mehr drin." Nach etwa zehn Minuten wiederholte sich der Vorgang, diesmal mit dem bedauernden Satz von Clemens: „Zum Glück war das Glas leer." Der Bann wurde erst gebrochen, als die Gastgeberin sagte: „Lieber Clemens, wenn du noch ein Bier willst, dann geh einfach in den Keller und hol dir eins."

Dieselbe Gastgeberin, mit der ich schon ein Menschengedenken glücklich verheiratet bin, hat nur einmal einen riesigen Aufstand gemacht. Wir kamen von der Tour „Abend der leisen Töne" zurück. Die letzte Station war Südbaden. Erst spät fanden wir die letzte noch geöffnete Pizzeria, wo es eine deftige Pizza gab. Auf ihr lagen neben allen anderen Köstlichkeiten übergroße Knoblauchwürfel und wir aßen sie alle. Es war am frühen Morgen, als wir zu Hause ankamen und tief beglückt in unsere Betten sanken, während die Hausherrin schon fort war. Clemens Bittlinger, David Plüss und ich lagen noch in den Betten, als sie am Vormittag wieder die Türe öffnete. Sie stieß einen Schrei des Entsetzens aus – denn das ganze Haus war in Knoblauch getaucht! Frauen haben manchmal eine Knoblauchallergie. Alle unsere Erklärungsversuche prallten an einer Mauer von Ablehnung ab. Es blieb uns nichts anderes übrig als zu frühstücken, um mit unserem neuen Flair den nächsten Veranstalter zu beglücken.

Vielleicht denkt der geneigte Leser, die geneigte Leserin: Das ist ja gar kein Vorwort zu einem Buch. Recht haben sie. Zu einem Buch mit Anekdoten kann man kein Vorwort schreiben. Und wer Clemens und David begegnet, trifft keine gewöhnlichen Künstler. Er trifft zwei Freunde aus Fleisch und Blut, die Jahrzehnte lang fast jeden Stress auf sich genommen haben, um ihre Lieder und ihre Musik meist jungen Leuten zu präsentieren. Das konnten Tausende auf den Kirchentagen sein. Das konnten aber auch dreißig in einem Dorf Brandenburgs sein. Und immer war es die gleiche Hingabe und Leidenschaft und Überzeugung: Gottes Evangelium gehört allen Menschen. Sie müssen nur erfahren, dass es ihnen gehört.

Menschlich überleben kann man diese anstrengende Aufgabe nur mit einem guten und tiefen Humor, der bei den beiden mal eidgenössisch, mal unterfränkisch-hessisch eingefärbt ist. Ich freue mich über dieses Buch und seinen vielfältigen offenen und versteckten Humor. Das Lachen ist eine Schöpfungsgabe und vom Schöpfer können wir es lernen.

Hermann Traub

AUSBLICK

„Irgendwann schreiben wir mal ein Anekdotenbuch ...", diesen Satz hörten wir uns in den vergangenen 20 Jahren des Öfteren sagen. Wann immer wir spät abends nach einem Konzert mit unseren Gastgebern zusammensaßen, kam die eine oder andere Erinnerung aus unserem bewegten Tourneeleben zum Vorschein. Oder wenn wir durch einen Ort fuhren, in dem wir schon einmal gastiert hatten, kam meist ein „Weißt du noch ...", und sofort waren wir wieder mitten in lustigen und spannenden Begegnungen und Begebenheiten. Und dann stellten wir irgendwann fest: Mensch, im Jahr 2001 sind es 20 Jahre! 20 Jahre Bittlinger und Plüss gemeinsam auf der Bühne, miteinander unterwegs. Ein echter Anlass, so fanden und finden wir, unser „Anekdotenbuch" endlich einmal zu schreiben. Das Ergebnis halten Sie nun in Händen. Lehnen Sie sich zurück und werfen Sie einen humorvollen Blick hinter die Kulissen unserer Konzertarbeit!

Voller Eifer haben wir für dieses Buch Geschichten, Anekdoten, Witze und Fotos zusammengetragen. Wir haben viele unserer Freunde und Wegbegleiter der vergangenen zwanzig Jahre gebeten, eine Anekdote oder einen Kommentar zu unserem Buch beizusteuern. Clemens hat im Jahr 2000 ein Tourneetagebuch geführt und David hat gemeinsam mit Andreas Malessa eine CD mit Original-Klangbeispielen zusammengestellt. Herausgekommen ist nun ein buntes Werk, das vor allem eines verdeutlicht: Wir freuen uns und sind dankbar für diese vergangenen 20 kreativen Jahre, prallvoll mit Geschichten, Veröffentlichungen, Begegnungen und Anekdoten. Danken wollen wir dabei vor allem Gott, unserem Vater – für die Gaben, die er uns geschenkt hat und für die Bewahrung auf den Straßen in all diesen Jahren, danken wollen wir unseren Ehefrauen Rosi und Silvia, die uns so oft den Rücken freihalten und dies alles mit (er)tragen und ermöglichen. Und schließlich wollen wir uns bei unseren Freunden und Wegbegleitern, von denen ja auch einige in diesem Buch zu Wort kommen, für ihre Treue bedanken.

Und nun: Viel Spaß beim Schmökern und Schmunzeln!

Rimbach/Zofingen, im Juni 2001

Ihre/Eure
Clemens Bittlinger & David Plüss

KAPITEL 1

RÜCKBLICKE

VON WEGBEREITERN UND WEGBEGLEITERN

ERSTE ANFÄNGE – BESONDERE BEGEGNUNGEN – PERSÖNLICHE WORTE – SPANNENDE LEBENSWEGE – PRÄGENDE ERFAHRUNGEN

DER ERSTE FUNKE

Ich war gerade mal zwölf Jahre alt, als meine Eltern eine Stereoanlage kauften, die der nebenbei als Jugendevangelist tätige Elektrofachhändler dann in unser Haus brachte und gleich installierte. Gewissermaßen als Klangbeispiel hatte er eine Langspielplatte im Gepäck mit dem Titel „Weil Er Freude bringt" – das erste Album der Christussänger.

Der junge Mann hieß Günter Oppermann und hatte damals einen kleinen Verlag und das Missionswerk Projektion J aufgebaut und war gewissermaßen auch der Produzent dieser Langspielplatte. Dieses Werk war meine erste Begegnung mit christlicher Popmusik und ich war begeistert. Bald darauf begann ich selbst Gitarre zu spielen und brachte mir die Akkorde

von „Ich sitze oder stehe" oder „Ins Wasser fällt ein Stein" bei, um mich selbst und andere zu begleiten.

ENTDECKUNGEN

Etwa ein Jahr später gab es das Nachtreffen einer Jugendfreizeit bei Familie Kupsch in Würzburg. Irgendwann am frühen Abend wurden ein paar Kerzen angezündet und Martina Kupsch legte das erste Werk von Manfred Siebald „Da steh ich nun" auf. Beeindruckt lauschte ich diesem christlichen Reinhard Mey, freute mich an seinem Sprachwitz, seinen Bildern (die Bank ist uralt und steinhart und sie knarrt ...) und seiner Art zu singen. Ich wurde ein richtiger Siebald-Fan und begann die Lieder nachzuspielen. Ab sofort ging ich auf Entdeckungsreise in der christlichen Musikwelt. Ich hörte Siegfried Fietz, bei den „Komm"-Veranstaltungen 1973 und 74 entdeckte ich Interpreten wie **The Lighters,** die Band **At Light, JJC** (die später als **Arno & Andreas** bekannt wurden) und viele, viele andere. Wie ein trockener Schwamm sog ich die Inhalte, die Art aufzutreten und die Musik auf.

ANFÄNGE

Zofingen, eine der schönsten Kleinstädte der Schweiz im Jahre 1962. Ich erinnere mich noch sehr gut, wie ich als Fünfjähriger jeweils am späten Samstagnachmittag auf der Orgelbank unserer Kirche, einer evangelisch-methodistischen Kirche, neben meiner Mutter saß und staunend und fasziniert zuhörte, wie sie die Orgelwerke von Johann Sebastian Bach und anderen bekannten Komponisten für den kommenden Sonntagsgottesdienst einübte. Voller Interesse beobachtete ich das Zusammenspiel von Fingern, Händen und Füßen und die gewaltige klangliche Wirkung, die diese akrobatischen Gesten auslösten. Ich dachte bei mir selbst, dass ich so bald wie möglich ebenfalls das Orgelspiel erlernen wollte. Der Höhepunkt für mich war deshalb immer dann, wenn meine Mutter zum Schluss sagte: „So, David, jetzt darfst auch du noch etwas spielen."

Dann rutschte ich schnell an ihren Platz, mitten vor die riesigen, übereinander angeordneten Tastaturen, und fühlte mich wie der Pilot eines großen Flugzeugs. Schwarze und weiße Tasten, unzählige Kippschalter, beleuchtete Knöpfe und Stöpsel, elektrische Strom- und Druckluftanzeigen, Pedale und Fuß-Umschalter, und hinter mir die riesigen aufrechten Düsentriebwerke in Form der übermächtigen Orgelpfeifen, aus denen – durch einen kleinen Druck auf die Tasten – ein mächtiger, brausender Klang die Kirche erfüllte. Zu Recht wird die Orgel als die „Königin der Instrumente" bezeichnet. Und ich war der König!

DIE HAMMONDORGEL

Ich bin dann doch nicht Organist von Beruf geworden. Ich habe erst einmal eine Ausbildung zum Musikalienhändler gemacht. In diesen zwei Jahren lernte ich fast die ganze klassische Literatur der meisten berühmten Komponisten kennen (zumindest die Umschläge der Notenausgaben), packte dabei für die Kunden Plastikblockflöten und Wandergitarren in Weihnachtspapier ein, tauschte sie nach Weihnachten wieder um, führte rote und blaue Klaviere der Marke Joergensen vor, wischte Staub und leerte Papierkörbe. Und ab und zu spielte ich auf der einzigen Hammondorgel, die in unserem Musikgeschäft stand und die niemand kaufen wollte. Wohl deshalb hat mich schon in frühen Jahren ein Organist beeinflusst und fasziniert: Peter van Woerden. Bei meiner Großmutter habe ich die faszinierenden Klangbilder entdeckt, die dieser begnadete Musiker auf seiner elektronischen Theaterorgel auf alte Schellack-Langspielplatten aufgenommen hatte. Besonders in Erinnerung ist mir die musikalische Geschichte, in der er die biblische Geschichte vom „Gleichnis von der Stillung des Sturmes" auf der Hammondorgel instrumental erzählt. Das Toben des Meeres, Blitz und Donner und die ruhige See – alles nur mit Musik erzählt. Das hat mich so gefesselt, dass ich schon im zarten Alter von sieben Jahren versucht habe, es auf dem Klavier nachzuspielen.

TECHNIK …

Nach und nach wagte ich selber kleine Text- und Kompositionsversuche. In dieser Zeit gab es im bayrischen Fernsehen den Gitarrenkurs „Akkord und Rhythmus", den der Gitarrist und Sänger John Pearse durchführte. Zusammen mit meinem Bruder Andi saß ich über dem Begleitheft zur Sendung und lernte das Ragtime-Fingerpicking, eine interessante Zupftechnik, die Begleitung und Melodiespiel in sich vereint. Das Erlernen dieser Technik war eine wichtige Grundvoraussetzung für meine spätere Tätigkeit als Liedermacher, und auch heute noch, wenn ich mal ausnahmsweise ganz allein auftrete, „rettet" mich dieses Fingerpicking.

… UND INSPIRATION

Mitte der siebziger Jahre gastierte dann Fisherfolk aus England/USA in Schloss Craheim, einem ökumenischen Begegnungszentrum, in dem mein Vater als Pfarrer arbeitete. Die rein akustische Instrumentierung (mit sechs- und zwölfsaitigen Gitarren, Bass, Mandoline und Percussion), die tollen Stimmen und die wunderbar getragenen mehrstimmigen Anbetungslieder dieser wirklich im positiven Sinne „frommen" Truppe wirkten nicht nur auf mich enorm inspirierend. Eines meiner bekanntesten Mitsinglieder „Sanna" stammt aus dieser Zeit.

ERSTE HERAUSFORDERUNGEN

Meine erste Schülerband hatte zugegebenermaßen eine etwas eigenartige Besetzung. Einer meiner Schulfreunde, Thomas Zlatko, war das Zugpferd unserer Band. Er war Tscheche und konnte mit zwei atemberaubenden Flamenco-Gitarren-Riffs aufwarten, die alle Mädchenherzen höher schlagen ließen. Mein Banknachbar in der Schule war Urs Zinniker. Ihn haben wir hinter ein frisch erstandenes, aber gebrauchtes

Schlagzeug gezwungen, welches für ihn als Instrument an und für sich und auch sonst eine ziemliche Herausforderung war, da er rhythmisch eher etwas unstabil war. Ich selbst habe auf Großmutters Harmonium gespielt, das wir zu Probezwecken in den Keller geschleppt hatten. Als Scheinwerferanlage benutzten wir eine von diesen mit Bast geflochtenen Stehlampen mit rot-gelb-grünen Lampenschirmen und Schwanenhals, die wir auf uns richteten. Ich bin überzeugt, dass diese instrumentale Besetzung heute Furore machen würde. Wir waren auf jeden Fall unkonventionell, aber wohl eben zur falschen Zeit am falschen Ort. Leider vermochte unser Sound keine wegweisenden neuen Trends in der Musikwelt zu setzen.

DAS MUSIKARCHIV

Später habe ich mir mit meinem Kassettenrekorder die neuesten Hits aus dem Radio aufgenommen und nachgespielt. Ich hatte mir ein kleines Notizbuch angelegt, in das ich mein persönliches Repertoire der Stücke, die ich kannte, aufschrieb, um bei einer Familienfeier nicht lange überlegen zu müssen, was ich spielen sollte. Da die Stücke ja aus dem Radio stammten, hatte ich oft keine Ahnung, welchen Titel sie trugen. Also stand in meinem kleinen Buch zum Beispiel: Nr. 14: „Rem-te-dem-te-dem", Nr. 56: „Dib-dib-dii-bi-dip", oder Nr. 45: „Ma-na-ma-na". Es war mein geheimnisvolles Musikarchiv, das nur ich verstand. Immerhin habe ich damit – nachdem ich meine erste Tanzband, die **David Plüss Band,** gegründet hatte – auf der Geburtstagsparty meines Patenonkels erfolgreich aufgespielt.

DIE ERSTEN EIGENEN LIEDER

Bald begann ich auch die ersten Vortragslieder zu schreiben. Die „Mannschaft" von Schloss Craheim – so nannte man die jungen Mitarbeiterinnen und Mitarbeiter – war ein kreativer Pool und ein geduldiges Experimentierfeld für meine allerersten Gehversuche als Liedermacher. Eines meiner ersten Werke war ein Abschiedslied für Dieter, einen damaligen Freund – eine deutsche Version von „Seasons In The Sun". Damals war ich 16 Jahre alt und gestaltete zusammen mit unserer Wetzhäuser Jugendgruppe recht experimentierfreudige Jugendgottesdienste. Parallel dazu begann ich, in einer Tanzmusikformation mitzuspielen, der „Hasgau Perle“, und hatte ab 1976 so die ersten kleineren Auftritte.

DIE „HASGAU PERLE“

„Fünfzig Mark und Bratwurst und Bier umsonst“ – das war mein erster Lohn als Musiker. Ich war damals sechzehn Jahre alt und spielte als Gitarrist bei einer kleinen Unterhaltungskapelle mit dem schönen Namen „Hasgau Perle“. Wir lebten damals als Familie in Wetzhausen in Unterfranken und die spezielle Region war der Hasgau. Diese Unterhaltungskapelle spielte ein- bis dreimal im Monat auf irgendeinem Feuerwehr- oder Gemeindefest, und der schon etwas ältere Leiter und Sänger der Formation (Akkordeon, Schlagzeug, Saxophon und Gitarre) gab das Motto aus: „Wannsa bsuffn sinn, hör' mer auf!“ Leider kannte ich den Großteil des Repertoires überhaupt nicht, und so ließ ich mir immer die jeweilige Tonart zurufen und spielte dann nach Gehör mit. Es muss schauerlich geklungen haben. Manchmal hatte ich sogar einen kleinen Soloblock mit Folksongs wie „Universal Soldier“, was überhaupt nicht in die ganze Atmosphäre passte. Mir brachte diese Zeit aber die ersten lehrreichen Bühnenerfahrungen.

DER SCHRITT IN DIE ÖFFENTLICHKEIT

Seit langer Zeit traf ich mich mit zwei Freunden aus unserem Ort jedes Wochenende in einem stickigen, feuchten Luftschutzkeller. Dort probten wir stundenlang, um unsere Band auf den Schritt in die große Öffentlichkeit zu trimmen. Egal ob strahlender Sonnentag oder bittere Kälte, wir hatten uns der Unterhaltungsmusik verschrieben und opferten dafür jede Stunde, die wir entbehren konnten. Nach einigen Monaten wurde es uns aber doch langsam zu langweilig in diesem Keller und wir hatten das starke Bedürfnis, unsere musikalischen Qualitäten einem breiteren Publikum zugänglich zu machen. So machten wir uns an einem Samstagmorgen auf den Weg zum Hotel „Linde“ im Nachbarort und fragten den Wirt, ob er interessiert wäre an guter und vielseitiger Live-Musik. Er sagte spontan zu und engagierte uns spontan für den Abend desselbigen Tages. Stolz über unser erstes Engagement fuhren wir zurück zu unserem Probenraum. Dort fiel uns die Frage ein, ob denn in diesem Gasthaus überhaupt ein Klavier stehen würde, denn über ein eigenes Keyboard verfügte unsere Band damals noch nicht. Wir riefen in der „Linde“ an, wo unsere Frage freundlich verneint wurde.

Eine Katastrophe! Den ganzen Abend nur Bass und Schlagzeug klang doch etwas eintönig. Wir sagten unseren Auftritt ab. Eine halbe Stunde später rief mich der Bassist an und meinte: „Wir kaufen einfach jetzt gleich ein Keyboard!" Das Musikgeschäft um die Ecke hatte so etwas Ähnliches wie eine einmanualige Orgel mit einigen farbigen Kippschaltern und einem kleinen eingebauten Lautsprecher. Wir entschlossen uns für das 600 Schweizer Franken teure Instrument und entleerten gemeinsam unsere Geldbörsen. Unser erster öffentlicher Auftritt war gerettet.

Wir spielten sechs Stunden ohne Pause alles von bekannten Jazzstücken Glenn Millers über den „Schneewalzer" bis zu „Weine nicht, kleine Eva" und erhielten zwischendurch einen Teller Wiener Schnitzel mit Pommes und am Ende gegen zwei Uhr morgens die Gage von Schwindel erregenden fünfzig Franken für die ganze Band, inklusive Fahrtkosten. Das waren exakt 16,66 Fr. pro Musiker. „Wir sollten unsere Gage leicht erhöhen!", sagte einer von uns. Wir nickten und machten uns am nächsten Tag auf den Weg zum Restaurant „Rössli".

SCHLAGFERTIG

> **Hotel Rössli Zofingen**
>
> Jeden Freitag und Samstag ab 20 Uhr musikalische Unterhaltung mit
>
> **The Bongos**
>
> in der «Rössli»-Bar, Zofingen.

Im Gasthaus „Rössli" wollte der Wirt eine Ankündigung in der Tageszeitung machen und fragte uns, wie wir denn als Band hießen. Da wir das selbst nie überlegt hatten, sagte unser Schlagzeuger spontan: **The Bongos.** Damit stand unser Bandname fest. Wir spielten bis weit nach Mitternacht in der Bar im ersten Stock vor unseren extra angereisten Eltern, die völlig deplatziert an der Bar neben zwei angeheiterten Stammgästen saßen, und forderten von dem Wirt die horrende Gage von zweihundert Franken, die uns widerspruchslos ausbezahlt wurde. Allerdings hatte der musikalische Marathon unseres ersten Auftritts in der „Linde" unser Keyboard etwas mitgenommen, so dass es ab und zu seinen Dienst versagte und nur knisternde Geräusche von sich gab. Diesen Umstand kaschierte ich dadurch, dass ich ab und zu entweder mit der flachen Hand kräftig auf das Gehäuse schlug oder, etwas unauffälliger, mit dem linken Knie von unten einen gezielten Schlag ausführte. Aber das störte die allmählich angetrunkenen Stammgäste und unsere (unbetrunkenen) Verwandten und Bekannten nicht besonders. Jedenfalls wollte uns der Wirt gleich für den Maskenball an Fasching engagieren. Dieses Vorhaben wurde aber von meiner Patentante vehement durchkreuzt, weil sie die Auffassung vertrat, dass ein noch nicht konfirmierter Bub nicht an Fasching in einer zweifelhaften Bar musizieren sollte. Ich bin ihr heute noch dankbar

für diesen Einwand. Es war mein letzter Auftritt in der harten Welt der Unterhaltungsmusik und ich suchte mir neue musikalische Wege, die sich bald öffnen sollten.

STOLZ WIE OSKAR

In den ersten Jahren, in denen ich Musik machte, hatte ich immer wieder Kontakt mit Günter Oppermann, der inzwischen vollzeitlich als Jugendevangelist arbeitete. Er förderte meine musikalische Begabung, wo immer er nur konnte und wagte schließlich auch eine erste Schallplattenaufnahme mit mir. Das Werk war eine EP, also eine Single mit vier Titeln, und wurde im Sommer 1978 im berühmt-berüchtigten Frankfurter Studio Panne & Paulsen (Spitzname „Pannen und Pausen") aufgenommen. Ich hatte meine Liedtexte, eine verstimmte Gitarre und überhaupt keine Ahnung. Die vom hessischen Rundfunk engagierten Musiker, ein älterer Bassist und ein Schlagzeuger, rauften sich die Haare, als sie mitbekamen, dass ich noch nicht einmal Notenarrangements von meinen Songs dabei hatte. Also musste ich ihnen die Lieder vorsingen, sie machten sich Notizen und dann ging es los! Und so klang das Ganze auch. Aber: Es war ein Anfang und ich war stolz wie Oskar, als die Platte endlich da war.

FÖRDERBAND

Im November 1978 wurde ich dann zum „ERF-Förderband" eingeladen – einer richtigen Live-Veranstaltung, die unter der Leitung von Erhard Diehl im CVJM-Haus Remscheid aufgezeichnet wurde. Das Ganze musste allerdings zunächst um einen Tag verschoben werden, da der legendäre „Eisfreitag von 78" alles, aber auch wirklich alles lahm gelegt hatte. So konnten die Züge der Bundesbahn nicht weiterfahren, weil die Elektroleitungen von einem dicken Eismantel umgeben waren.

Der Moderator von „Förderband" war Jürgen Werth, die musikalische Leitung hatte Johannes Nitsch, der gerade seinen Zivildienst beim ERF absolvierte, und die Begleitband bestand aus Michael Utsch (Bass), Herbert Kleinsorge (Schlagzeug) und Werner Hucks (Gitarre). Es war meine erste Begegnung mit Johannes und auch mit Werner (Werner war damals sechzehn, ich neunzehn Jahre alt). Bei dieser Gelegenheit lernte ich auch den Gospelsänger Jan Vering kennen, dessen Art der Moderation mich später noch stark beeinflussen würde. Außer mir traten noch zwei Duos auf: **Anke & Christian** und **Rolf & Henry.** Letztere belegten Platz 1 und 2, die beiden Damen die Plätze 3 und 4 und Bittlinger konnte sich auf Platz 5 und 6 die Wunden lecken. Da kann man mal wieder sehen: Totgeglaubte leben länger.

LIEDERMACHER AUF GLATTEIS

Irgendwie fiel er auf. Er war anders. Seine Lieder keine Meterware. Einmal, in den Siebzigern, habe ich ihm fast väterlich zugeraunt: „Aus dir wird mal was. Du wirst immer ein treues Publikum haben. Wenn auch wohl eher ein kleines." Womit ich mich gründlich verkalkuliert habe. Treu ist es, sein Publikum. Aber klein nun wirklich nicht.

Ich hatte damals als Leiter des ERF-Jugendfunks „e.r.f. junge welle" unter anderem die Sendereihe „Förderband" zu betreuen. Das war so etwas wie ein Liedermacher-Workshop mit anschließender Publikumsbefragung. Lieder machen war ausgesprochen populär in jenen Tagen. Und so hatten wir keine Mühe, immer neue Talente zu präsentieren. Das „Förderband" fand im Studio statt oder live auf irgendeiner Bühne in irgendeiner deutschen Stadt. Als Clemens Bittlinger dran war, sollte das „Förderband" in Remscheid stattfinden. Termin: 21.11.1978. Gemeinsamer Treffpunkt: Das ERF-Funkhaus in Wetzlar. Von hier wollte der zu fördernde Tross gemeinsam nach Remscheid fahren. Wollte. Denn es war Winter. Und es war kalt. Und es kam noch schlimmer: Glatteis. Und das, nachdem unsere Tontechniker bereits halbwegs sicher in Remscheid angekommen waren. Nichts ging mehr. Was tun? Ungezählte Telefonate zwischen Remscheid und Wetzlar. Dann die Entscheidung. Wir verschieben das Förderband um einen Tag.

Am 22.11. stand er dann vor einem kleinen, feinen Publikum. Und – wurde Letzter. Die Sieger waren – Moment, gleich hab ich's – nein, ich kann mich nicht so richtig erinnern. Aber an ihn, an Clemens Bittlinger, muss ich mich nicht einmal erinnern. Er ist schließlich noch da. Lebendiger und kreativer denn je. Ich habe es damals schon geahnt: Der schnelle Erfolg führt manchmal auch zu schnellem Vergessen. Was allzu leicht ins Ohr geht, geht häufig allzu schnell wieder verloren. Clemens, da bin ich ganz sicher, werden wir auch künftig nicht los. Zum Glück.

Jürgen Werth
Liedermacher und Oberhäuptling des ERF, Wetzlar

RASENDER REPORTER

Ich begann nun, erste kleinere Konzerte zusammenzustellen, trat in Teestuben und bei Evangelisationen auf und ließ mich in der **Cogo** (dem einzigen christlichen Musikmagazin) als Nachwuchstalent vorstellen. Zu dieser Zeit war ich bereits von zu Hause ausgezogen und besuchte die 12. Klasse des Gymnasiums Bad Königshofen/Ufr. Parallel dazu war ich noch als „rasender Reporter" des **Bote vom Grabfeld** unterwegs, einer entzückenden kleinen Tageszeitung, die es heute leider nicht mehr gibt. Da dieser Zeitung eigentlich ein kompletter Redakteur fehlte, hatte ich sehr viel zu tun und einen eigenen Dienstwagen sowie eine Dienstkamera. Mit Zeilen- und Fotogeld verdiente ich immerhin rund 1.200 DM im Monat (für einen Schüler damals „echte Kohle"). In unserer Schule zog ich jeweils vor Schuljahresende durch die Klassen und übte mit den Schülern die Lieder für den Abschlussgottesdienst ein. Bis heute bin ich dieser Region sehr verbunden.

MAL GANZ PRAKTISCH

Als ich die Ausbildung zum Musikalienhändler abgeschlossen hatte, waren noch einige Monate Zeit, bis mein Musikstudium anfangen konnte. Deshalb beschloss ich, für einige Monate nach Winterthur zu ziehen und dort einen freiwilligen und unentgeltlichen diakonischen Einsatz in der „Tössgrotte" zu machen. Die Tössgrotte war eine ehemalige methodistische Kapelle, die zu einem christlichen Jugendtreffpunkt umgebaut werden sollte. Es waren hauptsächlich handwerkliche Tätigkeiten gefragt und ich sollte einige Malerarbeiten übernehmen. Eines Tages war es meine Aufgabe, eine große Zwischenwand, die im Saal als Raumabtrennung diente, in einem frischen, hellen Zitronengelb zu streichen. Das passte mir gut, konnte ich doch während solcher einfachen Malerarbeiten meinen Gedanken freien Lauf lassen und über mich selbst, mein Leben und neue kreative Einfälle nachdenken.

So überfiel mich auch, nachdem ich schon den ganzen Morgen vor mich hin gestrichen hatte, der Gedanke, dass das uralte schwarze Klavier, das dort stand, auch eine Auffrischung vertragen könnte. Ich beschloss kurzerhand, nicht nur die Wand, sondern auch das Klavier mit der saftig gelben Farbe zu verschönern. Bereits eine Stunde später stand ich stolz neben einem leuchtend gelben Zitronenklavier. Nun war der ganze Raum ein Bild mediterraner Harmonie – außer dem Gesicht unseres Teamleiters, der plötzlich in der Tür stand. Seinen Kommentar gebe ich an dieser Stelle lieber nicht wieder. Von einigen seiner Ausdrücke wüsste ich ohnehin nicht, wie man sie schreibt ...

„SUPPE – SEIFE – SEELENHEIL"

Im Rahmen meines Jugendeinsatzes wurde ich schließlich auch für drei Wochen nach Hamburg auf die Reeperbahn geschickt – natürlich zu einem missionarischen Einsatz bei der Heilsarmee!

Diese Zeit brachte eine entscheidende Wende in mein Leben und meinen Beruf. In Hamburg wurden wir geschult, wie wir Straßenaktionen durchführen können, um die Menschen durch Lieder, Sketche und kurze persönliche Berichte zu einem Leben mit Christus einzuladen. Der Pastor Dankmar Fischer – ein Hüne von Gestalt mit barocken körperlichen Ausmaßen, in eine Heilsarmeeuniform gekleidet, führte dabei unsern Trupp von zwanzig bis dreißig Leuten an. Wir zogen singend durch die Straßen von St. Pauli und machten ab und zu an einer Straßenecke halt. Dankmar hielt eine kurze Predigt, wir sangen ein paar frische, fröhliche Lieder und weiter ging unser Umzug. Dabei kam es schon mal vor, dass aus dem Fenster eines Hauses mit Rotlicht ein rohes Ei oder eine Bierflasche angeflogen kam. Eine neue Erfahrung für mich. Zum Glück wurde ich seither bei keinem Konzert mehr mit Nahrungsmitteln beworfen.

KRITISCHE TÖNE

Im November 1979 erlebte ich zusammen mit meiner damaligen Freundin und heutigen Frau Rosi in Coburg ein Live-Konzert von Konstantin Wecker. Dieses Konzert, die Dichte von Text und Melodie, die unglaublich tolle Instrumentierung mit Flügel, Cello, Xylophon, Bass und Akustikgitarre – all das überwältigte mich. Am meisten beeindruckte mich jedoch, wie Konstantin Wecker seine Ansagen zwischen den Liedern so perfekt einsetzte, dass ich als Zuhörer am Ende des Abends den Eindruck hatte, ich hätte die ganze Zeit den Atem angehalten und wäre „auf vorderster Stuhlkante" diesem Sänger praktisch überall hin gefolgt.

Ich wurde zu einem glühenden Wecker-Verehrer und verwarf meine gesamte bisherige „christliche Liedermacherei". Wenn ich weiterschreiben wollte, dann ehrlich, zornig, kantig und kraftvoll – eben so wie Konstantin Wecker. Hinzu kam, dass ich mich in dieser Zeit von meinem Kinder- und Jugendglauben verabschiedete und mit Gott und Kirche erst mal gar nichts mehr am Hut hatte. Ich engagierte mich als Vorsitzender der Schülermitverwaltung und begann neue, meist politisch gefärbte Lieder und Texte zu schreiben.

KARRIERESCHRITTE

Themen wie Kriegsdienstverweigerung, Faschismus (Der alte Baum), Aufrüstung (Russisch Roulette), Umweltverschmutzung (Der Fluss) beherrschten nun meine Gedanken, und diese Lieder waren es dann, mit denen ich nach dem Abitur von Schallplattenfirma zu Schallplattenfirma zog, um einen Deal für eine erste Langspielplatte zu bekommen. Ergebnis dieser Schallplattenverlagsreise war die Zusammenarbeit mit Siegfried Fietz, bis heute einer der herausragendsten Interpreten christlicher Popmusik. Seine Idee war es auch, den jungen aufstrebenden Schweizer Chorleiter und Keyboarder David Plüss meine erste LP „Mensch bist Du's wirklich" arrangieren und produzieren zu lassen. Von Siegfried Fietz habe ich viel gelernt, vor allem die kommunikative Seite seiner Konzerte hat auch meine Konzerte geprägt, und ich habe früh gelernt, viel mit den Leuten zu singen. Sein Satz: „Ein gutes Konzert zieht zwei neue Konzerte" war und ist für mich innerhalb unserer Konzertarbeit ein wichtiges Motto.

NEUE LIEDER BRAUCHT DAS LAND

Meine Wochen bei der Heilsarmee in Hamburg waren eine beeindruckende und prägende Zeit für mich, und ich bewundere auch heute die Menschen dafür, dass sie sich konsequent für andere einsetzen und das christliche Thema der ganzheitlichen Nächstenliebe praktisch umsetzen. Einer der Mitwirkenden in unserer Gruppe war Pastor Peter Vesen. Eines Morgens hatte er mir einige Musiknoten mitgebracht und gesagt, dass er gerne mit mir am Abend in der Veranstaltung im Saal zwei Lieder singen würde und ob ich ihn am Klavier begleiten könnte. Er erzählte mir von einem Freund, der erst kürzlich einen eigenen Verlag gegründet habe und dadurch natürlich noch auf Unterstützung und Bekanntmachung seiner Veröffentlichungen angewiesen sei. Dieser Freund hieß Siegfried Fietz und hatte damals seine erste Schallplattenproduktion im eigenen Verlag veröffentlicht. Die Kantate „Also hat Gott die Welt geliebt". Ich war so fasziniert von dieser neuen Art der Kirchenmusik, dass sie mich seit der Begegnung mit Peter Vesen nicht mehr losgelassen hat.

VOM HOBBY ZUM BERUF

Zurück aus Hamburg habe ich einige Monate später durch den Schweizerischen Jugendsekretär unserer Kirche, Urs Bangerter, auch Siegfried Fietz persönlich kennen gelernt. Urs hatte mit ihm eine ausgedehnte Konzerttournee durch die Schweiz organisiert, und so stand auch ein Konzertabend in unserer Gemeinde in Zofingen auf dem Plan. Ich saß bei jenem Konzert in der ersten Reihe unserer Kirche gleich in der Nähe der Orgel und verfolgte fasziniert das Geschehen.

Nach und nach wurden die Begegnungen und der Kontakt mit Siegfried häufiger und intensiver. So kam es schon mal vor, dass ich bei einem seiner Konzerte einige Lieder auf dem Klavier begleitete, was mir und allen anderen sichtbar Freude machte. Eines Tages beschloss ich, eines der größeren Werke von Siegfried Fietz mit einem Jugendchor, in dessen Band ich mitspielte, aufzuführen und eine Schweizer Konzerttournee zu organisieren. So war ich zusammen mit **Delaja**, dem damals bekanntesten Schweizer Jugendchor, samt Band aus Bottenwil unter der Leitung von Markus Schweizer mehr als zwölf Jahre lang zu teilweise über 50 Konzerten pro Jahr in der Schweiz unterwegs und brachte viele dieser neuen Lieder aus der christlichen Popmusik unter die Leute. Ich hatte meine Berufung gefunden und damit gleichzeitig mein Hobby zum Beruf gemacht.

DAVID

David sieht heute noch nicht so alt aus, wie ich ihn mir vor einundzwanzig Jahren vor unserem ersten Treffen vorgestellt habe. Ich hatte über Siegfried Fietz von diesem Schweizer Produzenten gehört und hatte auch ein Kinderalbum gehört, das David arrangiert und produziert hatte, und stellte mir nun einen wohlbeleibten, glatzköpfigen Anfang-Fünfziger vor. Im November 1980 war ich dann bei einem Veranstalter in der Schweiz, der mit David gut befreundet war und der mich nach dem Konzert ermutigte, „Herrn Plüss" doch einmal persönlich kennen zu lernen. So fuhr ich abends von Basel nach Zofingen und begegnete zu meiner Überraschung einem dreiundzwanzigjährigen, sportlich dynamischen Lockenschopf.

CLEMENS

Während meiner Zeit als Produzent bei **Abakus** lernte ich Clemens Bittlinger kennen. Ich erhielt eines Abends kurz vor Mitternacht einen Anruf eines befreundeten Pfarrers aus Basel, der mich bat, mir doch etwas Zeit zu nehmen für einen jungen begabten Liedermacher, der eben in seiner Gemeinde ein kleines Konzert gegeben habe. Ich schlug vor, dass wir uns gleich treffen sollten, da es nur eine halbe Stunde Fahrt war, und so stand Clemens kurz nach Mitternacht an meiner Wohnungstür mit den Worten: „Guten Abend, Herr Plüss, mein Name ist Bittlinger. Danke, dass Sie sich zu so später Stunde noch Zeit nehmen." Nachdem wir uns im Wohnzimmer etwas unterhalten hatten, fand ich dann, dass wir nun müde seien und ich ihn ins Hotel bringen werde. Wir hatten uns inzwischen das etwas persönlichere Du angeboten. Wir gingen beide schlafen und wussten nicht, dass das der Beginn einer großen Freundschaft war und einer nun bereits über 20-jährigen kreativen Zusammenarbeit auf der Bühne und im Studio.

ZWEITBERUF STUDENT

Im Herbst 1980 nahm ich in Mainz mein Studium der evangelischen Theologie auf und nebenbei begann ich richtig zu tingeln. 1980 hatte ich vierzig Auftritte, 1981 waren es schon stolze achtzig Konzerte und Auftritte, die ich in Teestuben, Gemeinden usw. absolvierte. 1980 lernte ich bei dem so genannten „Hochheimer Gospelrock Festival" auch den Keyboarder Dieter Falk kennen, der damals die Ex-Schlagersängerin Inge Brück begleitete. Ebenfalls bei diesem Festival dabei: die legendäre Band **Deliverance.**

Im Frühjahr 1981 erschien dann endlich meine erste Langspielplatte „Mensch bist Du's wirklich", die gleich auf Platz 6 der ganz normalen säkularen Hitliste von Media Control landete. Für mich als Newcomer ein ungeheurer Erfolg und eine echte Ermutigung. Mit diesem Album hatte ich eine relativ gute Medienpräsens: Fernsehsendungen wie der SWF-„Glaskasten" (zusammen mit dem damaligen Bundespräsidenten Carstens), im ZDF die Sendungen „Tagebuch" und „Weltlich im Sound" und Rundfunksendungen wie „Top Time" auf HR3. Letztere wurde live vom Hessentag in Bürstadt übertragen und von einem jungen Nachwuchsmoderator namens Thomas Koschwitz und seinem Co-Moderator Christopher Sommerkorn moderiert, und es war eine Gelegenheit, live über den Äther zu gehen und auch als Talkgast mitmischen zu können.

AUF DER BANK

Bei der Erstellung des Schallplattencovers lernte ich Christina Burfeind und Michael Wepler kennen, ein junges Paar, das auch als Grafikteam zusammenarbeitete und mit tollen kreativen Ideen das Erscheinungsbild christlicher Schallpatten-Cover ganz schön durcheinanderwirbelten. Für mein erstes Album „Mensch bist Du's wirklich" sollte ich vor einem grün-blau zerknitterten Hintergrund (selbst gefärbt) auf der Rückenlehne einer weißen Parkbank sitzen. Zunächst besorgten wir Kleidung für mich, dann fuhren wir zur Gartenabteilung eines großen Möbelhauses und kauften eine weiße Parkbank. Mit dieser Bank im offenen Kombikofferraum fuhren wir ins Fotostudio und machten die Aufnahmen. Nach Beendigung der Fotosession brachten Christina und Michael die weiße Bank wieder zurück, mit der Bemerkung „sie würde nun doch nicht passen".

ZWÖLFTONMUSIK

Zu meinen frühen musikalischen Stationen gehört auch ein Auftritt mit dem örtlichen Handharmonikaverein. Infolge der Erkrankung des Akkordeonbassisten wurde ich angefragt, auf einem keyboardähnlichen Bass-Synthesizer mit nur zwölf Tasten den Auftritt im Altenheim mitzugestalten. Spontan sagte ich zu, denn ich hatte bisher noch nie in einem Seniorenheim gespielt. Ich wusste ja nicht, dass so ein Haus schon bald für einige Jahre zu meiner Heimat werden würde.

Jedenfalls meisterte ich dieses Konzert mit der mir eigenen Souveränität. Jedes Mal, wenn ich von den vorgeschriebenen Noten abwich – und das tat ich oft und gerne – und einen virtuosen eigenen Basslauf hinlegte, der selbst die bekanntesten Weltmelodien in den Schatten stellte, drehten sich dreißig Köpfe des Handharmonikaorchesters staunend in meine Richtung. Leider wurde nach diesem einmaligen Konzert meine Handharmonikakarriere beendet, da der Bassist wieder gesund war und ich mich deshalb großmütig zurückzog. Schade, man hätte bestimmt noch viel von mir gehört.

CHORPROJEKTE

Um 1980 herum entstand unter dem Namen **Adonia** eine Musikarbeit unter Kindern und Jugendlichen, die heute ihresgleichen in Europa sucht. Gegründet von einem Freund von mir, Markus Hottiger aus Zofingen, ist ein Werk entstanden, das von einem kleinen Kinderchor aus der Sonntagsschule zu einem Chorprojekt mit rund 2000 Sängern angewachsen ist und immer noch wächst. In dieser Zeit habe ich unzählige Musicals und Songs arrangiert und produziert. Eine Arbeit, die mir immer noch großen Spaß macht.

DOPPELTE TERMINPLANUNG

In den vergangenen zwanzig Jahren hat David Plüss genau dreißig CDs für den Adonia Verlag, Brittnau, produziert. Am Anfang jeder Produktionsplanung standen jeweils Terminabsprachen. David als Arrangeur und Produzent sollte das Masterband zu einem vom Verlag gewünschten Termin abgeben. Das war oft nicht einfach. Seine Agenda hatte zwar noch einige wenige „weiße Terminspalten", aber ganz hinten kam ein kleiner Zettel aus seiner Agenda zum Vorschein, auf dem provisorische Termine von Konzerttourneen mit Clemens Bittlinger auf Jahre hinaus geplant waren. So hieß es häufig: „Ja, eigentlich hätte ich da schon noch frei, ich muss aber zuerst noch mal schauen wegen Clemens ..."

Sicher hieß es bei der Planung mit Clemens oft: „Ja, für die Tournee wäre ich noch frei, ich muss aber mit Adonia mal schauen, ob ich die geplante Produktion verschieben kann ..."

Es sei hier aber noch angefügt, dass David in all diesen Jahren nicht ein einziges Mal einen wichtigen Termin für die Abgabe einer Produktion versäumte. Das ist großartig für einen Musiker!

Markus Hottiger
Texter, Komponist und Gründer der Adonia Arbeit (Schweiz)

IM AUFWIND

Ich war – in wechselnden Formationen – viel unterwegs. Konzerte in Begleitung von Johannes Nitsch, Dieter Falk und David Plüss gehörten ebenso dazu wie meine zähen Versuche, in die Gesangsformation **Aufwind** aufgenommen zu werden. **Aufwind** war damals der deutsche Gospelchor. Bestehend aus lauter Solisten wie Johannes Nitsch, Hartmut Nitsch, Heike Tittman, Jan Vering, Pat Garcia, Christoph Zehendner, Nicole Vogel und Elke Hucks, bot diese Formation ein unglaubliches kreatives Spektrum und künstlerisches Potenzial, aber auch ein Experimentierfeld. Da musste ich unbedingt dabei sein. Und nach mehreren Probeläufen erhielt ich

schließlich eines Abends einen Anruf von Johannes: „Clemens, du darfst dich ab sofort als Mitglied von Aufwind bezeichnen!" Ich fühlte mich geadelt und habe in den gut zwei Jahren, die ich bei dieser Truppe mitmachen durfte, von meinen Künstlerfreunden, allen voran Jan Vering, sehr, sehr viel gelernt. Es war „ein Sack Flöhe", den es da zusammenzuhalten galt! Wer zählt die Tränen hinter der Bühne, die geweint wurden, wenn jemand solistisch nicht zum Zuge kam? Mitunter hitzig, aber stets engagiert waren unsere Diskussionen vor und nach den Konzerten – über Nato Doppelbeschluss, Sex vor der Ehe und Glaubensfragen. Ich hatte meinen Platz im Bass, zwischen den „beiden Kolossern" (wie sie sich selbst nannten) Jan Vering und Gerd Lehr, und zeichnete mich bis zum Schluss dadurch aus, dass ich manche Chortitel nur fragmentarisch beherrschte, aber durch meine beiden Basskollegen stets gut eingebettet war, so dass es wohl nicht allzu sehr auffiel. Mit Gerd Lehr teilte ich meistens das Quartier.

SCHLUMMERTRUNK

Wenn wir mit **Aufwind** unterwegs waren, wurden wir zum Schlafen immer privat einquartiert. Eines späten Abends wurden Gerd Lehr und ich in das kleine Häuschen eines älteren Ehepaares gebracht. Wir standen im Flur und hatten eigentlich noch nicht vor, schlafen zu gehen. Man deutete uns aber mit einem scharfen Blick auf die nach oben führende Treppe an, dass wir nun ins Bettchen gehen sollten. Da sah ich durch den zum Wohnzimmer geöffneten Türspalt eine Flasche Wein auf dem Tisch stehen, klopfte spontan dem Hausherrn auf die Schulter und schob ihn gleichzeitig sanft beiseite mit den Worten: „Oh, das wäre aber nun wirklich nicht nötig gewesen ..."

„HEIL DEM NAZARENER"

Christoph Zehendner und Johannes Nitsch hatten ein Pop-Oratorium zur Bergpredigt geschrieben. In diesem Werk (Fundamentales) gibt es eine Szene, in der wir (der Chor) als begeisterte Meute, „Heil dem Nazarener" skandierend, auf Jesus (in diesem Fall Christoph) zumarschieren und Jesus uns mit einer markanten Handbewegung zum Schweigen bringt. Das hat auch immer sehr schön geklappt, nur einmal ging es völlig daneben: Jan Vering hatte offensichtlich den Friseur gewechselt und stand plötzlich mit einem Haarschnitt vor uns, der (um es vorsichtig zu sagen) recht lustig aussah. Auf jeden Fall erntete er nichts als Hohn und Spott und die Frage, ob er vielleicht im Windkanal übernachtet habe. Als Jan nun als Teil der Meute skandierend auf Christoph zutänzelte und dieser wieder seine „Seid still!"-Handbewegung machte, entfuhr Jan in die

Stille hinein ein allerletztes, kleinlautes „Heil". In Verbindung mit der ungewöhnlichen Frisur muss das so komisch ausgesehen haben, dass Christoph nicht mehr an sich halten konnte. Er prustete laut los, und damit war es auch um unsere Fassung geschehen: Wir schüttelten uns vor Lachen – und das auf offener Bühne!

BEGNADIGTER KÖRPER

Vor AUFWIND-Konzerten vollzog sich in den Garderoben mit steter Regelmäßigkeit ein merkwürdiges Ritual vor dem männlichen Teil der Truppe. „Garderobe", dieser Begriff lässt die Realität schöner vermuten als sie war. In der Regel zogen wir uns in einer muffig riechenden Umkleidekabine einer schon in die Jahre gekommenen Turnhalle um, in der der Putz von der Wand bröckelte, die Luft nach einer Mischung aus Ammoniak und faulenden Äpfeln roch und die Wände von kreativen Halbstarken bekritzelt waren.

In dieser heimeligen Atmosphäre also ließ Clemens die Hüllen fallen (wie wir alle), doch im Gegensatz zum Rest der Männer inszenierte er seinen „Umzug". Wenn er nur noch in der Unterhose da stand, kam sein auf hessisch vorgetragener Spruch: „Für zwansisch Mack zeig isch eusch mein Körpä!" Doch so sehr er sich auch anbot, bezahlen wollte nie jemand ...

Christoph Zehendner
Rundfunkjournalist (SWR) und Liedermacher

In den Jahren 1981-83 gaben David und ich vereinzelt gemeinsame Konzerte in Deutschland, aber auch in der Schweiz. Ich studierte mehr schlecht als recht evangelische Theologie in Mainz, schaffte mein Hebraicum erst im dritten Anlauf (mit Sondergenehmigung) und engagierte mich u.a. im politischen Widerstand gegen die Startbahn West. In dieser Zeit zeichnete sich die Auflösung der Gruppe Aufwind allmählich ab, weil die solistischen Verpflichtungen einzelner Interpreten immer stärker zunahmen und „Aufwind" allmählich zu viel „Aufwand" wurde.

In dieser Zeit entwickelten Johannes Nitsch, die Pantomimegruppe Plektron und ich eine erste Version des Tourneeprogramms „Pantomime & Chanson", aus dem dann ein „Pantomime & Chanson"-Projekt mit Hans-Jürgen Hufeisen und Ralf Hutter, 1984/85 das Tourneeprogramm „Der festliche Mensch" und viel später die Zusammenarbeit mit Carlos Martinez hervorging.

CARLOS

Unser Freund aus Barcelona, der Pantomime Carlos Martinez, war wieder mal angereist und eine kleine „Pantomime & Chanson" Tournee stand bevor. Gleich am ersten Veranstaltungsort stellte Carlos zu seinem Entsetzen fest, dass auf den Eintrittskarten nicht Carlos Martinez, sondern Carlos Sanchez stand. Bei dieser Gelegenheit erfuhren wir, dass sowohl der Name Martinez, wie auch der Name Sanchez in Spanien völlige Allerweltsnamen sind, so wie bei uns Müller oder Schmidt. Seitdem ziehen wir Carlos immer damit auf, dass wir eigentlich auf Carlos Sanchez warten, uns aber, solange dieser nicht kommt, auch mit Carlos Martinez zufrieden geben.

(UN-)VERGESSLICH

When I met Clemens and David, I realized right away that they shared a deep friendship. Before and after each performance they spent a lot of time chatting with each other. They talked about their work as if it were a friend they had in common. They seemed to forget about everything else around them.

When we finished our first performance together, I watched them pick up everything, load the van and without a pause in their conversation, they left for the night. They were in their own world and had forgotten about everything ... including me. It just took a quick telephone call on their mobile phone in order for them to come back to the theatre to fetch me.

That was the first and last time that they forgot me. But since that day, I am always the first person to get in the van at the end of a performance!

Als ich Clemens und David kennen lernte, merkte ich gleich, dass die beiden eine tiefe Freundschaft verband. Vor und nach jeder Veranstaltung verbrachten sie viel Zeit damit, miteinander zu reden. Sie sprachen über ihre Arbeit wie über einen gemeinsamen Freund. Sie schienen dabei alles andere um sich herum zu vergessen.

Als wir unsere erste gemeinsame Aufführung beendet hatten, beobachtete ich sie, wie sie alles nahmen und in den Tour-Bus luden, ohne dass sie ihre Unterhaltung unterbrochen hätten – dann fuhren sie in die Nacht. Sie waren so in ihrer eigenen Welt, dass sie alles andere vergessen hatten ... mich eingeschlossen. Es brauchte jedoch nur einen schnellen Anruf auf ihrem Handy und sie kamen auch schon wieder zurück, um mich mitzunehmen.

Das war das erste und das letzte Mal, dass sie mich vergessen haben. Doch seit diesem Tag bin ich der Erste, der nach einer Veranstaltung in den Bus klettert.

Carlos (Sanchez) Martinez
Pantomimez

PROTESTE

Die Hauptaktivität der evangelisch-theologischen Fachschaft der Uni Mainz bestand Anfang der achtziger Jahre hauptsächlich im Widerstand gegen den Bau der Startbahn West des Frankfurter Flughafens. In dem Walldorfer Wald, der für den Bau dieser Startbahn gerodet werden sollte, hatten verschiedene Gruppierungen und auch Einzelpersonen ein Hüttendorf errichtet, in dem zeitweise Hunderte von Leuten kampierten. Auf Einladung der Fahrradinitiative Rüsselsheim konnte ich auf einer provisorischen Holzbühne mitten im „Protestdorf" ein Benefizkonzert geben. Hinter mir knatterte ein kleines Dieselaggregat und versorgte meine Verstärkeranlage mit Strom, und vor mir saßen, standen, lagen etwa 100 Dorfbewohner, Hunde und Katzen. Leider wurde das Hüttendorf nur kurze Zeit später „geräumt", der Wald gerodet und die Startbahn West gebaut.

1983 erschien meine zweite Langspielplatte „Jeder Mensch braucht einen Menschen". Schon bei den Aufnahmen zu diesem Album zeigte sich, dass die Vorstellungen des Verlages und meine Vorstellungen bezüglich meiner Songproduktion weit auseinander gingen. **Abakus** war gerade dabei, ein eigenes Studio zu installieren, und erwartete nun auch selbstverständlich von mir, dass ich dieses Studio in Anspruch nahm. Siegfried Fietz hatte sich den für damalige Verhältnisse revolutionären Linn-Drum-Computer gekauft. Man kann auf dem Album gut hören, dass wir der Versuchung, dieses „Ding" dauernd einzusetzen, nicht besonders gut widerstanden haben. Während der Aufnahmen kam es zu einer heftigen Auseinandersetzung zwischen dem Verlag und mir und die Produktion wurde abgebrochen. Erst zwei Monate später machten wir weiter und beendeten das Projekt im Eiltempo. Für die Abmischung des gesamten Albums hatten wir etwa 24 Stunden (am Stück) Zeit, d. h. wir haben bis morgens um vier Uhr gemischt – dann ging einfach nichts mehr. Zum Schluss ist uns auch noch das Masterband von der Maschine „geflutscht" und wir mussten es sorgsam per Hand wieder aufwickeln. Die erschienene Langspielplatte hatte dann in der Abmischung doch einige grobe Schnitzer, woraufhin es auch einen heftigen

Briefwechsel und Streit zwischen David (dem Produzenten) und mir gab. David beendete seinen Antwortbrief an mich mit dem Spruch „Wo gehobelt wird, fallen Späne" – bis heute eine stehende Wendung, wann immer wir uns zoffen.

P.S.: Später haben wir „Jeder Mensch braucht einen Menschen" noch einmal neu abgemischt, so dass es nun zwei Versionen der LP gibt. Der markanteste Unterschied: Bei der ersten Version donnert bei „Gott spannt leise feine Fäden" an verschiedenen Stellen ziemlich unsensibel die Linn Drum los. Davon müssten etwa 500 Exemplare im Umlauf gewesen sein. Wer hat solch ein Exemplar? Bitte melden – ich biete 100 DM dafür!

GANZ NATÜRLICH

Für die Fotoaufnahmen zum Schallplattencover hatten Christina und Michael sich Folgendes überlegt: Ich (schwarze Turnhose, weißes T-Shirt) sollte an einer gelben Wand lehnen, neben mir ein leerer, grüner Stuhl. Für diesen Zweck hatten die beiden extra eine gesamte Wand ihrer Wohnung quietschgelb gestrichen. Christina lieh mir ihre Turnhose und ich musste mich ziemlich verrenken, um halbwegs „natürlich" und auch noch lächelnd vor dieser gelben Wand zu stehen.

RICHTFEST

Einige Jahre lebte ich mit meinen Eltern zusammen in einem Altenheim, dem sie als Leiter vorstanden. Als das Haus durch ein Pflegeheim mit Bistro baulich erweitert wurde, spielten wir als **David Plüss-Band** zum Richtfest. Unser Auftrittsort war im Zwischengang zum Neubau, wo es wegen der noch fehlenden Fenster so zugig war wie auf dem Oberdeck eines Schiffes. Das hatte zur Folge, dass kaum ein Zuhörer für länger als drei Musikstücke stehen blieb und zuhörte. Was ganz gut war, denn viel größer war unser Repertoire auch gar nicht. Dass dann in einer Pause plötzlich eine nicht richtig befestigte Heizwand das Schlagzeug unter sich begrub, war ein klares Zeichen, diesen Auftritt für beendet zu erklären.

EIN BESONDERES DUO

Irgendwann in dieser Zeit lernte ich auch die Gruppe **Heilhut Semmeldroll** kennen, aus dem später das Duo Jonathan & Laurent entstand. (Diese beiden zählten und zählen für mich, in ihrer Zusammenarbeit als Duo, zu dem Besten, was unsere Szene je zu bieten hatte). Unvergessen: eine 10-tägige Tournee der Aktion Nordlicht in Schleswig-Holstein im Sommer 1983. Eigentlich sollte es eine Kombitour mit dem Flötisten Hans-Jürgen Hufeisen werden, der aber dann aus irgendwelchen Gründen nicht konnte. Daraufhin sprangen spontan Jonathan und Laurent ein. Am ersten Abend in Kaltenkirchen kamen die beiden so spät, dass ich das Konzert erst einmal alleine beginnen musste. Etwa eine dreiviertel Stunde nach Konzertbeginn standen dann die beiden barfuß (es war Sommer) und mit Gitarren bepackt am Bühnenrand, begleitet von ihrem Hund Flappo, der auch gleich auf die Bühne hechelte – es wurde noch ein schöner Abend. Ein Teil dieses Programms waren ein paar Mitarbeiter der Aktion Nordlicht, die sich zu einer Pantomimegruppe zusammengefunden hatten. Hauptakteurin dieser Pantomimegruppe war eine junge Frau, in die sich sowohl Jonathan als auch Laurent Hals über Kopf verliebten. So viel sei verraten: Jonathan machte das Rennen.

TANKBAR

Während wir im hohen Norden unterwegs waren, tankten wir zweimal an derselben BP-Tankstelle. Dabei fielen uns die netten T-Shirts auf, die es dort gab. Spontan kauften Laurent und ich uns jeweils ein BP-T-Shirt und kreierten ein Danklied an alle Tankwarte und Tankstellen, die uns immer so nett bedienten und uns „halfen" unseren Job zu tun. Das Lied hatte folgenden Refrain: „Wir danken unserem Tankwart und tanken immer dankbar. In Gedanken tankend, woll'n wir dankend tanken." Natürlich hatte der Song auch Strophen, leider (oder zum Glück?) sind sie mir entfallen. An den Abenden, an denen wir diesen Song spielten, trugen wir unsere BP-T-Shirts unterm Hemd und knüpften letzteres bei diesem Song auf, um unser Tankdanklied eindrücklich zu präsentieren.

Engagierter 12-Jähriger *(sic!)* singt in „Teekiste"

Clemens Bittlinger, Student der Germanistik und der evangelischen Theologie in Mainz, seines Zeichens Liedermacher, gibt am Freitagabend um 21 Uhr ein Konzert in der „Teekiste". Seit nunmehr etwa dreieinhalb Jahren ist der Gospel- und Ragtimekomponist an den Wochenenden unterwegs, um in Teestuben, Kaffeebars, Jugendzentren und ähnlichen Veranstaltungen hauptsächlich junge Menschen zu erreichen, um ihnen eine realistische Alternative zu dem „Chaos in unserer Zeit", wie er sagt, zu bieten. Zum ersten Mal von sich reden machte der Sänger durch eine improvisierte Plattenaufnahme eines Frankfurter Tonstudios, der dann zahlreiche Aufnahmen folgten. Im süddeutschen Raum trat er erst kürzlich in so bekannten Sendungen wie der „hr-3-Top-Time" oder dem „SWF-Glaskasten" auf. Bittlinger versucht nicht nur, sich in seinen Liedern als Christ darzustellen, sondern auch in unserer „kaputten, chaotischen Welt" zu zeigen, dass es eine Alternative gibt. Er begegnet in den Texten seiner ersten Langspielplatte „Mensch bist Du's wirklich" Problemen wie der Angst vor der Atomkraft, der Umweltverschmutzung, der Aufrüstung und der Profitgier mit christlichen Aussagen.

(Aus einer Düsseldorfer Zeitung, 1981)

ROSI

Im Sommer 1983 zog ich zusammen mit meiner Freundin Rosi nach Baiersdorf bei Erlangen. Rosi hatte nach dem Abitur eine Töpferlehre absolviert und wollte nun Psychologie studieren. Ich hatte in einem dritten Anlauf endlich mein Hebraicum geschafft und wollte mich ein bisschen mehr auf mein Studium konzentrieren. Im Dezember 83 heirateten wir standesamtlich und Ende Januar 1984 kirchlich. Es war ein großes und buntes Fest mit rund 100 Freunden und den engsten Familienangehörigen. Heilhut Semmeldroll und die meisten von **Aufwind** gestalteten den Gottesdienst und die anschließende Feier mit. Ich glaube, wir hatten alle so richtig Spaß, und es war eine zünftige, fränkisch geprägte Fete bis in die frühen Morgenstunden.

DER INSZENATOR

Hochzeit von Rosi und Clemens. Eine moderne Kirche irgendwo im Fränkischen, fröhlicher Heilhut-Semmeldroll-Folk statt breiter Orgelschwulst, viele gute Worte, viel gute Musik, dann die entscheidende Szene – die Entertainer Clemens natürlich genauestens vorbereitet und inszeniert hatte.

„Willst du, Clemens, Rosi zu deiner Frau nehmen?", fragt Rainer Haak.

Stille. Keine Antwort. Nichts.

In diesem Augenblick kommen dem nicht eingeweihten Besucher (und außer Rosi war offensichtlich niemand eingeweiht) Sekunden wie Ewigkeiten vor. Der wird doch nicht etwa ...? Immer noch Pause. Dann dreht Clemens sich langsam um, zu uns, zur Gemeinde, lässt mit einem breiten Grinsen seinen Blick schweifen über die Kirchenbänke, über Kollegen, Verwandte, über aktuelle Freunde und verflossene Freundinnen.

Wie viele Stunden, Tage, Jahre sind darüber vergangen?

Clemens ist endlich fertig, dreht sich zurück zum Pfarrer und sagt laut, um auch jeden Zweifel zu zerstreuen: „Ja!"

Uns fiel ein Stein vom Herzen.

Christoph Zehendner

AUF TOUR

Die Zeit zwischen 1983 bis 1986 war geprägt vom locker-fröhlichen Studentendasein in Erlangen und einer regen Konzerttätigkeit. Durchschnittlich 100 bis 120 Konzerte absolvierten meine lieben Mitmusiker und ich im Jahr. Meistens war ich in Begleitung von Dieter Falk, David Plüss oder Johannes Nitsch unterwegs. 1985 begann auch die Zusammenarbeit mit Werner Hucks (mit dem ich bereits beim ERF-Förderband und später bei Aufwind musiziert hatte) – ein wunderschönes Kleinkunstkonzept mit zwei akustischen Gitarren, Liedern und Texten.

Tourneekonzepte wie „Der festliche Mensch" (mit Hans-Jürgen Hufeisen, David Plüss, Johannes Nitsch und dem Stuttgarter Theater der Bilder), die „Folktour" mit Werner Hucks und dem irischen Folkduo Rodney Cordner & Jean Pierre Rudolph gehörten ebenso zum Alltag als Liedermacher wie die Verhandlungen mit einem neuen Schallplattenverlag (Pila).

INNERDEUTSCHE BEGEGNUNG

„Machen Sie bitte das linke Ohr frei!", schrillt es durch einen kleinen Lautsprecher aus der rundum mit Spiegeln ausgestatteten abgedunkelten Box. Im schneidigen Ton des Offiziers der DDR-Grenztruppen überhöre ich dieses Mal die demütigende Arroganz früher erlebter Grenzübertritte. Mit müder Hand schiebe ich gelassen die nicht ungewöhnlich lange Haarpracht hinter das linke Ohr zurück.

Der stechende Blick meines Gegenüber erfasst die für ihn als genetischer Abdruck geltenden Konturen meiner Ohrmuschel, vergleicht sie gewissenhaft mit dem verdeckt vor ihm liegenden Foto in meinem Pass, schiebt mir anschließend das Reisedokument wortlos durch den schmalen Schlitz zwischen Glasverkleidung und Theke zu, wirft noch einen Blick auf die gegenüberliegenden Spiegel, die ihm meine volle Rückseite offenbaren, und drückt dann endlich den versteckt liegenden Knopf.

Die schmale Tür springt auf. Ich stehe in der großen Halle des Bahnhofs Friedrichstraße. Ein eisiger Sonntagmorgen kurz nach acht Uhr, „zwischen den Jahren" und „zwischen zwei Welten".

Merkwürdig – heute gar keine feuchten Hände, kein Magengrimmen, kein heimlicher Groll gegen diese unmenschliche Grenze? Dieser Sonntagmorgen ist ein außergewöhnlicher. Zu frühester Stunde wurde der Grundstein für seine Besonderheit gelegt. Schon die ersten Minuten – kurz nach Mitternacht – hatten denkwürdig begonnen.

Spezialität der Berliner Eckkneipe war das feurig gewürzte Kesselgulasch, pikant zubereitet von Sandor, dem ungarischen Lokalbesitzer. Dazu ein kühles Berliner Kindl. Entspannung pur nach einem anstrengenden Tag mit viel Musik im Kongresszentrum am Berliner Funkturm. Muntere Gespräche der Musiker und Choristen in angenehmer Umgebung ließen einen Explo-Tag Mitte der 80er Jahre fröhlich ausklingen.

Gegen Mitternacht drängten die Frauen ihre Ehemänner zum Aufbruch ins nahe gelegene Quartier; der nächste Tag – der heutige also – mit Gottesdienstgestaltung in einer Ost-Berliner Gemeinde rückte zusehends näher. Allgemeiner Aufbruch.

Wir waren doch alle so gut wie draußen gestern Abend. Irgendwie schien ein Thema aber nicht ganz ausdiskutiert. Unvermittelt zog es drei von uns noch einmal in die wohlige Wärme der Gaststube, um den Dingen auf den Grund zu gehen. Nur noch einige Minuten lang schnell an der Theke versuchen, das bedeutende Allerweltsthema sauber abzuschließen – dann auch sofort ins Bett.

Es kann nicht anders gewesen sein – wir drei, Clemens B., Werner H. und der Chronist (die Namen wurden aus Datenschutzgründen gekürzt, liegen dem Unterzeichner jedoch vor) müssen wohl angesichts ungeahnter Tiefen der angeschnittenen Thematik die Zeit völlig aus den Augen verloren haben. Für Sandor kein Problem – mit Kindln war er gut eingedeckt.

Nachdem gegen drei Uhr die letzten Gäste gegangen waren, noch ein spannendes Gespräch mit ihm und seiner Frau: Ost-West-Konflikt (1985!), DDR – BRD, Ungarn, Grenzen, Wert der Freiheit, persönliche Erlebnisse ...

Und dann eine schöne Überraschung – die Gastgeberin kehrt mit einem Riesentablett belegter Brote aus der Küche zurück. Salami, Käse, Schinken – ein Gedicht. Angesichts des in den vergangenen Stunden erhöhten Anteils flüssig aufgenommener Nahrung kommen die Schnittchen gerade zur rechten Zeit.

Die Verabschiedung von unseren neuen Freunden gegen fünf Uhr nimmt einen herzlichen Verlauf und braucht seine Zeit. Leichter Schneefall – kein Mensch auf den Straßen – ab und zu ein Auto. Einer muss noch unbedingt einen Geldautomaten finden. Der Rückweg zum nahen Quartier wird etwas weiter. Zum Glück!

Hätten wir sonst die türkische Bäckerei gefunden, in der uns der Bäcker frischen, unglaublich süßen türkischen Kuchen und Mokka anbot? Wäre es sonst zu dem wortreichen Meinungsaustausch über die Reize dieser Stadt und die Sorgen vieler Menschen gekommen?

Tja, und dann die Begegnung mit den Ersten, die im Quartier auf dem Weg zum Frühstück waren. Schwierige Erklärungsversuche der eigenen Gattin gegenüber.

Der bis auf den heutigen Tag nicht abgeklungene Ärger unseres Freundes Gerhard L., der sich am Vorabend nur wenige Schritte zu weit vom Ort des Geschehens entfernt und somit die Bettkarte gezogen hatte.

Eine wunderbare Nacht im Kreis von Freunden, verbunden mit einer beruhigenden, gnädig stimmenden Wirkung für einen innerdeutschen Grenzübertritt.

Bernd Seipel
Sänger (Bass, bässer geht's nicht), Schulleiter

BEGEGNUNGEN

Durch die Arbeit mit Siegfried Fietz und meine Tätigkeit im ABAKUS-Verlag als Produzent sind natürlich auch viele andere Kontakte zur christlichen Musikszene im In- und Ausland entstanden. So war ich die letzten Jahre, neben der Haupttätigkeit mit Clemens, auch oft mit Siegfried Fietz unterwegs, mit dem Blockflötisten Hans-Jürgen Hufeisen, dem Entertainer und Gospelsänger Jan Vering, mit dem Pianisten Johannes Nitsch, mit dem ich das Bühnenprojekt **Pianissimo** entwickelt habe, mit dem bekanntesten Schweizer Liedermacher Markus Dolder und dem Pop- und Gospelchor PopCHORn aus Klein-Winternheim. Hier alle Namen aufzuzählen würde den Rahmen sprengen. Aber es sind ohnehin nicht immer nur die großen Namen, mit denen ein Auftritt Spaß macht. Oft sind es auch die kleineren Veranstaltungen mit Laien und begabten Amateuren, die sich wochen- und monatelang für ein Projekt eingesetzt haben und deren Freude und Begeisterung am Konzertabend dann am Leuchten der Augen abzulesen ist.

EIN GRUSS

20 Jahre Bittlinger/Plüss – bewegte Jahre, die einiges in Bewegung gebracht haben, auch bei mir. Einen schönen Teil dieser Wegstrecke durfte ich hautnah miterleben. Vorwiegend durch die – auch schon fast 20-jährige – Zusammenarbeit mit David Plüss auf Schweizer Bühnen. Wie oft kam David gerade von Konzerten aus Deutschland zurück und erzählte beim Aufstellen die neusten Geschichten und Erlebnisse.

Ich konnte viel lachen und viel lernen. Dafür ein herzliches Dankeschön und alles Gute auf dem nächsten Wegstück.

Markus Dolder
Schweizer Liedermacher

AUCH NUR MENSCHEN

„Mensch sing mit!" – so heißt ein Projekt, bei dem wir einen Chor aus dem jeweiligen Ort einladen, mit uns zusammen ein gemeinsames Konzert zu gestalten. Wir verschicken vorher die Noten und mit einer kurzen Probe, etwa zwei Stunden vor Beginn, gehen wir ins gemeinsame Konzert. Die meisten Chöre sind natürlich aufgeregt, zumal das halbe Dorf und die ganze Verwandtschaft zu diesem Anlass aufmarschieren. Wie so vieles hat auch dieser schöne Multiplikatoreneffekt auch seine Nachteile. Chöre im Allgemeinen sind liebenswerte Gesangsformationen aus noch liebenswerteren Einzelindividuen, aber manchmal als Gruppe doch sehr mimosen- und primadonnenhaft. So fühlen sich meist einige ungenügend integriert, einzelne nicht persönlich angesprochen und wieder andere zu wenig beachtet. Auch ist der Chor in der Regel zu leise abgemischt, steht im viel zu hellen Scheinwerferlicht und kann deshalb die Noten nicht lesen und muss den ganzen Abend auf der Bühne stehen und zusehen, wie wir ihnen den Rücken zudrehen.

Da wir Musiker auch ab und zu unsere „Tage" haben und deshalb nicht immer nur seelsorgerlich und mit Fingerspitzengefühl mit chortechnischen Problemen und gruppendynamischen Prozessen eines sich grade in Auflösung befindenden Chores umzugehen verstehen, kommt es schon mal vor, dass wir nach einem gemeinsamen Konzert einen geharnischten Brief bekommen, der vom gesamten Chor unterzeichnet ist. Die Konzerte machen uns viel Spaß – aber ich sage immer: „Wo gehobelt wird, fallen auch Späne."

DER PERCUSSIONIST

1986 begann meine Zusammenarbeit mit dem Percussionisten Helmut Kandert. Mit der Veränderung der Mediengesetze schossen auf einmal zahllose kommerzielle Sender wie Pilze aus dem Boden. Viele dieser Sender waren damals noch recht offen für die Vergabe von Sendeplätzen auch an christliche Anbieter. Ein privater christlicher Anbieter war die Gesellschaft Media Vision, die mich bat, in der Scala (ehemaliges Kino, damals und heute eine freie Pfingstgemeinde) in Schorndorf ein Konzert zu geben. Ich war in dem Zeitraum sowieso mit Werner auf Tour, wollte aber unser Set zumindest für das Fernsehen ein bisschen aufmotzen. Da fiel mir der Percussionist Helmut Kandert ein, den ich bei einem Heilhut-Semmeldroll-Konzert einmal kurz kennen gelernt hatte und der nicht nur musikalisch, sondern auch optisch etwas hergab. (Natürlich sieht Helmut auch gut aus, aber ich meine in diesem Fall in erster Linie seine vielen wunderbaren Instrumente.)

KEIN PROBLEM

Wir hatten noch nie zusammen gespielt und Helmut kannte unsere Stücke nicht – und schon gar nicht in der Version, in der Werner Hucks und ich sie spielten. Aber ich dachte: Wir können ja vor der Aufnahme noch proben. Wir treffen uns einfach zwei Stunden früher und dann sollte das Ganze gar kein Problem sein.

Aber: Der Einzige, der zwei Stunden früher da war, war Helmut. Dann kam Werner. Ich kam mal wieder auf den letzten Drücker. Sprich: Wir hatten gar keine Zeit zum Proben.

Werner und Helmut vereinbarten daraufhin eine Art Zeichensprache – und alles klappte wunderbar! Das halbstündige Konzert wurde in ganzer Länge auf Pro 7 gesendet, und auf der Aufnahme sieht man immer wieder, wie Werner Helmut mit großen Augen anschaut, ihm zunickt und die Einsätze gibt.

EINE NACHT IN WIEN

Ich erinnere mich noch genau: Es war auf der Fahrt zu einem Konzert in Wien. Ich saß hinten und konnte nur feststellen, dass vorne eine intensive Unterhaltung zwischen David und Clemens im Gange war. Es wurde laut gelacht und dabei wild gestikuliert. Ich versuchte schon gar nicht, an dem Gespräch teilzunehmen, weil es ziemlich anstrengend ist, so halb mit vorne zu sitzen, obwohl man doch hinten angegurtet ist. Außerdem muss man ja nicht alles mitbekommen.

Umso überraschter war ich dann, als Clemens sich plötzlich mit seinem mir vertrauten „Schlechten-Gewissen-Grinsen“ zu mir umdrehte und mich vor die Tatsache stellte: „Übrigens, Helmut, ich habe dem Veranstalter in Wien gesagt, dass er sich nicht um ein Quartier kümmern muss. Ich habe für uns drei Zimmer in einem Hotel im Stadtzentrum gebucht, genau gegenüber dem Café Hawelka. Wir wollen nämlich, wenn wir schon mal in Wien sind, so richtig einen draufmachen. Das Hotel kostet im Übrigen ca. 100 DM und es zahlt jeder selbst.“

Nachdem ich klargestellt hatte, dass ich solche Überrumpelungsmanöver nicht schätze und dass ich doch darum bitten möchte, mich das nächste Mal von Anfang an in etwaige Vorhaben einzubeziehen, gab ich schließlich mein O.K. dazu – man will ja auch kein Spielverderber sein – und freute mich auf eine nächtliche Tour durch Wien. David schwärmte vom Charme dieser Stadt und erzählte, dass er schon einmal gesehen habe, wie André Heller ins Café Hawelka ging und, und, und ...

Nach dem Konzert gingen wir noch mit dem Veranstalter essen und danach (gegen 23 Uhr) wollten wir uns endlich in das besagte Nachtleben stürzen. Nach nur wenigen Schritten durch die Innenstadt machten wir erstmals Stop in einem Café, das merkwürdig leer war, etwa so leer wie die zwei Gesichter, in die ich etwa dreißig Minuten später blickte. Clemens und David waren urplötzlich müde, klagten über Kopfschmerzen und wollten eigentlich nur noch ins Bett.

Statt eine heiße Nachtschwärmer-Tour zu erleben, endete der Abend eher wie eine Senioren-Café-Fahrt. Nochmals herzlichen Dank für diesen netten Abend in Wien, ich werde ihn nie vergessen.

Helmut Kandert
Percussionist

„SCHWER ZU SAGEN"

Irgendwie fühlte ich mich in dieser Zeit wie zwischen zwei Welten: Hier das recht trockene Theologiestudium mit all den seltsamen Gestalten und dort das kreative, fröhliche, aber auch anstrengende Tourleben mit den vielen Konzerten im Jahr.

1986 war es dann soweit: Ich absolvierte mein erstes theologisches Examen und startete im Herbst in die Freiberuflichkeit. Im Frühjahr 1987 erschien dann endlich mein drittes Album, „Schwer zu sagen". Angelika und Volker Rittinghaus hatten mich bei Pila unter ihre Fittiche genommen, Produzent war Dieter Falk – der Beginn einer sehr guten Zusammenarbeit. „Schwer zu sagen" kam auch erstmalig als CD auf den Markt. Bei diesem Album sollte David drei Titel arrangieren: „Clowns & Gaukler", „Wir alle warten auf ein Wort" und „Das Kartenhaus". Alles lief wunderbar, bis David seine Version vom Kartenhaus auflegte. Zu unserer Überraschung sprudelten uns bei einem Song, der eigentlich als Ballade im Simon & Garfunkel-Stil angelegt war, plötzlich rhythmisch pulsierende Calypsoklänge mit Steel-Drum-Arrangements entgegen. David hatte wohl in seinem Übereifer etwas zu tief in die Trickkiste gegriffen. Leider finden wir diese Aufnahme nicht mehr – David ist bis heute überzeugt davon, dass seine Version des Songs durchaus ihre Berechtigung gehabt hätte. Das Kartenhaus tauchte dann eben ein Album später auf. Die CD „Schwer zu sagen" wurde dank Dieters Kontakten in Hollywood von John Guess gemischt und war mein erstes Album, das in den Verkaufszahlen deutlich über die Zehntausender-Marke kletterte.

NEUE WEGE

In diese zwei freiberuflichen Jahre, in denen ich ausschließlich als Liedermacher unterwegs war, fiel auch die Produktion des Mitmachkonzeptes „Mensch sing mit!" (die Aufnahmen fanden unmittelbar im Anschluss an das Christival in Nürnberg statt), die Veröffentlichung des Textbandes „Grund genug" und das Rock-Oratorium „Labyrinth", mit dem David Plüss und ich, zusammen mit der Popgruppe Damaris Joy, an zehn Abenden im Herbst 1987/88 auf bundesweite Tournee gingen.

LABYRINTH

Ein Labyrinth ist ein Gebäude mit vielfach sich kreuzenden, irreführenden Wegen. So habe ich es wenigstens im Lexikon nachgelesen. Und tatsächlich: Im Frühjahr 1988 kreuzten sich auf der „Labyrinth"-Tour einmal mehr die Wege von langjährigen Weggenossen wie David Plüss, Damaris Joy, meiner Wenigkeit und natürlich Clemens Bittlinger. Und zu einer leicht irreführenden Passage ist es dabei auch gekommen.

Für den krönenden Abschluss jedes „Labyrinth"-Abends hatten wir uns auf das Lied „Danke, Vater" geeinigt. Mit dem Titel war nicht nur für ein sehr schönes Finale gesorgt, sondern in Clemens hatte ich auch einen geradezu idealen Duett-Partner gefunden. Und so probten und sangen wir immer wieder: „Danke Vater, ich darf singen, in mir klingt ein neues Lied" – so der Refrain.

Im Laufe der ersten Tour-Tage kristallisierte sich heraus, dass genau dieses Lied bereits zum Sound Check angesungen wurde. Es war besonders geeignet, da jeder Musiker und Sänger involviert war. In Personen und Namen ausgedrückt bedeutete das: David Plüss, der Klavier-Genius, dem an den Tasten jedes Mal Flügel zu wachsen scheinen. Helmut Jost, dem Mann mit Spaß am Bass und dem Siegerländer Soul in der Stimme. Und Clemens Bittlinger, dem Erfinder des Sprachgesangs, Liedermacher und Publikumskracher in Personalunion, Sprachkünstler und Gitarrengott aus Rimbach.

Es muss am vierten oder fünften Abend gewesen sein, als es einmal mehr Zeit war für „Danke, Vater". Die Tour-Kapelle spielte das Intro und Clemens intonierte seinen Part: „Danke, Vater, ich darf singen …" Dann war die Reihe an mir. Alles wie gewohnt. Alles wie geprobt. Jedoch nicht ohne eine kleine, aber feine Nuance an Textänderung vorzunehmen. Spontan und nicht ohne ein gewisses Augenzwinkern in Richtung Clemens ertönte es durch den Saal: „Danke, Vater, ich kann singen!"

Beate Ling
Sängerin

„FENSTER IN DER NACHT"

Im Rahmen einer musikalischen Konferenz (Jubila in Hannover) fragte mich der Sänger und Pfarrer Wilfried Reuter, ob ich mir längerfristig vorstellen könnte, mich in der Kombination Pfarrer und Liedermacher im Amt für Missionarische Dienste zu engagieren. Ich war völlig überrascht, denn genau davon hatte ich geträumt: den Pfarrer mit dem Liedermacher kombinieren zu können. Durch diese Möglichkeit und Vision motiviert, begann ich im Herbst 1988 mein Vikariat in Rimbach/Odw. Dabei war es gar nicht so einfach, die Ausbildung zum Pfarrer (mit Predigerseminar, Schulpraktikum und Gemeindepräsenz usw.) mit meinen vielfältigen Engagements als Liedermacher in Einklang zu bringen.

1990 wurde ich zum Pfarrer ordiniert und erhielt den Sonderauftrag zur musisch-kulturellen Verkündigung. In diesem Jahr erschien auch ein neues Soloalbum, „Fenster in die Nacht“, wieder und letztmalig von Dieter Falk produziert, mit Musiker-Koryphäen wie Bassist Wolfgang Schmid und Gitarrist Peter Weihe.

AUF DER GRENZE

„Auf der Grenze“ heißt ein Beitrag meines Lieblings-Theologen Paul Tillich. Er behauptet, die Grenze sei der eigentlich fruchtbare Ort der Erkenntnis, besonders für Christen. Die Grenze ist auch die Ortsbestimmung für die Zeit, in der ich Clemens kennen gelernt habe. 1988 war das, im Vikariat. Wir wurden nach dem Studium zu einem Lehrpfarrer in die Gemeinde geschickt, Clemens nach Rimbach, ich nach Birkenau. Zusammen mit 20 weiteren Kolleginnen und Kollegen trafen wir uns zusätzlich wochenweise im Theologischen Seminar in Friedberg. Manche versetzte das zurück in frühere Zeiten: Schullandheim, Klassenfahrt, Pubertät. Aber das war auch sehr schön: zu reden, zu lachen, Probleme in der Gemeinde zu wälzen, lange Wein zu trinken in einem Lokal namens „Galerie“. Von Clemens stammt ein Lied mit diesem Titel. Vielleicht hat er beim Schreiben an die Abende dort gedacht.

Vikariat, das ist für sich schon eine Grenz-Zeit. Wir waren Mitte bis Ende zwanzig, hatten schon eine Menge gelernt, viele von uns verheiratet, manche schon mit Kindern. Zugleich waren wir Anfänger: das erste Mal am Grab stehen, vor der Schulklasse, bei der Seelsorge in der Herzklinik. Für einen gestandenen Liedermacher wie Clemens, der schon lange Jahre freiberuflich gearbeitet hatte, war die Schülersituation wohl manchmal besonders fremd. Und er selbst war einigen fremd, zum Beispiel wegen der Sonderregelungen für seine Anwesenheit, die er wegen seiner Konzerte hatte.

Diese Jahre waren jedenfalls für mich eine Zeit, in der viel auf den Prüfstand musste: die Theologie, die ich an der Uni gelernt hatte und die jetzt Gestalt gewinnen sollte. Auch die privaten Beziehungen. Am Ende des Vikariats war kaum mehr etwas so wie zu Beginn. Das war manchmal ziemlich hart. Doch ich glaube: Wir haben uns auf dieser Grenze, die verunsichert, weiterentwickelt.

Nur Clemens selbst wird wissen, wie sehr er sich in dieser Grenzsituation hat herausfordern lassen. Liedermacher war er vorher und nachher, dann sogar als Institution der Evangelischen Kirche in Hessen und Nassau: „Pfarramt für Musik, Kultur, Verkündigung". Doch er war und bleibt auf der Grenze zwischen Pfarrer und Künstler, Kollege und Einzelgänger. Wer hinhört, wird in seinen Liedern etwas davon finden.

Heidrun Dörken
Pfarrerin und Rundfunkbeauftragte der Evangelischen Kirche in Hessen und Nassau

ZWISCHEN BÜHNE UND KANZEL

Die ersten Jahre in der Kombination Pfarrer & Liedermacher waren geprägt von Jugendkulturwochen, Impuls-Kreativ-Seminaren (eine Idee, die ich, inklusive Faltprospekt, von David aus der Schweiz geklaut hatte), großen Sommerfreizeiten in Norwegen und Wales, Jugendgottesdiensten und vielen, vielen Konzertveranstaltungen. Zunehmend wurden für uns auch die Kirchentage wichtiger. Anfang der 90er Jahre setzte ein spürbarer Wandel ein, was den musikalischen Geschmack der Kirchentagsbesucher, aber auch der verantwortlichen Planer anbelangte. Man hatte sich ein wenig satt gehört an dem immer und ewig gleichen Sakro-Pop-Sound. Viele, die bei den Kirchentagen den Ton angaben, spielten in den zwei Jahren dazwischen innerhalb der christlichen Kulturszene kaum eine Rolle, während wir (und viele andere) Jahr für Jahr in über 100 Veranstaltungen in den Gemeinden eigentlich immer musikalisch präsent waren. Die Zusammenarbeit mit David wurde nun immer stärker. Werner Hucks und David Plüss, das waren meine beiden musikalischen „Hauptbegleiter". Immer öfter kam auch Helmut Kandert dazu, so dass Bittlinger, Kandert, Plüss allmählich zu einer festen Formation avancierten. In dieser Zeit entstanden Tourneeprojekte wie „Zauberhaft" mit dem Täuschungskünstler Stefan Lauer, „Auffallend daneben" mit Hermann Traub und der **Spring Dance Company**, „Der Nächste bitte" mit **Jonathan & Laurent**, Viveka Olofson, Christine Rösch und Andreas Malessa und die Sommerfestival Tour mit dem Folkduo Rodney Cordner & Jean Pierre Rudolph und mit Werner Hucks.

FREI ENTFALTEN!

„Wie man Freunde gewinnt – Seminarteil 1". Der Trick war wirklich nicht schlecht. Eigentlich uralt, aber in seiner Gerissenheit doch wieder ungemein wirkungsvoll: Schmiere jemandem so lange Honig um den Bart, bis er alles tut, was du willst. Konkret sah das so aus: „Lieber Fabian! Du hast die unglaubliche Chance, bei mir – dem gutherzigen, immer uneigennützigen Clemens Bittlinger – ein Spezialvikariat zu machen. Und weil ich weiß, dass du selbst so viel als Künstler machst, möchte ich dir gerne alle Freiheiten geben. Nutze diese Zeit, um in Ruhe auszuprobieren, was man alles in der Kirche mit Unterstützung der Kunst gestalten kann. Entfalte deine Talente. Ich glaube an dich, darum will ich dir helfen!"

Natürlich kam schon damals ein leichtes Zögern bei mir auf. Ist das der Clemens, den ich und die Welt kennen? Doch die Verlockung war lauter als die innere Stimme. Ein moderner Gesang der Sirenen, dem die stärksten Fesseln nicht standhielten. Trotzdem noch einmal die schüchterne Nachfrage: „Und was haben deine anderen Spezialvikare bei dir immer so gemacht?"

Clemens lächelte hintergründig: „Nun, die haben viel kopiert, aber das waren ja auch keine Künstler." Beruhigt sagte ich zu, für ein halbes Jahr alle Freiheiten genießen zu wollen. Welch ein Vergnügen, dann die erste Dienstbesprechung erleben zu dürfen.

Clemens: „Fabian, wie besprochen gilt: Du machst einfach das, was du schon immer einmal machen wolltest. Zumindest dann, wenn du nicht bei einem der 406 Vorbereitungstreffen für die Jugendwoche 'Rattenscharf' im Westerwald bist, wenn du nicht bei unserer Tournee mit David und dem Kirchenpräsidenten den Verfolger bedienst, für das 'Amt für missionarische Dienste' Internettexte und Jahresprogramme tippst oder zahllose Gemeinden im Projekt 'Kirche 2000' betreust, mehr als neun Tage sollte das in der Woche ja nicht in Anspruch nehmen ..."

Nach dieser etwa eineinhalbstündigen Einführung in meine kleinen „Nebenaufgaben" kam der Hauptteil der Pflichten: Kreativwochenenden, Tagungen, Sitzungen, Kongresse und vieles mehr. Dann die entscheidende Frage meinerseits: „Lieber Clemens, kann es sein, dass ich jetzt all die Dinge mache, die du lieber nicht tust?" Und wieder erschien dieses unglaublich hintergründige Lächeln, das in diesem Fall allerdings nicht besonders schwer zu interpretieren war.

Lieber Clemens: Trotz deiner mephistotelischen Tricks war es eine tolle Zeit. Meine Seele ist wieder in meiner eigenen Hand – und ich habe es genossen, mit dir der Poesie des Lebens nachzuforschen. Vielleicht die schönste aller Künste.

Fabian Vogt
Pfarrer, Kabarettist, Texter und Buchautor

BISTROGOTTESDIENSTE IM ZDF

1994 entwickelten wir für das Zweite Deutsche Fernsehen die ZDF-Bistrogottesdienste. Der Sender hatte zwar die Aufzeichnung zweier Bistrogottesdienste bewilligt und dafür auch Ü-Wagen und Technik bereitgestellt, aber ansonsten gab es keinerlei Budget. D. h. es gab keine „Maske", es gab keine Verpflegung, und es gab schon gar keine Bühnendekoration – das alles mussten wir selbst stellen, und so schmierte ich zusammen mit Rosi Brote, kaufte ein und besorgte auch das nötige Equipment, damit die Gesichter abgepudert werden konnten und im Scheinwerferlicht nicht glänzten. Zeit, mich inhaltlich und textlich auf die Fernsehsendung zu konzentrieren, hatte ich nur wenig. Die Dekoration kam durch die kreativen „Bordmittel" der Nord-Ost-Gemeinde zustande.

Trotzdem lief es ganz gut. Wir erhielten über 700 begeisterte Anrufe und Briefe. (Diesen ersten Bistrogottesdienst sah sich auch Jürgen Fliege an und lud mich daraufhin ein, ein paar Tage bei ihm und seiner Firma **Teletime** zu hospitieren, ein Angebot, das ich gerne annahm. So war ich zweimal für ein paar Tage in München und konnte einiges lernen.)

Der erste ZDF-Bistrogottesdienst zum Thema „Outfit und Infit" war dann auch Gegenstand einer großen Gesamttagung aller Fernsehbeauftragten unter dem Titel „Die Fernsehsesselgemeinde". Bei diesem Anlass wurde unser bunter und durchaus verbesserungsbedürftiger erster Versuch vorgeführt und anschließend von der versammelten Schar brutal in der Luft zerrissen. Und das trotz des überragend positiven Zuschauerechos. Dass dabei Dinge kritisiert wurden, die der zuständige Redakteur selbst verbockt hatte, z. B. die improvisierte Dekoration, war für uns schon eine Überraschung.

Leider wurde das Experiment nach nur zwei Versuchen wieder eingestellt. Aber aus den Erfahrungen mit diesen beiden „etwas anderen" Fernsehgottesdiensten entwickelten wir dann das Gemeindewochen-Konzept „Bistro Nachtcafé" (auch als Arbeitshilfe erschienen: „Charmant und herzlich" – Kirche mal anders).

UM HIMMELS WILLEN

7. April 1993, Stuttgart. Wir zeichnen die Oster-Sendung des Talkmagazins „Um Himmels willen" fürs Südwest-Fernsehen auf. Clemens soll eigentlich nur zum Playback „Am besten, wir halten uns raus" singen, mimisch begleitet von David Plüss am Klavier und Markus Pfeiffer am Akkordeon. Ein Lied gegen Nazi-Schläger und Fremdenhass. Thema der Sendung: „Erscheinungsbilder – Religiöse Symbole in der Wer-

bung". Talkgäste sind Peter Karlberg, 35 Jahre lang Marketing-Direktor einer Werbeagentur, und eine preisgekrönte junge Kommunikations-Designerin, die mit documenta-artigen, schrillen Installationen Furore machte. Im Vorfeld hatte es heftige Einwände gegeben, Clemens einzuladen, weil a) das Lied nichts mit Werbung zu tun hat und b) es danach roch, ich wolle ja bloß einen guten Freund ins Programm heben.

Karlberg, der alte Hase, ist redegewandt, schlagfertig, kenntnisreich. Danach befrage ich die junge, spürbar aufgeregte Designerin: „Wie und warum funktionieren Symbole in der Werbung?"

„Ähh, ... schwer zu sagen."

„Warum gibt es immer mehr christliche Zeichen auf Plakatwänden?"

„Das weiß ich auch nicht so genau."

„Ist deren ironische Verwendung gotteslästerlich?"

„Bitte?"

„Wie finden Sie denn die schockierenden Benetton-Fotos von Flüchtlingselend, Mafia-Morden und Menschenknochen?"

„Och, das kommt drauf an. Also ..."

„Wie und womit würden Sie für die Kirche werben?"

„Für die Kirche? Na ja, die Kirche ..." Das arme Mädchen hat einfach eine Adrenalinblockade. Blackout.

Während der drei Minuten des Musiktitels streiten Redakteur und Regisseur miteinander oben in der Bildregie: „Jetzt kann uns nur noch der singende Pfarrer retten."

„Der soll singen und nicht talken!"

„Für feinsinnige Rollenverteilung ist jetzt keine Zeit mehr. Los, Bittlinger auf den Sessel! Achtung, Studio: Der Sänger redet auch was, in die Kamera 2!"

Und – Clemens plaudert mit mir. Über Jugendwochen, die er mit Themen aus Werbeslogans beschritten hat („Wir machen den Weg frei", „Wir geben Ihrer Zukunft ein Zuhause", „Nichts ist unmöglich"), über Werbesprüche im Dialog mit Bibeltexten, über Jesus-Klischees und Jesus-Realitäten, über den unsichtbaren Auferstandenen und die sichtbaren Hasen und Eier an Ostern. Wunderbar.

Als alles im Kasten und das Publikum gegangen ist, fragt mich die Redaktionssekretärin: „Ich müsste für die Lizenzmeldung noch wissen, wie das Lied von dem Bittlinger genau heißt."

„Am besten, wir halten uns raus", sage ich geistesabwesend.

„Wieso?", fragt sie.

Andreas Malessa
Fernsehmoderator und Rundfunkjournalist (SWR)

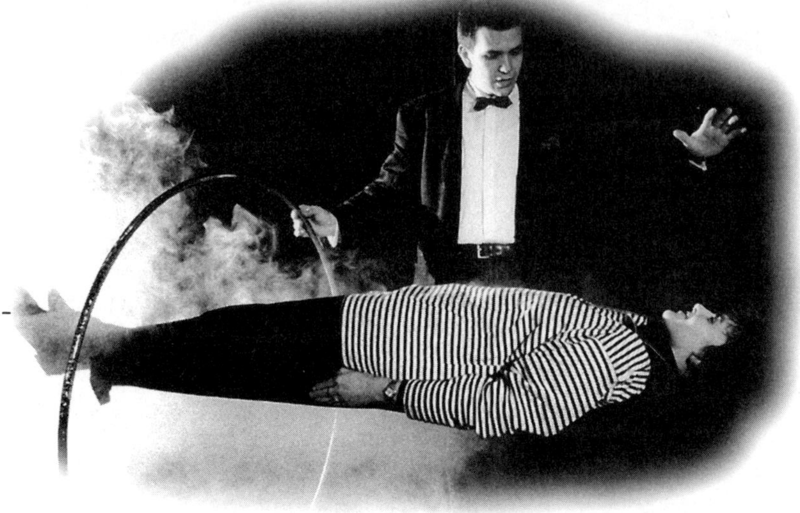

POKERFACE

David und ich waren zu Gast in einem Örtchen namens Niederweisel. Der Pfarrer der dortigen Gemeinde, Herr Lauer, hatte uns eingeladen und so saßen wir, wie so oft nach einem Konzert, noch im Wohnzimmer der Familie Lauer, tranken etwas und aßen noch eine Kleinigkeit. Da gesellte sich der etwa zwanzig Jahre alte Sohn zu uns und fing auf einmal an, Eier und Fünfmarkstücke hinter unseren Ohren hervorzuzaubern. Das Ganze geschah mehr so nebenbei und Stefan, so hieß der Sohn, zelebrierte seine kleinen Kunststückchen mit so einem unglaublichen „Pokerface", dass mir nach wenigen Minuten der Gedanke durch den Kopf schoss: Mit dem müssten wir einmal ein Programm entwickeln. So wurde die Idee von „Zauberhaft" geboren. Da wir uns mit Stefan Lauer sehr gut verstanden und er immer kühnere Konstruktionen und größere „Tricks" („schwebende Hausfrau", „Verwandlungskiste" etc.) anschleppte, wurde daraus über einen Zeitraum von acht Jahren unser lustigstes Tourneeprojekt, dem wir reichlich Anekdoten und fröhliche Erinnerungen verdanken.

BASTELSTUNDE

Besonders stressig bei der „Zauberhaft"-Tournee war die Tatsache, dass unser Täuschungskünstler Stefan Lauer jeden Tag neue Ideen hatte, wie er seine Tricks mit technischen Raffinessen noch verfeinern und optimieren könnte. So vernahm das schon früh in den Saal strömende Publikum aus dem Hintergrund der Bühne ein Hämmern und die schnarrenden Geräusche von Akku-Schrauber und Bohrmaschine, weil Stefan gerade daran war, noch einige Umbauten vorzunehmen. Da das Programm gleich darauf beginnen sollte, fehlte natürlich die Zeit, einen Probelauf zu machen, und so wurden die neuesten Errungenschaften deshalb oft unter Zittern und vor versammeltem Publikum zum ersten Mal ausgetestet. Manchmal war die einzige Rettung, eine noch nicht ganz ausgereifte Trickvorführung mit einem Meer von Nebel aus der Nebelmaschine und einigen lauten Keyboard-Tonkaskaden meinerseits zu kaschieren und zum nächsten Programmpunkt überzuleiten.

DER RUNDBRIEF

Innerhalb unserer Tournee „Zauberhaft", die wir zusammen mit dem Täuschungskünstler Stefan Lauer über viele Jahre durchführten, kam uns im Raum Rotenburg/Bad Hersfeld ein wohl besonders frommer, aber auch ängstlicher Hauskreis mit einer ausgefallenen Werbeaktion zu Hilfe. Sie verfassten und verschickten den folgenden Brief über einen großen Verteiler von Pfarrerinnen, Pfarrern, Pastoren und Hauskreisleitern:

Zauberei in christlicher Musikveranstaltung

Liebe Geschwister und Freunde, wir haben festgestellt, dass für eine christliche Musikveranstaltung mit Zaubereivorführungen am 30.09.1995 im Dr.-Durstewitz-Saal in Rotenburg geworben wird.

Eingeladen wird durch eindeutige Plakate und konkrete Hinweise in den Gemeinden.

Durch diese Veranstaltung wird der Spiritismus und die Zauberei verharmlost und legalisiert. Die tatsächliche teuflische Macht, die von diesen Praktiken ausgeht, wird dabei unterschätzt und außer Acht gelassen.

Deshalb ist es dringend geboten, dass sich alle Christen – besonders die in Verantwortung stehenden – entschieden von dieser Veranstaltung distanzieren.

Wo sollen sich sonst Menschen hinwenden, die, verursacht durch Zauberei und Spiritismus, in großen Ängsten leben und von entsetzlichen Träumen geplagt werden? Hierzu müssen Christen eine klare Stellung beziehen.

Jesus Christus, der allein Rettung und Befreiung wirkt, hat nichts mit dem Teufel, dem Vater der Lüge und Zauberei, gemeinsam.

Liebe Geschwister, wir möchten mit diesem Aufruf noch einmal vor dieser Vermischungstaktik des Feindes warnen und euch bitten, hierzu gegenüber allen Gemeinde- und Konzertbesuchern eure Ablehnung zum Ausdruck zu bringen.

Es grüßen die Geschwister des Hauskreises in B.

Dieser Rundbrief muss eingeschlagen haben wie eine Bombe, denn die Veranstaltung war binnen kurzer Zeit restlos ausverkauft.

DIE OSTERROCKNACHT

1995 hatten wir das Vorrecht, die erste und einzige RTL-Osterrocknacht live aus Ludwigsburg zu gestalten. Dieses Event war verbunden mit der bundesweiten Aktion „Aufstehn – Aufeinander zugehn" gegen Faschismus und Ausländerfeindlichkeit. In einem ungeheuren Kraftakt haben wir damals zusammen mit dem Fernsehbeauftragten Michael Mädler und dem katholischen Kollegen Stefan Wahl diese Aktion (mit dazugehörigem Infomaterial, Magazin, Titelsong und T-Shirts) sprichwörtlich „aus dem Boden gestampft". Ich konnte damals den grünen Bundestagsabgeordneten Cem Özdemir und meinen Freund Hartmut Engler (PUR) für die Sendung gewinnen. Für die Musik waren wir und die Rockband SCHULZE verantwortlich. Leider wurde die Sendung in der Osternacht erst gegen 1 Uhr morgens gesendet, aber das holländische Fernsehteam (Regie: Dio van Maaren), das die Live-Übertragung machte, „zauberte" richtig toll mit den Mitteln des Fernsehens – manches, was ich mir von einem fernsehgerechten und aktuellen Gottesdienst gewünscht oder vorgestellt hatte, wurde hier umgesetzt.

AUSWENDIG

Bei dieser RTL-Osterrocknacht wirkte auch eine multikulturell zusammengesetzte Gruppe von Jugendlichen mit, die an verschiedenen Stellen Texte sprechen sollten und auch kleine Rollen übernahmen. Bei den Fürbitten sollten drei Mädchen ihre Gebete auswendig vortragen. Bei den ersten beiden klappte das auch wunderbar, nur bei dem dritten Mädchen gab es nach „Lieber Gott ..." eine ziemlich lange Pause – nichts, sie hatte einen völligen Blackout. „Scheiße!", entfuhr es ihr laut und vernehmlich über den bundesweiten Äther.

OLIVER KALKOFE in „Kalkofes Mattscheibe" (Premiere) über Rock-Pfarrer **Clemens Bittlinger:** „Knülch im Tchibo-Jeanshemd ... Einer von diesen ganz coolen neumodischen Geistlichen. Echt knorke. Sie wissen schon: Vollbart für den Frieden, Peace-Knuddeln auf dem Kirchentag, steht unheimlich auf Barcley James Harvest und spielt auch gern den Kids was davon vor, wenn sie die Räucherstäbchen spendieren."

Die BILD-Zeitung, 30. 5. 1995

SURVIVAL ...

In der zweiten Hälfte der 90er Jahre entstanden Tourneeprojekte wie „Leben überleben“ mit den Survival-Spezialisten Christina Haverkamp und Rüdiger Nehberg.

Zusammen mit Gerhard Schöne und Pe Werner (später mit PopCHORn und der Sängerin Joy Fleming) entstand die „Nacht der Lieder“ – dieses Tourneekonzept wurde dann auch vom Deutschen Evangelischen Kirchentag übernommen und in Leipzig, Stuttgart und Frankfurt umgesetzt. Die alte Idee „Pantomime & Chanson“ wurde durch die Begegnung mit Carlos Martinez zu neuem Leben erweckt. Und die CD „Selten“ wurde ein wichtiger Meilenstein in der Zusammenarbeit zwischen David und mir. Spätestens jetzt war klar, wie gut wir miteinander künstlerisch und menschlich harmonieren. Songs wie „Freunde“ oder „Zeit des Erwachens“ treiben mir noch heute einen leichten Schauer über den Rücken.

WIDER DEN STACHEL

Zu Clemens fallen mir zwei Geschichten ein, eine lange und eine kurze. Zuerst die lange:

Evangelischer Kirchentag in Leipzig. Ich war eingeladen als Gast zu einer Podiumsdiskussion. Thema: „Warum sind Sie nicht in der Kirche?“ Das Thema der Gegenseite: „Warum sind Sie denn in der Kirche?“ Wortführer und Galionsfigur der Kirchenbefürworter war der Präsident des Bundesverfassungsgerichtes a. D., Herr Benda. Insgesamt waren wir sechs Gesprächsteilnehmer. Dazu kamen die Moderatoren Frederike Woldt, Pfarrerin, und Clemens Bittlinger, Musiker und Pfarrer. Es waren, glaube ich, sechzig Minuten Diskussion vorgesehen, mein Anteil also siebeneinhalb Minuten. Da muss man zur Sache kommen. Bis auf Clemens kannte ich niemanden persönlich. Aber oft hatte ich mich gefragt, wie er, der kritische Texte sang, wohl im wahren Leben wäre. Worte lassen sich leicht formen. Die Praxis sieht oft so aus: „Komm, wir halten uns raus, komm, wir gehen nach Haus“.

Ich hatte viele Argumente, warum ich bereits als Jugendlicher aus der Kirche ausgetreten war. Auf den Punkt gebracht, war es die Diskrepanz zwischen Anspruch und Praxis. Das Geld- und Machtscheffeln mit der Angst des Menschen vor dem Ungewissen nach dem Tod, das Phantasiegespinst von Himmel und Hölle, die Ungleichheit von Mann und Frau...

Doch zurück zur Podiumsdiskussion. Nachdem die höflichen Statements abgewickelt waren, meldete ich mich: „Ich hätte eine Frage an Herrn Benda."

„Ja bitte?"

„Ich verstehe den Widerspruch nicht zwischen Ihrem früheren Amt als oberstem Rechts- und Gerechtigkeitsschützer und dem als Präses des Deutschen Evangelischen Kirchentages, denn damit unterstützen Sie doch eine Organisation, deren Existenz nach meinem Empfinden vor allem auf dem Wunschdenken und der Phantasie von Gläubigen aufgebaut ist."

Nun wollte ich noch alles aufzählen, was mich an der Kirche störte, als Herr Benda bereits antwortete: „Das gehört überhaupt nicht hierher, das bespricht man im kleinsten Kreise. Ich bitte um Musik." Mit Musik hatte er Clemens gemeint.

Frederike Woldt musste zustimmen, Herr Benda schmollte sichtlich. Clemens trat vors Mikrofon, drehte die Gitarre zur Seite und sagte: „Ich hätte es besser gefunden, Herr Professor Benda, wenn Sie die Frage beantwortet hätten, ohne Zwischenmusik."

Aber er beharrte darauf und die Antworten, die er anschließend gab, waren wortgewandte Umgehungen meiner Fragen und schon gar keine mutigen Antworten. Die Frankfurter Rundschau formulierte es treffend: Der Einzige, der wider den Stachel löckte, war Rüdiger Nehberg. Ich hätte ergänzt ... und Clemens Bittlinger.

Und nun die kurze Geschichte: Clemens Bittlinger plant ein Buch. Arbeitstitel: „Anekdotenbuch – Aus dem Leben des Clemens Bittlinger und David Plüss". Schwungvoll beginnt er und füllt das erste Blatt: „Liebe Freunde, ich bitte euch, mir anlässlich meines Jubiläums jeder eine Anekdote zu schreiben. Schönen Dank im Voraus, euer Clemens." Das ist die ökonomischste Art, eine Autobiografie fertig zu stellen. Ab jetzt bist du nicht nur eins meiner christlichen Vorbilder, sondern auch mein literarisches.

Herzlich von deinem Rüdiger

Rüdiger Nehberg
Aktionist für Menschenrechte und Survival-Spezialist.

MAHLZEIT!

Wie so oft nach unseren Konzerten saßen wir auch nach den Abenden mit Rüdiger Nehberg noch zusammen in einem gemütlichen Lokal.

Da passierte es schon mal, dass Rüdiger aus seinem bunten Leben erzählte. Einmal, wir waren alle gerade beim Essen, berichtete er engagiert und munter von einer Hochzeitsfeier im ehemaligen Jugoslawien, bei der er eingeladen gewesen war. Da habe es zunächst eine kräftige Suppe gegeben. Neben ihm habe die Großmutter der Familie gesessen. Plötzlich sei ihr das Gebiss aus dem Mund in die Suppe gefallen. So etwas kann ja mal passieren, doch als er genauer hingesehen habe, sei das Inlay dieses Gebisses voller Würmer gewesen ... Sprach's und aß munter weiter. Wir anderen hatten plötzlich nicht mehr so viel Hunger.

... UND MEHR

Es folgten „Mensch sing mit 2" und „Lieder vom Kirchentag", und zum 50-jährigen Jubiläum der Evangelischen Kirche in Hessen und Nassau entwickelten wir zusammen mit unserem Kirchenpräsidenten Peter Steinacker das „Lieder & Lyrik"-Konzept „Auf der Grenze", das auch als Live-CD in einer begrenzten Auflage erschien. Ende der 90er Jahre erarbeiteten wir das Multimedia- und Chor-Konzept „Ich bin ..." und zusammen mit Fabian Vogt das Gottesdienst-Projekt „Die Sehnsucht leben".

WORTE BRAUCHEN RUHEZEITEN

Als wir unsere erste gemeinsame „Tournee" machten, fiel mir die Professionalität von „Bittlinger & Plüss" wohltuend auf. Das gab mir Anfänger in diesem Gewerbe die nötige Stütze. Es war gut zu wissen und dann zu erleben, wie sensibel David Plüss auf meine Stimmungen beim Vortrag der Texte reagieren konnte. Gut, wie Clemens eigene Heiserkeit ebenso in den Griff bekam wie ein Publikum, das sich hartnäckig weigern wollte, den Funken überspringen zu lassen.

Von unseren „Auftritten" glich keiner dem anderen, immer neue musikalische, sprachliche, aber auch geistliche Aspekte traten in den Vordergrund. Es waren erfüllende Abende. Für mich wichtig ist auch die Erfahrung, die die beiden mir vermittelt haben, dass auch eine gute Sache, gute Texte sich nach einer Weile des Gebrauchs einfach verbrauchen. Sie brauchen dann ihre Ruhezeit, um wieder zu sprechen – oder ihre Zeit ist um. So ist es mit dem Wort Gottes – es blitzt auf, ist ganz da und will doch immer neu gesprochen und gesungen und gehört werden.

Zwanzig Jahre sind die beiden unterwegs – hoffentlich noch lange, mit vielen neuen Ideen und mit der Musik und dem Lebenstext, der bleibt.

Dr. Peter Steinacker, Kirchenpräsident der Evangelischen Kirche in Hessen und Nassau

EIN EINGESPIELTES TEAM

1998 erfolgte dann ein ganz wichtiger, aber auch logischer Schritt: Jch gründete mein eigenes Label **Sanna Sound** und fing an, zusammen mit Jörg Wegel auch einen eigenen Musikvertrieb aufzubauen. Erste Visitenkarte dieses neuen Verlages war das Erfolgsalbum „Aus heiterem Himmel" mit Hartmut Engler als „Very Special Guest". Jn diesem Jahr gestalteten wir auch zum Totensonntag einen ZDF-Kleinkunstgottesdienst zu Psalm 23 („Jch werde bleiben ...") in der wunderschönen Holzstabkirche in Goslar-Hahnenklee. Dieser TV-Gottesdienst stieß, auch bei unseren bisherigen Kritikern, auf ein breites und begeistertes Echo. Und mit dem **Live**-Album war unsere Dreierformation Bittlinger, Kandert, Plüss endgültig ein eingespieltes Team.

HAUSMUSIK

Das gemeinsame Musizieren im Familienkreis wurde in unserer Familie groß geschrieben. In regelmäßigen Abständen hatten wir Besuch von Verwandten, und nach einem guten Mittagessen setzten wir uns ins Wohnzimmer und jeder holte sein Instrument hervor. Wer kein Instrument beherrschte, sang umso kräftiger mit. Für mich waren das die ersten musikalischen „Sessions", in denen improvisiert und arrangiert werden konnte. Meine Cousine versuchte nach jedem zweiten Lied die zwölfsaitige Gitarre nachzustimmen, meine Schwester spielte Blockflöte, meine Mutter Klavier, ich an der Kindertrompete und mein Vater und seine Schwester sangen Bass und improvisierte Oberstimme zu allen Liedern. Mein Onkel spielte das Flügelhorn und entleerte das Kondenswasser, das sich im Instrument von Zeit zu Zeit ansammelte, in die im Wohnzimmer stehenden Grünpflanzen. So ging es stundenlang, und wir freuten uns immer wieder auf die nächste Gelegenheit, unseren musikalischen Vorlieben zu frönen.

ALLES ANDERE ALS EIN ENDE

Zofingen im Jahr 2000. Ich, Janick Plüss, bin jetzt fünf Jahre alt und sitze manchmal am späten Samstagnachmittag auf der Orgelbank unserer evangelisch-methodistischen Kirche neben meinem Vater und höre fasziniert zu, wie mein Papa eigene Kompositionen für den kommenden Gottesdienst am Sonntagmorgen übt. Voller Interesse beobachte ich das Zusammenspiel von Fingern, Händen und Füßen und die gewaltige klangliche Wirkung, die diese akrobatischen Gesten auslösen. Ich möchte auch einmal Orgel oder Keyboard spielen. Der Höhepunkt ist für mich deshalb immer dann, wenn mein Papa zum Schluss sagt: „So, Janick, jetzt darfst auch du noch etwas spielen." Dann rutsche ich schnell an seinen Platz, mitten vor die riesigen, übereinander angeordneten Tastaturen und fühle mich wie der Pilot eines großen Flugzeuges. Viele schwarze und weiße Tasten, unzählige Kippschalter, beleuchtete Knöpfe und Stöpsel, elektrische Strom- und Druckluftanzeigen, Pedale und Fußschalter, und hinter mir die riesigen aufrechten Düsentriebwerke in Form der übermächtigen Orgelpfeifen, aus denen – durch einen kleinen Druck auf die Tasten – ein mächtiger, brausender Sound die Kirche erfüllt. Mein Papa sagt, die Orgel wird auch als „Königin der Instrumente" bezeichnet. Da fühle ich mich immer wie ein König!

KAPITEL 2

LICHTBLICKE

MERKWÜRDIGES UND BEMERKENSWERTES

LUSTIGE ERLEBNISSE – MENSCHLICHE BEGEGNUNGEN – NACHDENKLICHE TÖNE – LEBENDIGE EINDRÜCKE

DER RETTER

Während einer Tournee durch Schleswig-Holstein traf ich mich mit einer Bekannten in Kiel. Wir hatten zusammen Mittag gegessen und schlenderten nun am Kieler Hafen entlang. Plötzlich rief eine Stimme, von einem der Boote, die da angelegt hatten: „Sagen Sie mol, können Sie swimmen?" Ich bejahte die Frage, woraufhin der Seemann auf ein etwa fünf Meter vom Ufer schwimmendes Bündel deutete und sagte: „Der do is grod ins Wasser gefoll'n, könn' Sie deim vielloicht helf'n?" Ohne groß zu überlegen, zog ich mich bis auf die Unterhose aus und sprang „heldenmutig" in die kalte Brühe, griff nach dem leblos treibenden Bündel und zog einen etwa sechzig Jahre alten Mann an Land. Dort packten bereits zwei Sanitäter von oben kräftig zu und versuchten sofort den leblosen Körper zu reanimieren, leider vergeblich. In dem anschließend auszufüllenden Formular stand dennoch unter der Rubrik „Retter" mein Name. Für einen Theologen – zumal bei solch vergeblichen Bemühungen – ein eigenartiges Gefühl.

HINTERFRAGT

Wie schon oft nach einem Auftritt stand auch diesmal eine Traube von Kindern und Jugendlichen um mich herum, die alle ein Autogramm haben wollten und sich schließlich der Reihe nach zu einer kleinen Warteschlange formierten. Jedes Kind hielt mir seine Eintrittskarte hin und ich unterschrieb. Plötzlich stand ein kleiner Junge vor mir und hielt mir ebenfalls sein Ticket hin.

Noch während ich unterschrieb, fragte er: „Was schreibst du denn da?" Ich antwortete wahrheitsgemäß: „Meinen Namen." Daraufhin der Kleine: „Warum?"

EINE FRAGE DER PERSPEKTIVE

In unserem Programm haben wir seit Jahren ein Lied, in dem ich die Lethargie als eine alte Begleiterin der Menschheit beschreibe (Lethargietango). Allerdings ohne den Begriff Lethargie zu nennen, der kommt erst ganz zum Schluss. Gegen Ende des Liedes lassen wir die Zuhörerinnen und Zuhörer dann raten, um wen es sich bei dieser alten Begleiterin der Menschheit wohl handeln mag. Da kommen dann Begriffe wie „Müdigkeit", „Trägheit", in Baden-Württemberg gerne „Faulheit". (Einer schwäbischen Hausfrau macht man durchaus ein Kompliment mit der Bemerkung: „Du siesch au g'schafft aus.") Als wir einmal in einer katholischen Kirche spielten und ich mitten im Lied wieder nach der alten Begleiterin der Menschheit fragte, rief ein kleines Mädchen aus der ersten Bank spontan und laut: „Mutter Teresa!"

Lethargietango

Sie kommt zu dir auf leisen Sohlen
und setzt sich langsam bei dir fest,
um sich von dir die Kraft zu holen,
die dich noch aufrecht gehen lässt.
Sie ist ein Meister der Verkleidung,
ja, sie hat immer für dich Zeit.
Und für jegliche Entscheidung
braucht's a halbe Ewigkeit.

Sie lässt das Fernsehn ständig laufen
und steigt als Schüssel dir aufs Dach.
Sie lässt sich wunderbar verkaufen
und hält die ganze Welt in Schach.
Sie kommt mit guten Argumenten,
„man kann doch nicht ..."
„... und außerdem ...",
und selbst so manchem Konsequenten
kommt sie zuweilen sehr bequem.

Ämter und Büroetagen
sind für sie ein leichtes Feld,
denn bei diesen miesen Gagen,
allzu oft der Ansporn fehlt,
sich mal richtig zu bewegen
und zumindest dann und wann
etwas Tolles zu bewegen,
dass man wirklich stolz sein kann.

Sie ist ein Bett mit vielen Kissen,
und wer sich bettet, fällt hinein.
Und sie hüllt dir dein Gewissen
in Daunen und in Watte ein.
Und im Hintergrund surrt leise
eine Schlaftablettenmelodei
und sie schickt dich auf die Reise
in ein Träumerparadeis.

(An dieser Stelle unterbrechen wir das Lied und lassen unsere Konzertbesucher raten, um wen es sich bei dieser „alten Begleiterin der Menschheit" wohl handeln mag.)

Jeden Sonntag in der Kirche
zieht sie ganz gemächlich ein.
Denn ein jeder in der Kirche
denkt, das müsste halt so sein.
Und so warten wir vergebens
auf ein bisschen mehr Esprit,
auf ein Zeichen echten Lebens
mitten in der Liturgie,
ja, so warten wir vergebens
auf ein bisschen mehr Esprit,
auf ein Zeichen echten Lebens
mitten in der Lethargie.

Text: Clemens Bittlinger

HAARIG

Vor einem Konzert bitten wir den Veranstalter jeweils um einen kleinen Imbiss. Dieser sollte nicht zu üppig und möglichst in der Nähe des Veranstaltungsortes sein. So kam es, dass wir eines Abends gleich gegenüber der Kirche in einen Frisörsalon gebeten wurden. Dort war nach Ladenschluss ein kleines Büffet für uns und den Chor aufgebaut, und so saßen wir ausnahmsweise einmal nicht haarelassend sondern speisenessend auf Barbierstühlen mit Kopfstütze – umgeben von Lachsschnittchen, Rasiermessern, Schuppenshampoo und Sekt. Immer mit dem bekömmlichen Beigeschmack von Haarfestiger und einem Hauch von Haarresten zwischen Zunge und Gaumen. Ob dieses kulinarische Erlebnis sinnlicher Erlebnisgastronomie Schule machen wird?

QUALITÄT STATT QUANTITÄT

In den Anfangszeiten unserer Konzertarbeit kam es ab und zu vor, dass sich nur wenige Besucher einfanden. Manch ein Veranstalter überschätzte schon mal den Grad unserer Bekanntheit und plante das Konzert ganz optimistisch in einem großen Saal oder einer Halle. So spielten wir eines Tages in Karlsruhe in einer riesigen Aula der Universität. Der Raum bot Platz für mehr als 700 Menschen. Als sich jedoch fünf Minuten vor Beginn des Konzertes lediglich eine Hand voll Zuhörer einfand und sich sichtbar verloren vorkam, entschlossen wir uns zu einer ungewöhnlichen Lösung, die sich hinterher als sehr klug herausstellte. Wir drehten die Lautsprecherboxen auf die dem Saal zugewandte Seite, holten ein paar Stühle, stellten sie auf die Bühne und baten das Publikum nach vorne zu kommen. Dann zogen wir den Bühnenvorhang zu und gaben ein für alle Beteiligten intimes kleines „Hauskonzert", das uns allen viel mehr Spaß machte, als es in dem riesigen Raum der Fall gewesen wäre. Die Presse titelte am nächsten Tag: „Das Konzert fand in der Garderobe statt".

WEISHEITSSPRUCH CLEMENTI:
„Jede Gemeinde feiert den Gottesdienst, den sie verdient!"

Eine Diakonisse ist unterwegs mit ihrem Auto. Plötzlich bleibt ihr Wagen mitten auf der Landstraße stehen – der Tank ist leer. Was tun? Einen Ersatzkanister hat sie leider nicht dabei, lediglich eine gläserne Urinflasche. Sie nimmt das Teil, marschiert drei Kilometer zur nächsten Tankstelle, füllt Benzin in das Urinarium und läuft wieder zurück. Beim Auto angekommen, schraubt sie den Tankdeckel ab und füllt ganz behutsam das Benzin in den Tank. Ein Lastwagenfahrer kommt mit seinem Lkw vorbei und sieht die Schwester mit der Urinflasche. Da dreht er seine Scheibe herunter und ruft ihr zu: „Bei Gott, Schwester, Ihren Glauben möchte ich haben!"

VERSTIMMT

Die verstimmte Gitarre: Es gibt viele lustige Sprüche, mit denen man das Stimmen der Gitarre auf der Bühne auflockern kann. Von: „Wir machen jetzt mal wieder ein wenig Stimmungsmusik", über: „Gut, dass ich keine Harfe habe", bis hin zu: „Immer, wenn ich neue Saiten aufziehe, ist meine Gitarre verstimmt, ich habe dafür viel Verständnis – früher, wenn mein Vater zu mir sagte: Da müssen wir mal andere Saiten aufziehen, war ich anschließend ebenfalls verstimmt." Ist eigentlich alles lustig, erlaubt und hilft.

Manchmal entfleuchen der lockeren Zunge des Liedermachers allerdings kontraproduktive Anmerkungen, so geschehen in Lemgo: Die Gitarre hatte sich mitten im Konzert ziemlich brutal verstimmt. Ich stimmte sie so halbwegs, war aber nicht hundert Prozent zufrieden und winkte dann ab, blickte hinüber zu David und sagte durchs Mikrofon: „Für Lemgo reicht's".

Nach dem nächsten Lied habe ich mich bei meinem Publikum entschuldigt.

DIE MASKE

„Diese Kirche ist ein heiliger Ort ..." Mit bitterernstem Gesicht, verschränkten Armen und einer feierlich vibrierenden Stimme brachte der Gemeindepfarrer das Publikum zum Schweigen, „... und alles, was hier geschieht, möge Gott die Ehre geben ..."

Vielleicht hatte ihn das Grausen gepackt, als er die Keyboards, das Schlagzeug und die Gitarre vorne im Altarraum sah. In jedem Fall klang seine Begrüßung fast wie eine Beschwörung an das Publikum, noch mehr aber an uns Musiker, dass wir durch unsere Musik diese Kirche ja nicht „entweihen" mögen. Wie so oft war offensichtlich auch hier ein Gemeindepfarrer von seinem Kirchenvorstand mit der Idee überrumpelt worden uns einzuladen.

Nach dem Konzert zeigte er sich dann sehr angetan und versöhnt. Er führte David in den Altarraum und deutete oben an die Wand. Dort entdeckte David zu seinem Erstaunen eine pralle Maske mit herausgestreckter Zunge. Der Pfarrer fragte ihn: „Wissen Sie, wem der die Zunge rausstreckt?" Davids methodistische, reumütige Ader wollte ihn gerade fragen lassen: „Bin ich's, Herr?", aber da hörte er schon: „Das ist der Teufel und der streckt dem Prediger die Zunge heraus und lacht ihn aus..." Das hat uns so beeindruckt, dass wir die Maske gleich fotografieren mussten.

Ein Einbrecher dringt in eine schmucke Villa ein. Als er trickreich das Fenster geöffnet hat und ganz leise und vorsichtig einsteigt, hört er plötzlich eine Stimme: „Ich seh dich, und Jesus sieht dich auch." Er zuckt zusammen, tastet sich aber weiter vor und öffnet im Dunkeln die nächste Tür. Da hört er schon wieder die Stimme, diesmal merklich näher: „Ich seh dich, und Jesus sieht dich auch." Merkwürdig, denkt er und ihm geht ganz schön die Muffe. Doch er geht weiter und öffnet die nächste Tür. Nun ertönt die Stimme direkt vor ihm. „Ich seh dich, und Jesus sieht dich auch!" Der Einbrecher macht seine Taschenlampe an und sieht vor sich in einem Käfig einen Papagei: „Hallo, ich bin Hannibal, der Hauspapagei, ich seh dich und Jesus sieht dich auch."

„Du hast mir ja einen schönen Schrecken eingejagt!", seufzt der Einbrecher. „Aber sag mal: Hannibal ist doch ein eigenartiger Name für einen Papagei, findest du nicht?"

„Ja, schon. Aber Jesus ist ein noch viel seltsamerer Name für einen Bullterrier, oder?"

DIE JUGENDWEIHE

Eine richtige Jugendweihe – das ist für einen Wessi-Christen etwas ganz Spannendes. Werner Hucks und ich hatten ein Konzert in Freiberg (bei Dresden) in einem sehr schönen und neuen Jugendzentrum. Der Veranstaltungsort war relativ kitschig, aber aufwendig geschmückt worden, und als wir staunend äußerten, wie viel Mühe man sich für unser Konzert doch gemacht habe, gab der Veranstalter ein wenig kleinlaut zu, dass der bunte Schmuck nicht etwa uns, sondern den am nächsten Tag in diesem Saal stattfindenden Jugendweihen gelte.

Neugierig geworden, kamen wir am nächsten Morgen wieder, um mal eine echte Jugendweihe mitzuerleben. Kurz vor dem Eingang stellte sich uns plötzlich ein beleibter Herr mit Krawatte und Anzug in den Weg, mit den Worten: „Öhne Einlödüng gömmen Se hier nisch rein ..." Darauf wir: „Das ist dumm, denn wir haben keine Einladung, würden aber sehr gerne mal eine Jugendweihe miterleben ..." Daraufhin der Türwächter: „Nu ja, wennse mir jeder zehn Moark gebn, dann loss isch see dursch."

Nach dieser erfolgreichen Bestechungsaktion erlebten wir eine liebevoll gestaltete, rein säkulare Liturgie. Aber es ist schon sehr eigenartig, wenn Menschen versuchen, ohne Gott einen Gottesdienst zu feiern ...

WEM DIE STUNDE SCHLÄGT

Meine originellste, aber gleichzeitig auch anstrengendste Unterkunft fand ich Anfang der achtziger Jahre in einem kleinen Ort westlich von Hamburg. Man hatte mich nämlich in einer Abstellkammer des Kirchturmes untergebracht. Nicht nur die Tatsache, dass der Raum feucht, die Bettwäsche klamm und die Dusche in der Putzkammer des darunter liegenden Kindergartens war, machte mir zu schaffen, sondern vor allem auch die Tatsache, dass ich jede „geschlagene Stunde" senkrecht im Bett saß. Denn über meinem Haupt tobte das dreifach gegossene Edelmetall in Glockenform und erschütterte dabei den ganzen Turm. Am nächsten Tag war ich, glaube ich, nicht sehr gut gelaunt.

EIN TIERISCH GUTER TITEL

Eine Zeit lang haben wir überlegt, dieses Anekdotenbuch anders zu nennen. Besonders gut gefiel uns dabei der Vorschlag einer jungen Zuhörerin. Wir singen in unseren Konzerten manchmal den Gospelsong „You've got to move". Eines Abends sang ein kleines Mädchen in der ersten Reihe aus vollem Hals den Refrain mit: „Du Katze muh, du Katze muh ..."

Kleine Dinge

Jeden Tag „auf Achse",
Termin folgt auf Termin.
Den Kopf voller Ideen,
so lebe ich dahin.
Doch plötzlich
fliegt die Tür auf
und Kinder kommen rein.
Frische Luft und Laune
strömt auf einmal ein.

Die Sitzung dauert lange,
ich schlafe beinah ein.
Dann endlich – eine Pause,
da fällt mir siedend ein:
Du hattest einen Arztbesuch
und dir war angst und bang.
Ich frage nach, wir reden,
doch leider nicht sehr lang.

Wie wir die Zeit verbringen,
kann jeder selber wählen.
Es sind die kleinen Dinge,
die letzten Endes zählen.

Mal prügeln mich die Launen
durch einen langen Tag,
dann mag ich keinen sehen,
weil ich mich selbst nicht mag.
Ein Lächeln, eine Geste,
oft Kleinigkeiten nur,
die bringen mich mitunter
zurück auf diese Spur:

Wie wir die Zeit verbringen,
kann jeder selber wählen.
Es sind die kleinen Dinge,
die letzten Endes zählen.

So leben wir gewichtig
und laufen langsam leer.
Wir nehmen uns zu wichtig:
Ein „Nein" fällt uns so schwer.
Drum halt ich manchmal inne
und denke kurz daran:
Der Rest von meinem Leben
fängt jetzt und heute an.

Text: Clemens Bittlinger

EILE MIT WEILE

In den ersten Jahren machten wir so manchen kapitalen Koordinationsfehler. Zum Beispiel sollte bei größeren Tourneeprojekten, bei denen man mit verschiedenen PKWs fahren muss, allen der Weg zur Unterkunft, zum Veranstaltungsort oder zu sonstigen Treffpunkten klar sein, so dass es keine Probleme gibt, wenn man sich unterwegs verliert.

David und ich hatten ein Konzert mit Hans-Jürgen Hufeisen und der schwarzen Gospelsängerin Pat Garcia in Unterfranken. Nach dem Konzert wollten wir noch irgendwohin zum Essen fahren. Ich nahm Pat und David in meinem Wagen mit und Hans-Jürgen sollte hinterherfahren. Neben mir saß Pat und auf dem Rücksitz David. Ich brauste los und vergaß völlig darauf zu achten, ob Hans-Jürgen auch wirklich hinter mir war. Kurz darauf hatten wir ihn verloren. Ich fuhr zurück, suchte Alternativstrecken ab und wartete schließlich nach etwa einer Stunde wilden Herumirrens völlig entnervt an jener Kreuzung, an der wir ihn verloren hatten.

Plötzlich erklang vom Dunkel der Rückbank die Stimme Davids: „Langsam ist manchmal schneller." Sprach's und verstummte wieder. Dies sollte der erste einer langen Reihe von davidianischen Weisheitssprüchen sein.

Davids Weisheitsspruch:
„Langsam ist manchmal schneller."

DER TEUFEL UND DAS HUHN

Jörg Wegel ist einer unserer treuen Weggefährten über Jahre. Vielseitig einsetzbar als Roadie, Fahrer, CD-Verkäufer, Lichttechniker, Musikversandchef und Schauspieler. So wurde ihm anlässlich des „Zauberhaft"-Projektes die Ehre zuteil, auf der Bühne den Teufel zu spielen. Eingehüllt in einen schwarzen Mantel und mit schwarzer Sonnenbrille musste er die Szene nur spielen, ohne zu reden. Clemens sprach seinen Text durch ein Mikrofon aus dem Hintergrund.

An einer Stelle des Dialogs stellte der Zauberkünstler Stefan Lauer die Frage: „Und wer bist du?" Jörg bzw. Clemens musste darauf antworten: „Ich bin der Teufel." Am letzten Abend antwortete die Stimme von Clemens: „Ei, isch bin doch de Jörg, de Jörg Wegel aus Mainz, kensch du misch net?" Jörg, völlig hilflos, da er ja nichts sagen konnte, versuchte krampfhaft seine ernste Miene zu behalten und die Szene zu Ende zu spielen. Dies alles mit einem Zittern in den Mundwinkeln. (Ganz abgesehen davon, dass das arme Publikum den inhaltlichen Zusammenhang der Szene dadurch völlig verloren hatte.) Im Anschluss an die Aufführung rannte Jörg sofort zu Clemens und versuchte ihn zu würgen.

In einer anderen Szene wurde Stefan Lauer dann auch noch zum Opfer eines Scherzes. In einer Täuschungsnummer sperrt er eine Person in eine große Kiste und befreit sie spektakulär, begleitet von einem imposanten musikalischen Feuerwerk mit viel Nebel und Lichteffekten. Schließlich präsentiert er stolz die völlig leere Kiste. Allerdings hatten wir an jenem Abend ein gegrilltes Plastikhuhn (so wie man sie aus der Geschichte von Max und Moritz kennt) in die Kiste geschmuggelt, und als er die Kiste umkippte, um damit zu beweisen, dass sie leer war, kullerte unsere „Wienerwaldattrappe" auf die Bühne.

PAS DE DEUX

Der Abschlussabend einer größeren Tournee bei einem aufwendigen Bühnenprojekt ist immer der Abend der kleinen „internen Gemeinheiten" von Musikerkollegen und Technikern. Natürlich darf das Publikum dabei nichts merken. Es sollen vielmehr die Mitwirkenden zum

Lachen gebracht werden, in der Hoffnung, dass sie einen Moment aus dem Konzept kommen, den Faden verlieren oder sich durch spontane Improvisationen oder schlagfertige Sprüche durch die ungeplante Aktion retten.

Bei der „Auffallend daneben"-Tournee war die englische Tanzgruppe „Spring Dance Company" mit dabei. In der Schlussszene kam ein elegant graziöser Balletttanz vor, zu dem ich am Klavier eine Improvisation spielte. Plötzlich tauchten im Hintergrund der Bühne zwei ungelenke haarbeinige Tänzer in Jackett und Unterhose auf und tänzelten elfengleich hinter den eleganten Tänzerinnen einmal quer über die Bühne – eine Rolle, die Thomas Adam, unserem Schlagzeuger, und Clemens sichtlich Spaß machte.

Nun hatte aber das Publikum die spontane Tanznummer mit viel Gelächter und tosendem Applaus quittiert. Erst jetzt bemerkten die Tänzerinnen, was hinter ihrem Rücken geschah, und versuchten noch freundlicher lächelnd als sonst den Tanz halbwegs seriös zu beenden.

„GEHT'S?!"

Manchmal waren wir recht rustikal untergebracht, und einmal machten wir sozusagen Ferien auf dem Bauernhof. Der Weg zu unserem Doppelzimmer führte über ein Holzbrett an einem Misthaufen vorbei, und zum Duschen musste man durch die Küche (Zentrum) des Bauernhauses, denn dahinter lag das allgemeine Bad. So kam ich morgens um elf (für uns damals eine normale Aufstehzeit) im Schlafanzug in die Küche der Bauersfamilie getaumelt und sah mich Auge in Auge mit dem Bauern, seiner Frau und einem Helfer. Alle saßen da in ihrer Arbeitsmontur (sprich

Blaumann und Gummistiefel) und waren offensichtlich beim zweiten (oder dritten?) Frühstück. Die Frau wies mir den Weg zum Bad. Als ich mich gerade, noch schlaftrunken, völlig entkleidet hatte, wurde die Tür aufgerissen und die Bäuerin stand mir in Gummistiefeln gegenüber und rief laut: „Geht's?" Nach diesem Schock brauchte ich kaum noch kalt zu duschen, um richtig wach zu werden.

AM TELEFON

Fabian: „Lieber Clemens, hier ist Fabian! Vielen Dank für deinen Beitrag zu unserem Kurzgeschichtenband zum Thema 'Engel'. Leider ist dein Text so kurz, dass ich ihn gar nicht verwenden kann. Ach nein, ich sehe gerade: Wenn ich alle Kommata ergänze, die fehlen, wird er doch lang genug."

Clemens: „Du Schwein!"

Fabian Vogt
Pfarrer, Kabarettist, Texter und Buchautor

DIE ROLLENDE AXELHÖHLE

Innerhalb dieser Tournee waren wir auch mit einem Wohnmobil unterwegs. Wenn einige Leute tagelang in einem gemieteten Wohnmobil reisen und dabei nicht Urlaub haben, sondern im stressigen Alltag einer Konzerttournee sind, fühlt sich keiner zuständig, die fahrende Wohnung ordentlich in Stand zu halten. Da kommt so einiges an Müll, Dreck und Gerüchen zusammen. Wir beschlossen deshalb nach einiger Zeit, unser Wohnmobil umzutaufen. Es hieß von da an: „Axel Schweiß, die rollende Axelhöhle".

WENN DER TEUFEL TANZT

Einige Jahre lang hatte ich Konzerte gemacht, in die auch pantomimisch-tänzerische Elemente eingebaut waren. Das waren immer sehr eindrucksvolle Bilder, verbunden mit unserer live gespielten Musik. In den Anfangsjahren hatten allerdings noch nicht so viele Menschen einen Zugang zu solchen Pantomime- und Tanzeinlagen. So hatten wir einmal zusammen mit einem Chor eine gemeinsame Veranstaltung in der Turnhalle eines kleinen Schweizer Dorfes. Der Pantomime agierte, wie es die meisten tun, in Schwarz gekleidet und barfuß auf der Bühne. Nach der Veranstaltung drängte ich mich durch das herausströmende Publikum und vernahm hinter mir: „Also, dieser Tänzer, das war eindeutig der Teufel, der auf der Bühne mit nackten Füßen getanzt hat!"

Weisheit:
„Die meisten Leute gehen viermal in ihrem Leben in die Kirche – zweimal davon werden sie getragen."

GEFÄHRLICH NAHE

Vor einigen Jahren hatten wir ein Konzert in einer Pfingstgemeinde in Pforzheim. Nachdem die Veranstaltung zu Ende war, fuhr David seine neueste Errungenschaft, einen schneeweißen Citroën vor den Eingang der Kirche, um die Instrumente einzuladen.

Plötzlich quoll vorne aus dem Motor dicker, beißender Rauch. Panikartig öffnete David die Motorhaube, verließ sein Auto und rief um Hilfe, worauf der Hausmeister geistesgegenwärtig mit einem Feuerlöscher herbeigerannt kam und den Brand löschte. Nachdem dies alles wie ein kurioser Film vor ihm abgelaufen war, meinte David in seiner wunderbar trockenen Art: „Da hat mein armes Methodisten-Auto wohl zu nahe am züngelnden Pfingstfeuer gestanden!"

DIE POLIZEI, DEIN FREUND UND ...

Wir waren auf der Heimfahrt nach einem Konzert in der Schweiz. Munter plaudernd fuhren wir von Zürich Richtung Zofingen. Erstaunt sahen wir plötzlich, dass vor uns die Straße hell erleuchtet war. Ähnlich einem Fußballstadion, war ein großer Teil der Autobahn mit gleißenden Flutstrahlern erhellt. Panzerwagen standen dort, eine Hundertschaft von Polizisten und Angehörige der Schweizer Armee, Polizeihunde und Männer mit Gewehren und kugelsicheren Westen. Was war geschehen? Wir drosselten unser Tempo und fuhren langsam zu einem uns heranwinkenden Polizisten: „Guten Abend! Straßenverkehrspolizei, wir machen eine Verkehrskontrolle!"

„Das sehen wir", entgegnete Clemens spontan höflich.

„Bitte steigen Sie aus. Kann ich Ihre Papiere sehen!" Der Polizist ging um unser Auto herum, verglich Fahrzeugpapiere und Nummernschild, kontrollierte den Zustand der Reifen und sagte schließlich, nachdem er unter den Wagen gesehen hatte: „Da ist ein großer Ölfleck unter Ihrem Auto. Sie verlieren Motoröl!"

„Das kann gar nicht sein", entgegnete ich, „wir stehen ja gerade erst eine halbe Minute hier."

„So? Dann muss es wohl von einem anderen Auto kommen." Er schien enttäuscht, versuchte es aber weiter: „Bitte schalten Sie alle Lichter ein." Alles funktionierte einwandfrei. Wir durften uns wieder ins Auto setzen und der Polizist gab uns die Ausweise wieder. Es gab einfach nichts zu beanstanden. Kurz bevor wir losfahren wollten, sagte er dann aber doch noch: „Ihre Frontscheibe könnten Sie aber wieder einmal putzen." Na, wenn es nichts Schlimmeres ist! Erleichtert fuhren wir weiter, vorbei an Panzerwagen, ernst dreinschauenden Soldaten und achselzuckenden Menschen, die ins Röhrchen blasen mussten. In der Hand hatten wir ein Erfrischungstuch mit Zitronenduft und der Aufschrift: „Gute Fahrt! – wünscht Ihnen Ihre Schweizer Polizei!"

DER FEHLER

Es gibt Fehler, die muss man anscheinend machen, wenn man in der Öffentlichkeit steht. Aber dann macht man sie einmal und nie wieder. Werner Hucks und ich gaben ein Konzert in Erlangen, in einem wunderschönen Altstadtgebäude, das früher einer studentischen Verbindung gehört hatte und das nun vom CVJM unterhalten wurde. Bei diesem Konzert war ein Kommilitone von mir zugegen, der als freier Mitarbeiter für das Evangelische Sonntagsblatt arbeitete und der, wie er mir sagte, einen Bericht über unser Konzert schreiben wollte.

Es war ein ganz normales, knackiges Kleinkunstkonzert, und anschließend gingen wir noch zum Griechen. Unter dem Eindruck eines gelungenen Abends luden wir den schreibenden Kollegen spontan ein, mit uns zu kommen. Beim Griechen selbst ging es dann fröhlich, laut und ausgelassen zu, ein Glas ging zu Bruch – das einzige „Opfer" unserer guten Laune. Wir verabschiedeten uns und machten uns auf den Nachhauseweg.

Vierzehn Tage später hielt ich einen dreispaltigen Artikel in der Hand, in dem mein Mitstudent eine kurze Bemerkung zu unserem Konzert und – akribisch und detailliert unser „unmögliches" Verhalten in dem griechischen Restaurant beschrieb. Seine Kritik stellte uns in ein ziemlich mieses Licht und nahm Bezug auf das Lied „Von Mensch zu Mensch" und gipfelte in dem Satz: „Gerne hätte auch die Bedienung des Lokals diese Begegnung ‚Von Mensch zu Mensch' erlebt...". Ich habe dem Kollegen anschließend wieder das „Sie" angeboten.

ZWISCHENRUF

Was denken Sie, wenn Sie in einer schönen alten Kirche in die Stille des Raumes hinein einen sehr ernsthaften, meditativen Text sprechen, und als Reaktion hören Sie auf einmal aus der Stille der Kirche heraus: „Scheiße!"? Sie kratzen sich innerlich am Kopf, versuchen es zu ignorieren und bringen den nächsten Text bzw. das nächste Lied und wieder kommt aus der Stille des Raumes laut und vernehmlich dieselbe Stimme zurück: „O Mann, o Mann!" Darauf antwortete der Liedermacher: „Du, wenn dir das nicht gefällt, was wir hier machen, hast du jederzeit die Freiheit zu gehen, niemand ist gezwungen, unser Programm anzuhören ..." Daraufhin meldete sich eine Frauenstimme zu Wort: „Entschuldigen Sie, der junge Mann ist behindert, er kann Sie nicht verstehen."

Eines haben wir an diesem Abend mit Sicherheit gelernt: Wenn Zwischenrufe oder Kommentare kommen, sondieren wir immer sehr genau, welcher Art sie sind.

Vor dem Himmel gibt es zwei Tore für Männer, so sagt man: Eines, nämlich Tor A, für all jene, die ihr Leben lang unter dem Pantoffel ihrer Frau standen, und ein anderes, Tor B, für all jene, die nicht unter dem Pantoffel ihrer Frau standen. Vor Tor A steht eine riesige Warteschlange – und vor Tor B nur ein Einziger. Das macht Petrus neugierig und er öffnet die Luke in Tor B und fragt den Mann, wie er denn dazu komme, sich hier anzustellen. Darauf dieser: „Meine Frau hat mir gesagt, ich solle mich hier anstellen..."

DER AUFGUSS

Die Sauna eines schönen Hotels oder eines Gästehauses ist, vor allem in der kalten Jahreszeit, ein beliebter Aufenthaltsort für durchgefrorene und entspannungsgierige Künstler. Im Rahmen einer zehntägigen Tournee mit den Musikerfreunden Dick le Mair (Percussion), Werner Hucks (Gitarre) und Johannes Nitsch (Keyboard und Gesang) lagen oder saßen wir eines Nachmittags alle Mann „nackend" in der Sauna und dösten so vor uns hin. Irgendwann regte sich der Schalk in meinem Nacken und ich fragte: „Na Johannes, wie wäre es mit einem Aufguss?" Darauf derselbige: „Och jo, wär nich

schlecht." **Klatsch** – hatte er eine volle Kelle kalten Wassers auf dem Bauch.

DER VERRÜCKTESTE TAG IN MEINEM LEBEN

Stell dir vor: Jeden Augenblick kann dein Kind zur Welt kommen und du hast eine Großveranstaltung nach der anderen. Du agierst ständig mit eingeschaltetem Handy am Bühnenrand und bist irgendwie seltsam angespannt.

Es war beim Deutschen Evangelischen Kirchentag in Stuttgart 1999. Wir hatten acht Veranstaltungen in vier Tagen, u.a. die „Nacht der Lieder" vor dem neuen Schloss mit 20.000 Besuchern und den großen Abschlussgottesdienst im Gottlieb-Daimler-Stadion mit 70.000 Besuchern und einer bundesweiten Fernsehübertragung. Bis zum Sonntagmorgen war alles gut gegangen – nachmittags würde ich zu Hause sein, dann konnte das Baby kommen. Es war neun Uhr morgens – um zehn sollte der Gottesdienst und damit die Fernsehübertragung beginnen, als das Handy klingelte und Rosi Bescheid gab, es gehe nun los.

Ich saß fest und hatte keine Chance, aus diesem „fahrenden Zug" auszusteigen, also bat ich Rosi durchzuhalten, wenn irgend möglich. Alles lief wunderbar, wir hatten ein Bombenwetter, eine tolle Stimmung im Stadion, wir musizierten neben Weltstars wie Giora Feidmann, der einen unglaublich verdichteten musikalischen Moment „herbeizauberte", in dem er das Stadion in eine summende Klangkulisse verwandelte, zu der er auf seiner Klarinette improvisierte. Ein unglaubliches Erlebnis auch, die eigenen Lieder dort zu singen. Ich dachte: Etwas Größeres gibt es eigentlich für einen Musiker nicht: 70.000 begeisterte Menschen, die deine Lieder singen – Wahnsinn!

Nach der Veranstaltung sah ich zu, dass ich auf dem schnellsten Wege nach Hause kam. Ich kam um 15 Uhr an, eine Stunde später waren wir auf dem Weg in die Klinik und um 19.52 Uhr an diesem 20. Juni 1999 kam unsere Tochter Enya zur Welt. Ich hielt sie im Arm und habe nur für sie gesungen und dachte: Etwas Größeres gibt es eigentlich nicht.

FEURIGES KONZERT

Als wir anfingen, an unserm Anekdotenbuch zu schreiben, war es so, dass laufend Geschichten passierten, als würden wir sie jetzt magisch anziehen. Oder fielen sie uns nur eher auf, weil wir sie sammelten? Jedenfalls waren Clemens und ich zu einem Konzert in der neu gebauten Evangelisch-methodistischen Kirche in Mühlheim in der Nähe von Frankfurt. Wir hatten unsere Instrumente bereits aufgebaut, die ersten Besucher standen an der Kasse oder saßen im Saal und wir hatten uns in den Raum neben der Küche verzogen, um eine Kleinigkeit zu essen und Ideen für unser Buch zu besprechen. Es war schon einige Minuten nach acht Uhr, wir wollten gerade auf die Bühne gehen, als der Veranstalter ganz aufgeregt hereinkam und sagte: „Habt ihr schon gemerkt: Der Backofen in der Küche nebenan hat gebrannt, die Feuerwehr ist da und löscht gerade den Brand!" Die Konzertbesucher stehen alle draußen vor der Kirche. „Hat jemand einen Fotoapparat dabei?", war meine erste spontane Frage. „Wir schreiben grade ein Anekdotenbuch und sammeln genau solche Geschichten. Das habt ihr toll hingekriegt."

Was haben eine Kirchenleitung und ein Zitronenfalter gemeinsam?
Haben Sie schon mal einen Zitronenfalter Zitronen falten sehen?

SUCHET, SO WERDET IHR FINDEN

Wir sind Menschen, die ständig auf der Suche sind. Diese Aussage meine ich jetzt nicht philosophisch oder theologisch, sondern geographisch. Das wichtigste Papier in unseren jeweiligen Konzertunterlagen ist eine verständliche, einfache und gut lesbare Wegbeschreibung. Dass dieser Wunsch nicht von jedem Veranstalter gleich interpretiert wird, ist eine Tatsache und gleichzeitig unser Problem. Manchmal steht da nur der Satz: „Den Weg müsstet ihr kennen, ihr wart ja vor sechs Jahren schon einmal bei uns zum Konzert." Stimmt. Allerdings liegen dazwischen rund 600 Konzerte in Kirchen und an Orten, die sich manchmal ähneln. Nach der erneuten Bitte um eine Wegbeschreibung werden dann gerne vierfarbige Ortspläne per Fax zugeschickt, auf denen alles schwarz ist und die wir im Halbdunkel des hereinbrechenden Abends sowieso nicht lesen können. Ein Anruf übers Handy an den Veranstalter könnte Abhilfe schaffen. Doch die Mailbox ist an: „Leider können wir Ihren Anruf zur Zeit nicht entgegennehmen, da wir eine Konzertveranstaltung in der Kirche haben." Hätten wir eigentlich auch.

Letzte Rettung: Wir fragen Passanten auf der Straße. „Verzeihung! Kennen Sie sich hier vielleicht aus?"

„Nein, aber was suchen Sie?"

„Die Evangelische Kreuzkirche."

„Tut mir Leid, die kenne ich nicht."

Zweiter Versuch: „Entschuldigung, wir suchen die Evangelische Kreuzkirche."

„Ähm? Adalbert, weißt du, wo die Evangelische Kreuzkirche ist?"

Adalbert: „Ähm, die ist in der Weststadt, da sind Sie hier ganz falsch! Am besten, Sie wenden und fahren vorne links, dann rechts über die Brücke, vorbei an Kaufhof, Hertie und Karstadt, und biegen kurz vor der Aral-Tankstelle in einem spitzen Winkel parallel zur Ausfahrtsstrasse nach rechts, äh – nein, das ist ja eine Einbahnstraße. Also, Sie wenden nicht hier, sondern fahren hier einfach weiter, an der Tankstelle vorbei, halten sich links und fahren an der abknickenden Vorfahrt geradeaus über den Marktplatz bis zur dritten Fußgängerampel und dort fragen Sie am besten noch mal jemanden, ach nee, da ist ja die Fußgängerzone. Mensch, wie kommt man denn mit dem Auto dahin? Am besten, Sie fragen jemand anderen."

HOCHZEIT, DIE ERSTE ...

An die Hochzeit eines befreundeten Hamburger Paares erinnere ich mich noch sehr deutlich. Da die Braut ursprünglich aus dem Raum Karlsruhe stammte, hatte man die kirchliche Trauung in eine idyllisch gelegene badische Kapelle verlegt. Werner Hucks war auch da und sollte zum einen ein wenig Klassik in die Feier bringen und zum anderen die „singende Gemeinde" begleiten.

Alle waren in der Kirche versammelt: etwa vierzig Gäste, der Pfarrer (ich) und der Musiker. Nur das Brautpaar fehlte. Nachdem wir etwa eine Viertelstunde „über der Zeit" waren, sagte ich schmunzelnd zu den z.T. aus Hamburg angereisten Gästen: „Offensichtlich lässt das Brautpaar auf sich warten – will vielleicht sonst jemand in der Zwischenzeit heiraten?" Eine schicke junge Dame mit Hütchen und Schleier fiel daraufhin laut kichernd fast aus der Bank.

Als das Brautpaar dann endlich standesgemäß im dunkelblauen Jaguar vorgefahren kam, konnte der Traugottesdienst beginnen. Werner intonierte in gekonnter Weise ein klassisches Gitarrenvorspiel, ich begrüßte die versammelte Gemeinde und kündigte das erste Gesangbuchlied an.

Wir hatten den Klassiker „Großer Gott wir loben dich" ausgesucht. Nun ist Werner vielleicht nicht sehr routiniert darin, mit einer Gemeinde ein Lied anzustimmen, aber er machte ein schönes Vorspiel, bei dem auch die Melodie dieses bekannten Chorals deutlich zu erkennen war, und gab der Gemeinde mit einem Nicken seines Kopfes den Einsatz. Und es kam – nichts. Gar nichts, nicht einmal ein Piepsen oder Grunzen. Einfach nichts.

Wir triezten die Gemeinde dann so lange mit Liedern wie „Das wünsch ich mir", bis zumindest so etwas Ähnliches wie ein hörbarer Gesang im Raume lag – ganz nach dem Motto: Je länger ihr euch ziert, desto später kommt die Fete. Das versteht jeder, auch der ganz Kirchenferne.

Das wünsch ich mir, das wünsch ich dir

Dass mir der Atem nicht ausgeht,
wenn ich dich still begleiten will
auf deinem Weg durch schwere Zeiten,
das wünsch ich mir, das wünsch ich dir,
und unser Gott steht uns dabei zur Seite.

Dass es die Worte nicht verweht,
mit denen ich mein Reden füll,
sobald es gilt zur Tat zu schreiten,
das wünsch ich mir, das wünsch ich dir,
und unser Gott steht uns dabei zur Seite.

Dass wir uns nicht im Kreise drehn,
sondern erkennen, was Gott will,
und das nicht nur in schweren Zeiten,
das wünsch ich mir, das wünsch ich dir,
und unser Gott steht uns dabei zur Seite.

Text: Clemens Bittlinger

EINE FETZIGE HOCHZEIT

Lieber Clemens,

als Liedermacher kenne ich dich nur auf CD und leider nicht live „on stage". Als Pfarrer wirst du mir aber immer in Erinnerung bleiben, da dieses Live-Erlebnis einen bleibenden Eindruck hinterlassen hat.

Ort des Geschehens war eine kleine Kirche im Schwäbischen. Anlass war die Trauung eines guten Freundes und hierzulande bekannten Popstars. Für viele Menschen sind Kirchen ein Ort der Stille, was oft auch etwas Beklemmendes mit sich bringt, denn in der Kirche „schwätzt" man nicht, und schon gar nicht beteiligt man sich an rhythmischem Klatschen und dem Gesang englischsprachiger Popsongs wie „O Happy Day".

Spaß sollte man in einer Kirche auch vermeiden, denn in Ermangelung eines authentischen schwarzen Gospelsängers färbte unser Leadsänger David kurzum sein Gesicht mit dunkler Schuhcreme und zog einen schwarzen Rolli und schwarze Handschuhe über.

Die Stimmung und Emotionen in dieser Stunde wurden eigentlich nur durch einen älteren „klassischen" Kirchgänger getrübt, der für so ein Treiben nur ein Wort fand: Blasphemie! Den Versuch, die Kirche zu verlassen, musste er dann aber aufgeben, denn man hatte abgeschlossen, um nicht durch Fans oder Autogrammjäger gestört zu werden.

Ich glaube, alle anderen Gäste empfanden wie ich und erlebten diese Kirche als Ort der Freude und des schönen gemeinsamen Erlebnisses. Einen großen Anteil daran hatte Clemens Bittlinger, Liedermacher & Pfarrer.

Übrigens kann ich mir gut vorstellen, dass es dem lieben Gott auch recht gut gefallen hat.

Weiterhin viel Erfolg wünscht euch

Charly Rothenburg
Promoter und „Entdecker" von Grönemeyer, PUR und Pe Werner

HOCHZEIT, DIE ZWEITE ...

Eine international erfolgreiche Derbyreiterin hatte mich auserkoren – ich sollte sie und ihren zukünftigen Mann im Rahmen einer zünftigen „Reiterhochzeit" trauen. Bei einem ersten Gespräch über diese Trauung fragte ich sie, ob sie denn schon eine Idee für ihren Trauspruch hätte. „Ja. ‚Auge um Auge, Zahn um Zahn'", kam es wie aus der Pistole geschossen. Hätte sie dabei nicht so ein ernstes Gesicht gemacht, ich hätte laut losgeprustet vor Lachen. Als ich merkte, dass sie das wirklich ernst meinte, habe ich ihr diesen sehr markanten und einprägsamen Satz aus der Bibel wieder ausgeredet. Aber das Epheserzitat, „Wenn ihr einander beißt, seht zu, dass ihr euch nicht auffresst", war das Äußerste, wozu ich sie überreden konnte. Nun gut – ich war gespannt.

Der Tag der Hochzeit kam und wir begaben uns ins Niederbayrische auf einen Reiterhof, wo in der Reithalle der Gottesdienst und auch die anschließende Feier stattfinden sollte. Irgendwie schaffte ich es, den immer noch sehr nüchternen Epheservers auf 1. Korinther 13 „... es bleiben aber Glaube, Liebe, Hoffnung, diese drei und die Liebe ist die Größte ..." umzubiegen. Alles lief wunderbar und anschließend gab es eine große Kaffeetafel.

Im Rahmen dieser gastlichen Runde erhob sich auf einmal der Vater des Bräutigams (gleichzeitig der Hausherr des Hofes) und hielt im tiefsten Bayrisch eine kleine Rede, die er mit dem Satz beendete: „Entgegen den Ausführungen des Herrn Pfarrers muss ich leider sagen: Die Liebe vergeht, was bleibt, ist Kameradschaft ..." Sprach's, hob sein Glas und trank auf das Wohl des Paares. Ich dachte, mich tritt ein Pferd! Erst jetzt fiel mir auf, dass seine Frau (oder besser gesagt sein „weiblicher Kamerad") bei der Feier gar nicht anwesend war, sondern schmollend draußen vor ihrem Haus saß.

Für das Abendessen hatte man einen Partyservice bestellt, der zwar ein paar Salate brachte, aber keine Hauptspeise („Der Braten ist noch nicht fertig" – war er zwei Stunden später auch noch nicht), es gab zwar ein paar

Tellerchen, aber kein Besteck, und um eine Flasche Rotwein zu öffnen, musste ich den Korken hineindrücken, denn ein Korkenzieher war nicht aufzutreiben. Mit den Vorspeisen leicht angesättigt machten wir uns schmunzelnd auf den Nachhauseweg, sicher, dass diese Story irgendwann mal in einem Anekdotenbuch landen würde.

DIE ABKÜRZUNG

Abkürzungen haben es manchmal in sich. Wir wollten von Krelingen nach Celle, und da gebe es, so sagte man uns, eine schöne Abkürzung, die führe zwar zum Teil durch militärisches Übungsgelände, aber man dürfe sich nicht irritieren lassen und sei dann ruckzuck in Celle.

Wir nahmen also die vorgeschlagene Route. Die Schilder waren verhalten, fast freundlich: „Militärisches Übungsgebiet, Durchfahrt verboten – Anlieger frei." Irgendwann müssen wir eine Abzweigung verpasst haben, denn das nächste Schild wirkte weit weniger einladend: „Militärisches Sperrgebiet, Durchfahrt verboten – Lebensgefahr!" Werner Hucks begann etwas unbehaglich hin- und herzurutschen: „Meinst du, wir sind hier noch richtig?" „Na klar", antwortete ich, „die haben doch gesagt, wir sollen uns nicht irritieren lassen."

Plötzlich waren wir auf einer schnurgeraden breiten Betonstraße, die mitten durch den Wald führte. Außer uns fuhr hier offensichtlich niemand. Nachdem wir etwa fünf Kilometer auf dieser wunderbar freien Strecke zugebracht hatten, wurden wir plötzlich von einem Feldjägerjeep überholt und mit der Kelle zum Anhalten gebracht. Zwei schwer bewaffnete Soldaten stiegen aus, musterten uns argwöhnisch und verlangten schließlich „unsere Sondergenehmigung" – „äh, welche Sondergenehmigung?", fragte ich, schon ahnend, dass dies sicherlich doch nicht die richtige „Abkürzung" gewesen war.

„Sie befinden sich auf einer Panzerringstraße – hier wird scharf geschossen und wenn Sie hier weiterfahren, riskieren Sie Ihr Leben. Außerdem landen Sie nach 60 Kilometern wieder genau an derselben Stelle ..."

Die Herren nahmen unsere Personalien auf und wir mussten umkehren. Später kostete mich das Ganze noch 170 Mark und drei Punkte in Flensburg.

DAS HINTERZIMMER

In Rinteln gestalteten wir einige Jahre jeweils im Zusammenhang mit einem Abendkonzert am selben Tag morgens ein Schulkonzert. Manfred Stoller, der rührige und engagierte Lehrer und Veranstalter dieser Konzerte, lud uns nach dem erfolgreichen Auftritt immer zum Essen ein. Anfänglich zu guten Italienern oder Griechen. Einmal wollte er ein neues Lokal testen, und so landeten wir im ersten Stock eines Hauses. Das Restaurant sah nicht sehr einladend aus, und ich entschied mich für eine einfache Pizza, denn – davon ging ich aus – bei diesem einfachen Gericht kann auch ein unmotivierter Koch kulinarisch nicht viel falsch machen. Es dauerte eine halbe Ewigkeit, bis das Essen, eine lauwarme Teigscheibe mit geschmolzenem Vollfett-Emmentaler, serviert wurde. (Womit bewiesen war, dass man auch eine Pizza schlecht zubereiten kann, wenn man sich anstrengt.)

Eine andere Sache beschäftigte mich aber noch mehr in diesem Restaurant. Durch eine offene Tür fiel mein Blick in ein Hinterzimmer. Dort konnte ich, während ich auf das Essen wartete, vier ältere Herren beobachten, die um einen Tisch sitzend Karten spielten. Eigentlich eine normale Freizeitbeschäftigung für Rentner. Allerdings hatte einer von ihnen, ein schwarzhaariger Mann mit Schnurrbart, rotem Anzug, Krawatte, dicker Zigarre und verschiedenen Goldringen und Goldkettchen, offenbar eine besondere Stellung in dieser Runde. Er war wohl der Profispieler am Tisch, jedenfalls zog er nach jeder Spielrunde mit einer weltmännischen Geste sämtliche Geldscheine zu sich heran und stapelte sie gut sichtbar an seinem Platz zu einem ansehnlichen Bündel. Wir hatten das mulmige Gefühl, dass es bald zu einer Schlägerei kommen könnte, deshalb aßen wir schnell unsere Pizza und verließen so bald wie möglich das Lokal. Manfred erzählte uns später, dass das Lokal einige Tage nach unserem Besuch geschlossen wurde – wegen illegalen Glücksspiels.

DER GLÖCKNER VON MAINZ

Pressefotos von Konzerten sind so eine Sache. Was sich schon bei der Gestaltung eines CD-Covers als schwierig erweist, ist bei Schnappschüssen im Konzert oftmals eine hinterhältige und gemeine Verfremdung der Tatsachen, die jede Künstlerehre beleidigt. Nicht dass wir eitel wären, das sind Männer ja sowieso nicht, habe ich gehört. Aber um ein halbwegs gelungenes Porträtfoto für ein CD-Cover zu bekommen, lassen wir von einem professionellen Fotografen schon mal in zwei Tagen etwa 400 Fotos schießen, wovon wir uns erhoffen, dass wir dann wenigstens auf einem Foto so aussehen, wie wir immer gerne aussehen wollten, es aber selten tun, weil wir ja auch leider gar nicht so gut aussehen, wie wir es uns immer vorstellen. Ein besonders gelungenes Pressefoto entstand bei einem Konzert mit dem Chor PopCHORn aus Klein-Winternheim. Wetten, dass sie nicht wissen, dass der Glöckner von Notre Dame eigentlich mit David Plüss verfilmt wurde?

„ISS NICHT SO VIEL!"

Verhungert oder gar verdurstet ist bei unseren Konzerten noch niemand. Im Gegenteil. Man sagte uns nach, dass wir ständig essen gehen würden, und, dass ich meine Musiker gewissermaßen „mästete". Diese Ängste plagten wohl auch Angelika, die damalige Freundin (und heutige Frau) von Dieter Falk. „Iss nicht so viel", raunte sie ihm noch zum Abschied zu, als ich ihn abholte. An diesem Wochenende haben wir wohl fünf verschiedene Landesküchen getestet: griechisch, italienisch, jugoslawisch, chinesisch und deutsch. Dieter schlug – entgegen den weisen Ratschlägen seiner Freundin – dabei so zu, dass er Magendrücken bekam und sich nach einer Mahlzeit einen Underberg genehmigte. Wenige Minuten später lief er krebsrot an, bekam Atemnot und einen Hautausschlag – offensichtlich reagiert er auf diese spezielle „Kräuter-Mischung" allergisch.

GANZ OHNE PROBE ...

Dies ist eine kleine Anekdote ganz ohne pfiffige Pointe, aber doch mit etwas „O-Ton" des christlichen Konzertalltags der 80er Jahre.

Clemens und ich hatten uns am Rande eines Inge Brück-Konzertes kennen gelernt, und zwar mitten im Berliner Olympiastadion bei einer Großevangelisation. Ich begleitete Inge Brücks Chansons zusammen mit zwei anderen Jazz-Pianisten aus der so genannten säkularen Szene: Kai Rautenberg & Horst Jankowski (einer der ganz großen Jazzer in Deutschland, leider kürzlich verstorben). Letzterer hat immerhin den Welthit „Schwarzwaldfahrt" komponiert. Die beiden Herren fühlten sich bei der ganzen Veranstaltung etwas deplatziert, spielten aber Inge Brück zuliebe mit. Es war Hochsommer, ca. 40 Grad im Schatten, und beide hatten Kühltaschen mit kaltem Bier und Schnaps mit, den sie genüsslich am Rande der Bühne leerten.

Ich saß in den Spielpausen bei Clemens, den ich an diesem Tag zum ersten Mal sah. Wir unterhielten uns über Arno & Andreas, bei denen ich üblicherweise in der Band spielte. Clemens fragte mich, ob ich nicht Lust hätte, sein nächstes Lied zu begleiten. Ich sagte: „Klar, spiel mal vor." Man muss sich das etwa so vorstellen: Vorne predigte Volkhard Spitzer, Kai und Horst saßen am Bühnenrand drei Meter daneben und „erfrischten" sich, und Inge Brück sah zu, wie Clemens mir während der Predigt das Lied auf der Klampfe vorspielte. Anscheinend habe ich aufgrund des enormen Lautstärkepegels in dem Stadion daraufhin nur die Hälfte mitbekommen, denn zehn Minuten später spielten wir beide so daneben, wie man nur daneben spielen kann. Mitbekommen haben nur wir beide es, da im Stadion Musik sowieso nicht übertragbar war.

Das war unser erster gemeinsamer „Gig“. Es sollten trotzdem noch viele folgen (wie etwa der im oberpfälzischen Weiden auf einer Bühne vor der Bayernkurier-Redaktion, wo wir, bei Eiseskälte mit jeweils zwei langen Unterhosen und zwei Jeans bekleidet, vom Verfassungsschutz gefilmt wurden, weil es sich bei der Veranstaltung um eine Demonstration gegen den NATO-Doppelbeschluss handelte). Vielleicht werden Clemens und ich in zehn Jahren, wenn ich vielleicht keine Lust mehr habe zum Plattenproduzent, wieder den einen oder anderen Auftritt zusammen bestreiten. Dann werden wir allerdings unsere Übungs-Sessions etwas anders gestalten.

Und wenn wir schon beim Vergleichen sind: In jedem Fall sehen unsere derzeitigen „Behausungen“ doch etwas zivilisierter aus als unsere Studentenbuden in Flörsheim und Köln damals. Ich bestehe aber auf der Feststellung, dass meine Bude zwar kleiner, aber doch längst nicht so vergammelt war wie seine.

Alles Gute, lieber Clemens und lieber David, für die nächsten zwanzig Musikjahre zusammen!

Dieter Falk
Produzent und Keyboarder

Ein Pfarrer muss in einer anderen Gemeinde einen Gottesdienst halten. Bei der Begrüßung stellt er fest, dass das Mikrofon kaputt ist. Während des Kyrie und Gloria versucht er es zu reparieren – es gelingt ihm nicht. Bei der Salutatio tritt er neben das Mikrofon und ruft in die Gemeinde: „Irgendwas stimmt nicht mit dem Mikrofon!“, worauf die liturgisch geschulte Gemeinde antwortet: „... und mit deinem Geiste!“

DER STAR

„Christothek“ hieß eine Musiksendung des NDR, die sich Anfang der achtziger Jahre drei- bis viermal im Jahr ausschließlich mit christlicher Popmusik befasste. Ich hatte zweimal die Möglichkeit im Rahmen dieser Sendung aufzutreten. Beim ersten Mal drehten wir, mit Vollplayback, zwei relativ aufwendige Clips (Videoclips gab es damals noch nicht) mit den Liedern „Warum singst du nicht in Kambodscha“ und „Russisch Roulette“, die dann als Aufzeichnungen in einer der Sendungen gezeigt wurden.

Die zweite Sendung wurde bei einer Live-Veranstaltung in Norderstedt aufgezeichnet und dann quasi als Show gesendet. Es war für David und mich schon eine große Ehre, zusammen mit Leuten wie dem Gospelsänger Jan Vering (in Begleitung des Pianisten Johannes Nitsch), dem schwedischen Keyboarder und Sänger Per Erik Halin (hat sogar mal Elvis Presley begleitet) und der amerikanischen Top-Sängerin Leslie Phillips auftreten zu dürfen.

Wir waren alle für zwei Nächte in demselben Hotel untergebracht und hatten von daher auch ein wenig Zeit uns kennen zu lernen. Alle verstanden sich auf Anhieb wunderbar, nur Leslie Phillips hielt sich bedeckt und ließ sich von ihrem etwas affigen Manager sauber abschirmen. Das fand ich ziemlich blöd, zumal ich denke, dass jemand, der mit einer christlichen Aussage „unterwegs" ist, keinerlei Anlass zu Starallüren hat (das Leben ist so schon anstrengend genug).

Als wir am Aufnahmetag mit unserem Auto zum Sound Check unterwegs waren, fuhr Johannes voraus, weil er den Weg gut kannte. Neben mir saß Leslie Phillips und auf der Rückbank ihr Manager neben David. Ich versuchte mit der Sängerin locker ins Gespräch zu kommen und fragte dann plötzlich: „Sag mal, du bist so komisch abweisend, hast du eigentlich Starallüren?" Dabei schaute ich, von meiner eigenen Direktheit unangenehm berührt, zu ihr hinüber und muss dabei meinen Vordermann (Johannes) vergessen haben, denn das nächste Geräusch war ein hässliches Klirren und Knirschen von Glas und Metall. Leslie Phillips kam leider nicht dazu, meine Frage zu beantworten.

FREMDWÖRTER SIND GLÜCKSSACHE

Mit dem richtigen Aussprechen oder Schreiben unserer Namen tun sich Veranstalter, die eine Begrüßung halten sollen, oder Journalisten, die über das Konzert berichten, manchmal etwas schwer. Ich frage mich dann immer, ob die eigentlich wissen, wen sie da eingeladen haben. Oder sind wir in ihren Augen nur unbekannte Musikanten, deren Namen nicht so wichtig sind? Da werde ich gerne mal als David Plüsch oder David Plüüüüs, manchmal auch als Deiwit Plass (englische Form) oder David Plus erwähnt. Helmut Kandert wird schon mal als Herbert Kandel, Hermann Knadert oder Helmut Gander bezeichnet. Auch Clemens bleibt nicht verschont und wurde in Erfurt schon als Claus Billing angekündigt. Ein Rundfunkmoderator erwähnte in Radio Brandenburg eine Veranstaltung mit Clemens Bittlinger und Werner Hucks zusammen mit der Christoffel-Blindenmission als ein Konzert mit Werner Hucke und der Blinden-Emission. Siegfried Fietz wurde in einer Veranstaltung als Wilfried Fritz, der gelernte Schlosser, angekündigt. In einem Konzert mit Hans-Jürgen Hufeisen und mir sagte der Veranstalter: „Ich begrüße herzlich David Plüss aus Zürich an den Gongs und Instrumenten und Hans-Jürgen Hufeisen aus der Schweiz an der Begleitung." Weil das Publikum, das uns kannte, schallend lachte, meinte der Veranstalter: „Oh, da habe ich wahrscheinlich etwas verwechselt."

Eine Nonne spaziert mit einem Kinderwagen durch Rom. Da stürzt ein Reporter auf sie zu und fragt neugierig: „Ja, was haben wir denn da? Vielleicht ein kleines süßes Klostergeheimnis?" Darauf die Nonne lächelnd: „Nein, ich würde eher sagen: einen Kardinalfehler."

BEGEGNUNG MIT ROBERT DE NIRO

Zu einer eindrücklichen Begegnung kam es anlässlich einer Live-Rundfunksendung. Wir (David Plüss, die Flötistin Bettina Kahl und Regina Erderveen, eine Harfenistin aus Holland) wurden eingeladen, bei einer Sendung zum „Kleinen Prinzen" von St. Exupéry im großen Sendesaal des Deutschlandfunks in Köln den musikalischen Teil zu übernehmen. Bei der Probe am Nachmittag saßen wir auf der Bühne und ein Film wurde eingespielt und auf die große Leinwand projiziert. Plötzlich vernahm ich aus nächster Nähe die Stimme von Robert de Niro neben mir. Erstaunt schaute ich mich um und entdeckte neben mir an einem kleinen Tisch den Schauspieler Christian Brückner, der als einer der bekanntesten Synchronsprecher für berühmte Hollywood-Filme tätig ist. Irgendwie überraschte es mich, dass er seine Stimme nicht verstellte, sondern wirklich so sprach. Später am Abend unterhielt ich mich mit ihm und hatte dabei immer den Eindruck, Robert de Niro spräche mit mir. Ich kam mir vor wie im Film.

SPONTANES AUFSTEHEN

NDR Fernsehen – eine Live-Sendung vom Kirchentag 1995 in Hamburg. Ich war eingeladen, zwei Lieder zu spielen und als alter Kirchentags-„Hase" in einem Interview Rede und Antwort zu stehen. Außer David und mir war noch die Gruppe Salt'n Light aus Langgöns dabei. Da die Musik sowieso als Vollplayback vom Band kam, hatten wir im Vorfeld die Musiker dafür gewinnen können, auch unsere Songs zu begleiten.

Als wir nun vor der eigentlichen Sendung den Probedurchlauf machten, nahm mich plötzlich der Aufnahmeleiter Herr Karp zur Seite und raunte: „Wo ist denn dein Chor? Auf dem Playback singt ein Chor – wir brauchen einen Chor!"

Daraufhin düste ich los und rannte zu meinen Helferinnen am CD-Tisch: „Steffi, Rici und Tati, bitte zieht euch jede ein ‚Aufstehn'-T-Shirt über und kommt mit. Ihr müsst singen – bzw. so tun, als würdet ihr singen ..." Die drei begriffen zunächst gar nichts, als sie dann aber die Fernsehbühne sahen, wussten sie, was ich meinte. Sie sahen sich kurz an und sagten dann: „Okay, wir probieren es." Ich gab noch eine letzte Regieanweisung: „Bei ‚Am besten, wir halten uns raus' nicht zu viel lächeln, das ist ein ernstes, ein satirisches Lied ...", und los ging's.

Die drei waren perfekt – ein Medienfachmann, der zufällig vor Ort war und mit der Sendung gar nichts zu tun hatte, war völlig erstaunt, dass das, was er gerade gehört und gesehen hatte, angeblich nicht live war – perfekt geblufft und eine Anekdote mehr ...

AUF DER REEPERBAHN NACHTS UM HALB EINS

Kirchentage sind immer ein besonderes Erlebnis. Positiv daran sind die vielen tausend Menschen, die unsere Veranstaltungen besuchen, die Kehrseite davon ist die Menschenmenge, die sich überall verteilt und anhäuft und die Zufahrtswege zu den Bühnen und Hallen, wo wir unsere Auftritte haben, erschwert. Solche Großveranstaltungen bezeichnen wir deshalb als „Großkampftage". Unheimlich wichtig ist deshalb ein gutes Hotel mit einem ruhigen Zimmer, in dem wir uns erholen können für den darauf folgenden Tag. Leider war uns das auf dem Kirchentag in Hamburg nicht vergönnt. Wir waren, zusammen mit vielen anderen Musikerkollegen, in einem „gemütlichen" Hotel direkt auf der Reeperbahn einquartiert.

Nun gehört die Reeperbahn nicht unbedingt zu den Bezirken Hamburgs, in denen das Leben ab 20 Uhr ruhiger wird. Wir kamen also erschöpft von den Kirchentagsveranstaltungen zurück in unser Hotel und sanken nach einem Schlummertrunk in unsere Betten. Meine Frau Silvia und unser Sohn Janick, der gerade drei Monate alt war, waren mit zum Kirchentag gekommen, und wir sehnten uns nach ein paar Stunden ungestörten Schlafes. Doch unter uns lief die Musik einer Diskothek, im Fenster blitzten rote Leuchtreklamen der besonderen Art, und das häufige Vorbeifahren der Einsatzwagen von Polizei und Rettungsdienst war auch nicht gerade erholsam.

Eines Morgens erzählte uns ein Musikerkollege beim Frühstück, dass er in der Nacht durch ein Klopfen an der Tür aufgeweckt worden war. Vor der Zimmertür stand eine barbusige Dame mit einer Flasche Sekt. Einen Kirchentag so nah am Puls der Welt zu erleben, war ein besonderes Erlebnis.

Weisheitsspruch Clementi:
„Die Kirche oder den Gottesdienst zu erneuern, ist etwa so schwierig, wie einen Friedhof umzubetten – es mangelt an Mitarbeit von unten."

DIE FAST-OHRFEIGE

Bei einer der Folgen der ARD-Talkshow **Fliege** ging es um Euthanasie und um die Möglichkeit eines frei gewählten Freitodes. Die Schauspielerin und „Mutter der Nation" Inge Meysel war als Talkgast eingeladen und vertrat die Meinung: „Wenn ich den Eindruck habe, dass mein Leben nicht mehr lebenswert ist, und ich nur noch vor mich hin vegetiere und auf andere angewiesen bin, dann nehme ich für mich die Freiheit in Anspruch, selbst zu entscheiden, wann ich dieses Leben verlasse."

Da ich wusste, dass sie eine überzeugte Christin ist, erlaubte ich mir im Anschluss an die Sendung die Frage: „Frau Meysel, entschuldigen Sie, aber welche Rolle spielt für Sie eigentlich Gott bei dieser ganze Diskussion um Freitod und Euthanasie?"

Da fuhr die kleine und resolute Dame mich wütend an: „Für diese Frage könnte ich Ihnen eine Ohrfeige geben!"

„Wieso?", erwiderte ich völlig verdattert.

Sie funkelte mich an. „Weil Gott keine Rolle ‚spielt', er ist der Höchste, er hat es nicht nötig irgendeine Rolle zu spielen – ich habe mein ganzes Leben Rollen gespielt und weiß, wovon ich rede!" Dann schmunzelte sie: „Das war gut, vielleicht das Beste heute ..." Gleich darauf war sie in der Menge verschwunden.

Ein Katholik kommt zu seinem Priester und möchte beichten: „Ach, ich habe zweifach gesündigt: Erst habe ich mich sinnlos betrunken und dann habe ich noch meinen Glauben verleugnet." „Nun aber schön der Reihe nach. Erzähl mir, was sich zugetragen hat", erwidert der Beichtvater. „Nun, ich lieg völlig betrunken im Straßengraben, da höre ich, wie Fußgänger vorbeikommen und der eine zum anderen sagt: ‚Schau mal, der betrunkene Katholik da im Graben.' Da bin ich wankend aufgestanden und habe gelallt: ‚Isch bin ewangelisch.'"

WECHSTABEN VERBUCHSELT

Mit Hermann Traub verbindet uns eine langjährige Freundschaft. Hermann war damals CVJM-Sekretär von Baden, Buchautor und kreativer Kopf vieler toller Ideen. So entstand unter seiner Regie das

Kulturzentrum „Der andere Keller“. Ein alter, wunderschön umgebauter Gewölbekeller, in dem lokale Weine, kleine Mahlzeiten und Konzerte angeboten wurden. Einige Male haben wir dort auch gespielt.

Ansonsten waren wir mit gemeinsamen Bühnenkonzepten unterwegs wie „Der Nächste bitte“ und „Auffallend daneben“. Hermann machte meist die Moderation und predigte oder las eigene Lyriktexte vor. Eines Abends sagte er, ganz im Feuer seiner Verkündigung: „Du kannst nicht immer schneller vorangehen. Du brauchst zwischendurch auch Zeiten der Ruhe und Gelassenheit. Deshalb sage ich dir: Nimm doch das Gas vom Fuß ...!“

ERNSCHT

(Rede anlässlich der Verabschiedung von Hermann Traub als Generalsekretär des badischen CVJM im Februar 1993)

Unsere Welt ist kompliziert geworden. Immer seltener gelingt es uns, die Ursachen und das tatsächliche Ausmaß von Wirklichkeiten und Problemstellungen klar zu umreißen. Die vielfältigen Faktoren, die heutzutage einen Sachverhalt bestimmen, sind derart vielfältig und komplex, dass der Ruf nach Vereinfachung der Problemdarstellungen in Pädagogik, Politik, Kultur und Religion in den letzten Jahren immer lauter wurde. Elementarisierung – so heißt das neue Zauberwort.

Wie immer ist auch in diesem Punkt Hermann Traub seiner Zeit weit voraus. Schon vor vielen Jahren durfte ich bei ihm einen Begriff kennen lernen, der vor allem in Krisensituationen einen geradezu kathartischen Effekt zu erzielen vermochte.

Jedem wird einleuchten, dass es vor allem in Krisensituationen geradezu lebensnotwendig sein kann, auf einfache und vertraute Strukturen zurückzugreifen. Der Traubsche Elementarbegriff gibt jedoch gerade in seiner Universalität einige Rätsel auf – taucht er doch mal in einem empörten Aufschrei auf, schwingt in ihm ein andermal freudig-erkennendes Vertrautsein mit. Wir wissen bis heute nicht genau, worum es sich eigentlich handelt, wenn Hermann Traub diesen Begriff gebraucht.

Der elementare Traubsche Krisenbegriff heißt: **Ernscht**.

Dass es sich bei **Ernscht** zunächst und zuallererst nicht um eine männliche Person gleichen Namens handelt, erkennt der philologisch geschulte Zeitgenosse sofort und glasklar an dem unbedingt dazugehörigen Demonstrativpronomen „im“.

Basierend auf frühesten kinästhetischen Kindheitserfahrungen der oralsensitiven Phase (nach Sigmund Freud), ist es ein Ausdruck tiefer Geborgenheit, wenn Hermann sehnsuchtsvoll-fragend ausruft: „Im **Ernscht**?“

Ein gutes Beispiel für unsere kompliziert gewordene Welt scheint mir die Vielfalt der Automarken und -hersteller zu sein. Was sich da zwischen Alfa und Omega alles auf unseren Straßen bewegt, ist für den ungeschulten Laien nicht mehr zu durchschauen.

Wir waren mit Hermann unterwegs in Baden und standen mal wieder am Beginn einer neuen Tournee, als ich zu Hermann sagte: „Hermann, wir müssen leider mit mehreren Autos fahren."

Seine Reaktion war vorauszusehen, leicht nach vorne gebeugt, mit geweiteten Augen und einem leichten Hitzeanflug rief er: „Im **Ernscht**?"

Ernscht – nun als ein singularer Ausdruck für mehrere Objekte, in diesem Fall PKWs. Ich musste ihn natürlich enttäuschen: „Nein, nicht im **Ernscht**, es sind zwei Opel und ein VW."

Ein anderes Beispiel: Wir kommen spätabends nach Hause zu Silke an den Südhang in Oberöwisheim. Silke begrüßt uns mit dem erfreulichen Satz: „Ihr seid ja sicher hungrig – ich koche noch etwas für euch."

Darauf Hermann: „Im **Ernscht**?"

Vorhin noch ein Begriff für mehrere Autos, ist **Ernscht** jetzt ein Gegenstand, in dem man kochen oder braten kann – vielleicht eine Pfanne, ein Topf oder die Röhre – das alles scheint Hermann im Detail nicht zu interessieren, denn als Silke antwortet: „Ja, im **Ernscht**", lehnt er sich, fast getröstet, zurück und gibt sich zufrieden.

Einmal habe ich ihn gefragt: „Was meinst du mit ‚im **Ernscht**?'? Ich verstehe das nicht." Darauf beugte sich Hermann mit verschwörerischer Geheimlogenmiene zu mir hinüber und murmelte mir hoffnungsvoll fragend ins Ohr: „Meinscht du das **ernscht**?"

Das **Ernscht** – wie Schuppen fiel es mir aus den Haaren! Ich hatte mir trotz allem **Ernscht** immer maskulin vorgestellt, doch nun zeigte sich „das **Ernscht**" viel umfassender, viel größer und unbegreifbarer, als ich es je für möglich gehalten hatte.

Selbstverständlich nun, dass Redewendungen wie „der **Ernscht** des Läbens" nur eine kleine Nuance von **ernscht** sein konnten.

Man erzählt sich, dass Hermann, nach seiner Lehre, auf die Ankündigung, dass nun der „**Ernscht** des Läbens" beginne, gefragt haben soll: „Im **Ernscht**?"

Auch der Satz: „Aus Spaß wurde **Ernscht** und **Ernscht** ist heute fünf Jahre alt", würde von Hermann bestenfalls mit der historisch-kritischen Rückfrage „Im **Ernscht**?" zur Kenntnis genommen.

Geradezu philosophische, metaphysische Züge gewinnt **Ernscht** in dem nun folgenden Beispiel: Bei einer gemeinsamen Veranstaltung standen Hermann und ich noch hinter der Bühne und ich sagte im Scherz zu ihm: „Hermann – ich werde heute Abend nicht auftreten."

Woraufhin er mir die geradezu aberwitzige und schlechthin nicht nachvollziehbare Frage stellte: „Im **Ernscht**?"

Meine Damen und Herren, bitte beachten Sie: Hier fragt ein Mensch anhand eines universalen Krisenbegriffes nach dem Rahmen oder dem Ort meines Nichthandelns – nach einem „Nichtort" (Nirwana?). Einem Ort, an dem ganz offensichtlich nichts stattfinden soll – **ernscht** als Sinnvakuum.

Es fällt mir schwer, die unglaubliche und abrupte Wandlungsfähigkeit dieses „universalen Traubschen Krisenbegriffes" überhaupt in Worte zu fassen.

Was andere schon längst in den Wahnsinn getrieben hätte, treibt Hermann bestenfalls in den **Ernscht**.

Womit wir bei der religiösen Bedeutungskomponente von **Ernscht** angelangt wären, die ich nun abschließend noch behandeln möchte.

Wir finden im Neuen Testament bei Paulus den Ausdruck „in Christus", so z.B. in 2. Korinther 5, 17: „Ist jemand in Christus, so ist er ein neuer Mensch." Dies bringt uns dem Ausdruck „im **Ernscht**" insofern ein Stück näher, als er den universalen Traubschen Krisenbegriff als eine „Seins-Weise" begreift, das „Sein im **Ernscht**" – es wird immer klarer: das Sein, das **Ernscht**.

Die schlichte Frage: „Meinst du das **ernscht?**", ist in Wirklichkeit eine deutliche Anspielung auf jenen, bei Paulus lediglich auf Christus umgedeuteten, wohl sicher vorchristlichen metaphysischen Zustand des „Seins im **Ernscht**".

Aufgrund unserer begrenzten Vorstellungskraft und gegen besseres Wissen, dass es sich bei **Ernscht** eben nicht um eine Person handeln kann, überreichen wir dir eine vielleicht vorstellbare maskuline Ausprägung, „den **Ernscht**", verbunden mit dem aufrichtigen Wunsch: „Möge dein Leben und Handeln von dem nötigen **Ernscht** begleitet sein."

SCHÜTTELEI ODER BANANE?

Am Ende eines gelungenen Konzertes mit vielen Beteiligten sangen wir noch gemeinsam mit allen auf der Bühne und dem Publikum „Sanna Sananina".

Die Stimmung war so grandios im Saal, dass sich Hermann Traub (er stand neben meinem Percussion-Set) dazu hinreißen ließ, sich ein Klein-Percussion-Instrument (Schütteleier usw.) nach dem anderen von mir zu schnappen und diese fröhlich in die ebenfalls stehende und klatschende Menge zu schleudern. Ich kam mir vor wie der Stand eines Marktschreiers auf dem Hamburger Fischmarkt, nur mit dem Unterschied, dass ich keine Bananen für meinen Beruf benutze, sondern ausgewählte, erlesene Percussion-Instrumente.

Vielleicht sollte ich beim nächsten Konzert zusammen mit Hermann Traub doch einen Tisch mit Bananen ordern – er soll ja auch seinen Spaß haben dürfen.

Helmut Kandert
Percussionist

WINDERPROBT

Ich spielte zusammen mit dem Flötisten Hans-Jürgen Hufeisen für eine Fernsehsendung auf einem Schiff in Holland. Unser Auftritt war geplant auf dem Oberdeck am Fuße des großen Kamins. Da das Schiff gut Fahrt machte und der Wind wehte, wo er wollte, waren wir immer eingehüllt vom schwarzen Rauch der Schiffsmotoren. So kämpften wir nicht mit Wind und Wellen, sondern vor allem mit Rauch und Ruß. Aber was tut man nicht alles, um ins Fernsehen zu kommen ...

Sitzt ein Mann im Feinrippunterhemd mit 'ner Flasche Bier in der einen und der Fernbedienung in der anderen Hand auf der Couch und seufzt: „Erst war ich in der Selbsterfahrungsgruppe, dann war ich in der Männergruppe – aber richtig zu mir selber gefunden hab ich erst in dieser Sitzgruppe."

SCHLAFWAGEN

Clemens entwickelt auf Tourneen manchmal ein ganz besonderes Verantwortungsgefühl. So kam es in Erlangen, dass er zu nachtschlafender Stunde schweißgebadet aufwachte, voller Angst, dass unser Tourneeauto mit Anhänger vor dem Hotel vielleicht ein lohnenswertes Objekt für Diebe sein könnte. Also entschloss er sich uneigennützig, nachts um halb drei, sein Bettzeug zu nehmen und sich im Schlafanzug auf den Weg zum Auto zu machen, um die restlichen Stunden der Nacht im gemütlichen Innern eines vollbeladenen Kombis zu verbringen.

BAHNVERBINDUNGEN

Ich bin ein heimlicher Fan von Modelleisenbahnen. Bisher habe ich das immer nur hinter vorgehaltener Hand erzählt, um nicht als langweiliger, spießiger Modelleisenbahn-Aufsteller-und-mit-ihr-Spieler abgestempelt zu werden. Da habe ich doch kürzlich gelesen, dass Phil Collins in seiner Freizeit am liebsten mit seiner Modelleisenbahn spielt. Seitdem stehe ich dazu. Denn, wer wirklich berühmt und erfolgreich sein will im Showbizz, der nennt die Modelleisenbahn sein Hobby!

VERZAUBERT

Es war nach einem „Zauberhaft"-Auftritt in Freudenstadt. Direkt gegenüber unserem Auftrittssaal lag ein italienisches Restaurant, in dem wir den Rest des Abends verbrachten.

Wir hatten gut gegessen und getrunken, wir waren auch die letzten Gäste im Lokal, da begann Stefan Lauer auf einmal an seinem Platz mit einem Fünfmarkstück und seinem Glas zu „zaubern". Es dauerte nicht lange, da stand die gesamte Belegschaft der Pizzeria um unseren Zauberer herum und lachte und staunte. Der Chef gab eine Runde nach der anderen aus und alles war recht lustig.

Nun war uns schon vorher eine sehr attraktive Bedienung aufgefallen, auf die der Chef des Ristorantes offensichtlich ein Auge geworfen hatte. Auf jeden Fall fragte er plötzlich Stefan, ob er auch hellsehen könne. „Natürlich", versicherte Stefan, ohne mit der Wimper zu zucken. Ob er denn dann herausfinden könne, in wen seine Bedienung verliebt sei? „Kein Problem", meinte Stefan und bat die schöne Frau, den Namen ihres Geliebten auf die Mitte eines kleinen Zettels zu schreiben, dann zerknüllte er das Blatt so geschickt, das er den kleinen Mittelteil (für unsere Augen nicht sichtbar) herausriss und so tat, als würde er das ganze Blatt (als Papierknäuel) über einer Kerze verbrennen. Der kleine Fetzen klemmte nun, für uns wieder nicht sichtbar, zwischen den Fingern seiner rechten Handinnenfläche. Er hielt die Hand vor seine Augen, gerade so, als müsste er sich unglaublich konzentrieren, und dann sagte er einen russisch klingenden Namen, bei dem die Bedienung errötete und heftig nickte. Auf jeden Fall war es nicht der Name des Lokalbesitzers, und mit einem Mal herrschte eine sehr frostige Atmosphäre in diesem Lokal, es roch nach Vendetta und Pulverrauch.

Ein Mann muss wissen, wann er zu gehen hat, und dies war eindeutig ein guter Zeitpunkt, das Lokal zu verlassen.

PUR

Aufgrund meiner freundschaftlichen Kontakte zu der Gruppe PUR hatte sich diese „erfolgreichste Popgruppe Deutschlands" (Focus/BILD) darauf eingelassen, beim Evangelischen Kirchentag in Stuttgart Open air vor dem neuen Schloss zu spielen, und zwar für eine symbolische Gage in Form einer Spende an ein von PUR benanntes Hilfswerk und einer Kiste Wein für jeden Musiker.

Der Tag des PUR-Auftrittes kam. Es war gigantisches Wetter – strahlend blauer Himmel und ein buntes Popfestival, bei dem PUR quasi „unplugged" als Abschluss spielen sollte. Es war 22.30 Uhr, als die Band endlich die Bühne betrat und die typische PUR-Euphorie machte sich unter dem mittlerweile auf 30.000 (!) Besucher angewachsenen Publikum breit. Es war ein tolles Set, das die Band da hinlegte. Ich stand zusammen mit Martin von Essen, dem Kirchentagspfarrer, und Manager Uli Roth am Bühnenrand und wir freuten uns über die gigantische Kulisse und die wundervolle Stimmung, als plötzlich um Punkt 23 Uhr – PUR hatte gerade mal eine halbe Stunde gespielt – die scharfe Order über das Sprechfunkgerät an Martin kam: „Die Band muss jetzt von der Bühne – in fünf Minuten wird hier der Strom abgedreht." Ich traute meinen Ohren kaum.

Martin reagierte, indem er hektisch irgendwelche Anweisungen ins Sprechfunkgerät brüllte, woraufhin man von der anderen Seite konterte, die Stadt Stuttgart habe die Veranstaltung nur bis 23 Uhr genehmigt und danach würde die Polizei die Anlage abschalten und den Platz räumen lassen. Uli Roth, der das Ganze mitbekommen hatte, lehnte sich zu Martin und mir herüber und meinte nur: „Die Polizei in Stuttgart wird gar nichts unternehmen, das sind ja eh alles PUR-Fans." Der Mann hatte die Ruhe weg!

Trotz alledem wurde bei der zweiten Zugabe plötzlich das Licht und kurz darauf die Anlage einfach abgeschaltet, so dass Martin und ich die Weinkisten im Dunkeln überreichen mussten. Es war der unfreiwillige Abschluss eines tollen Konzertes, und es ist ausschließlich auf die Besonnenheit des Kirchentagspublikums zurückzuführen, dass der Abend ohne größere Proteste zu Ende ging.

AFFENTHEATER

Im Frühjahr 1996 erzählte mir Clemens von seiner Möglichkeit, zwei Konzerte in deutschen Kirchengemeinden in Südafrika zu spielen, und dass er dies mit einem Kurzurlaub verbinden würde. Da ich eine Abenteuerland-Tour-Pause hatte und mir klar war, dass die im Herbst 96 bevorstehende Geburt meines ersten Sohnes meine Flexibilität dann doch etwas einschränken würde, schlug ich spontan vor, Clemens zu begleiten. Mit dem Segen unserer Ehefrauen (ohne diesen nur schwer denkbar!) machten wir uns also per Flugzeug auf, um eine Woche unsere Freundschaft in Südafrika zu pflegen.

Neben den angesprochenen Konzerten in Pretoria reisten wir auch durch das Land und landeten schließlich, wie es sich touristisch schickt, am südlichsten Zipfel Afrikas, Kapstadt.

Der obligatorische Ausflug zum ‚Kap der guten Hoffnung' war dann ein ganz besonderes Erlebnis. Auf verschiedenen Fußwegen schlägt man sich vom Parkplatz einige hundert Meter durch Hügel, Felsen und Gebüsch zu den Klippen durch, die dann wirklich den südlichsten Punkt des schwarzen Kontinents darstellen. Auf dem Weg dahin standen immer wieder Schilder, auf denen vor den gefährlichen „Baboons" gewarnt wurde: „Baboons are dangerous!"

Außer einigen kleineren Affen, die rudelweise die Gegend durchkämmten, waren aber zum Glück keine Tiere zu sehen. Ich erklärte, vermutlich seien „Baboons" kleine, bissige Nagetiere, die in Erdlöchern hausen. Mangels einer besseren Erklärung schloss sich Clemens dieser Betrachtungsweise an. Die Tatsache, dass die Affenhorden immer frecher wurden und uns teilweise drohend den Weg versperrten, irritierte uns nur allmählich. Wir hielten ängstlich Ausschau nach „Baboons", und von denen griff uns keiner an. Nein, wir sahen nicht einmal ein Tier, das unserer Vorstellung nach im Entferntesten ein „Baboon" hätte sein können.

So kamen wir also schließlich am Aussichtsplateau an, sahen zufrieden in die Ferne des Meeres und machten uns auf den Rückweg, der uns zwar einige Scherereien mit den Affengangs, aber zum Glück keine unliebsame Begegnung mit „Baboons" brachte. Am Parkplatz angelangt, fragten wir dann endlich Einheimische nach dem Aussehen der „Baboons". Und siehe da: „Baboons" sind Affen!

Da fühlten sich zwei Sänger selbst wie welche und wurden etwas bleich – ganz schön Glück gehabt!

Hartmut Engler
Sänger und Texter von PUR

AUSWENDIG

Zusammen mit einem befreundeten Bischof gingen wir 1997 und 1998 auf eine jeweils dreitägige Tournee. Der Bischof las Texte von Erich Fried, Wolf Biermann, Robert Gernhardt und aus der Bibel vor und kommentierte sie. Wir griffen die Gedanken auf und antworteten darauf mit Liedern und Instrumentalinterpretationen.

Einen Text zum Thema Liebeskummer kommentierte unser Rezitator beispielsweise mit den Worten: „Das ist nicht schön, aber auch nicht schlimm, wenn es keine Opfer gibt!" (Von diesem Satz war David so beeindruckt, dass er ihn seitdem in den unterschiedlichsten Krisensituationen anwendet.)

Gegen Ende unseres gemeinsamen Programms kam unser Bischof noch auf Psalm 23 zu sprechen und leitete den Text mit den Worten ein: „Ein Psalm, den jeder Christ auswendig können sollte." Sprach's, nahm die Bibel und las: „Der Herr ist mein Hirte ..."

KELLERQUARTIER

Früher war es des Öfteren so, dass wir unsere Schlafquartiere, meistens bei einer Familie, erst nach dem Konzert gegen Mitternacht zu Gesicht bekamen. Einmal gelangten wir zu einem stattlichen Einfamilienhaus, wo uns der Gastgeber unsere Zimmer zuweisen würde. Das Haus entpuppte sich auch im Innern mit seinen vielen Zimmern als äußerst großzügig, und die Kinder waren anscheinend schon alle aus dem Haus. Clemens bekam einen suitenähnlichen Raum im ersten Stock. Mir als „Begleitmusiker" wurde der Keller zugewiesen. Dort stand in einem kalten, waschküchenartigen Raum ein altes Klappsofa, das in der Länge meine eigene Körpergröße keinesfalls überragte. Auf meine Frage, ob sie denn noch ein anderes Zimmer im Haus hätten, kam die klare Antwort: „Doch, wir haben noch zwei Schlafzimmer, aber dort sind die Betten schon bezogen – morgen erwarten wir Gäste!"

INSPIRATION

Manchmal fragt man sich ja im Konzert, woher die Künstler die Inspirationen zu ihren Texten und Moderationen bekommen. Meine Frau Susanne und ich hatten vor Jahren die Gelegenheit, das auszuspionieren. Als Clemens und David einmal in Aalen gastierten – wir waren die Veranstalter -, übernachteten sie beide in unserer Wohnung, David auf der Couch im Wohnzimmer. Beim Abendessen sprachen wir über Kabarettisten, insbesondere über Gerhard Polt. Zur „Verdauung" schauten wir uns ein Stück eines Polt-Videos an. Am nächsten Morgen wollten Clemens und David nach dem Frühstück gleich weiterfahren. Dringende Termine drückten sehr. Susanne und ich verließen früh das Haus und gingen zur Arbeit. Als wir mittags heimkamen, staunten wir nicht schlecht, als das Auto der beiden noch vor dem Haus stand. Was war passiert? Clemens und David saßen – beide mit einer Tasse Kaffee bewaffnet – mitten in der Bettwäsche vor dem Fernseher und schauten sich den Rest des Polt-Videos an. Sie amüsierten sich köstlich und hatten angesichts ihrer dringenden Termine eben mal die Prioritäten verschoben. In den Konzerten, die ich in der darauf folgenden Zeit mit Clemens sah, mischten sich – für Außenstehende vermutlich unmerklich – einige Polt-Zitate in Clemens' Moderationen. Wie heißt es doch so schön im Buch der Bücher? „Der Geist weht, wo er will ..."

Thomas und Susanne Beinhauer
Veranstalter und Wegbegleiter

MÄUSEKONZERT

Mäuse sind musikalisch. Zu diesem Schluss kam ich zumindest, als ich bei einem Konzert in Aalen eine ungewöhnliche Entdeckung machte. Ich öffnete den Deckel des alten Klaviers, das man mir zur Verfügung gestellt hatte, und sah ein verlassenes Mäusenest. Ich habe dann doch lieber nicht gefragt, wann das Klavier denn zum letzten Mal gestimmt worden war. Entweder war der Klavierstimmer blind oder ein Tierliebhaber.

IMMER MIT DER RUHE

Am Anfang unserer Konzertzeit waren wir mit verschiedenen gebrauchten Mercedes-Limousinen unterwegs. Das war zwar bequem, hatte aber den Nachteil, dass wir fast keinen Platz für unsere Instrumente hatten. Und da es sich zudem um einen Dieselmotor handelte, kam es schon mal vor, dass wir auf leicht ansteigenden Autobahnstrecken von schweren Lastzügen hupend überholt wurden.

EINE FRAGE DER STIMMUNG

Leicht transportable digitale Klaviere hat es nicht immer gegeben. Deshalb musste der Veranstalter uns immer ein Klavier zur Verfügung stellen. Die Interpretation unseres Konzertvertrages („Es muss ein gutes, frisch gestimmtes Klavier zur Verfügung stehen") ließ allerdings manches Mal zu wünschen übrig. Und selten war es möglich, zwei Stunden vor Konzertbeginn noch einen Klavierstimmer zu besorgen.

Eines Tages quälte ich mich auf einem total verstimmten Klavier durch das Konzert und war froh, als es vorbei war. Clemens hatte ziemliche Mühe gehabt, seine Gitarre halbwegs passend zum Klavier zu stimmen. Nach dem Konzert fragte ich den Veranstalter, warum das Klavier denn so verstimmt sei. Darauf er ganz trocken: „Ach, wir hatten vorgestern eine Faschingsveranstaltung. Da ist das Klavier im Getümmel umgefallen!"

Ein Marktforscher ruft bei einer zu befragenden Familie an. Am anderen Ende der Leitung meldet sich die flüsternde Stimme eines kleinen Jungen.

„Hallo! Sind deine Eltern zu Hause?", will der Marktforscher wissen.

„Ja", flüstert der Junge, „die sind im Schlafzimmer."

„Oh, dann will ich nicht weiter stören", sagt der Anrufer und legt auf. Eine Stunde später ruft er wieder an. Sofort meldet sich wieder die flüsternde Stimme des kleinen Jungen. „Hallo, na, kann ich jetzt deine Eltern sprechen?"

„Nein", antwortet der Kleine.

„Wieso denn nicht?"

„Die sind jetzt im Keller."

Der Marktforscher seufzt: „Na gut, dann probiere ich es in einer halben Stunde noch einmal."

Nach einer halben Stunde ruft er nochmals an und hat wieder den flüsternden kleinen Jungen am Apparat. „Na, kann ich jetzt vielleicht deine Eltern sprechen?"

„Nein", flüstert der Junge, „jetzt sind sie im Garten."

„Ja, was um alles in der Welt machen denn deine Eltern?", fragt der Mann völlig entnervt. Daraufhin flüstert der kleine Junge geheimnisvoll: „Die suchen mich."

VOLL DANEBEN

Zwanzigtausend Menschen stehen vor dem neuen Schloss in Stuttgart. Es ist Samstagabend – die „Nacht der Lieder" auf dem deutschen evangelischen Kirchentag. Gerhard Schöne und das Dresdner Gitarrenduo gestalten den Einstieg, es ist eine tolle Atmosphäre. Dann kommt mein alter Weggefährte Dieter Falk, er hat ein paar Special Guests mitgebracht, z. B. Sarah Brendel, mit der er zusammen den alten christlichen Schlager „Danke" mit neuem Pep präsentiert, und Siegfried Fietz, der seine Version des Losungsliedes mit den Leuten singt. Im Vorfeld macht Dieter sich Sorgen, wie die Leute ihn, der schon so lange nicht mehr live gespielt hat, wohl aufnehmen werden. Aber seine Befürchtungen erweisen sich als völlig unbegründet – die Leute lieben und feiern ihn.

Nach einer kurzen Umbaupause kündigt unser Moderator Martin Buchholz (der für Andreas Malessa eingesprungen ist) eine Kabarettistin und Sängerin und ihren Pianisten an, die einen Ausschnitt aus ihrem Programm bringen wollen.

Die Kollegin hat die Leute schnell auf ihrer Seite – frech, attraktiv und sehr professionell bietet sie einen Augen- und Ohrenschmaus. Als letztes Stück vor der Zugabe bringt sie das Lied „Tabu", eine Aufzählung von Dingen, die angeblich oder tatsächlich tabu sind. Während dieses Songs wird ihre Gestik immer offensiver und schließlich liegt sie mit gespreizten Beinen rücklings auf dem Konzertflügel und simuliert lautstark einen Orgasmus. Ich stehe entsetzt am Bühnenrand, und während sie ihre Zugabe spielt, hoffe ich, dass nicht allzu viele mitbekommen haben, was da gerade ablief. Fieberhaft überlege ich, wie ich die Situation noch retten kann. Denn danach sind wir zusammen mit PopCHORn dran.

Dann gehe ich auf die Bühne mit den Worten: „In diese Welt, die gerade so eindrücklich dargestellt wurde, ist Jesus gekommen, um einen neuen Weg zu zeigen ...", und dann singen wir noch eine gute halbe Stunde für die und mit den Zwanzigtausend, bei strahlend blauem Himmel.

Nach dem Programm geraten die Sängerin und ich heftig aneinander, als ich ihr sage, dass ich ihre Tabu-Nummer „voll daneben" fand. Doch ein paar Tage nach dem Kirchentag bricht der Sturm erst richtig los: empörte Briefe und Anrufe und ein persönliches Gespräch mit dem Kirchentagspfarrer, der mir sehr klar zu verstehen gibt, dass mit diesem Auftritt die Würde des Kirchentages verletzt wurde. Was bleibt, sind eine deftige Anekdote und das Bedauern über den Zerbruch einer freundschaftlichen Beziehung zu einer eigentlich herausragenden Künstlerin.

GESPRÄCHE IM AUTO

Wenn Künstlerkollegen miteinander reisen und zwei, die das gleiche Genre vertreten, auf ein und derselben Bühne nacheinander auftreten, von denen der eine mehr im Westen, der andere mehr im Osten Deutschlands bekannt ist, und beide ihre eingeschworenen Fans haben, dann könnte man annehmen, der Abend wird zum Kräftemessen um die Gunst des Publikums.

Es wurde zum Glück nicht so, vielleicht gerade wegen unserer unterschiedlichen Art, Lieder zu schreiben und mit dem Publikum umzugehen. Was uns einte, war das fromme Herz, das wir beide nicht um jeden Preis auf der Zunge tragen, und die Achtung vor der Art des anderen. Aber noch wichtiger und eindrücklicher als unsere gemeinsamen Abende waren die gemeinsamen Autofahrten. Durch mein Leben, das vom vielen Unterwegssein geprägt ist, durch ständig wechselnde Gesprächspartner fällt es mir schwer, Freundschaften dauerhaft aufrecht zu erhalten, und ich hatte bei uns beiden den Eindruck, dass sich Gedanken und Probleme angestaut hatten, die man gern einmal mit einem Freund besprochen hätte. Bei unseren langen Autofahrten jedenfalls kam es mir mitunter so vor.

Mit wechselnden Vorzeichen wurde einer zum Beichtvater oder zum Beichtbruder des anderen, und ich hatte das Gefühl, das, was ich Clemens anvertraue, ist bei ihm gut aufgehoben. Bestimmt gab es auch komische Seiten bei unserem Aufeinandertreffen. Die sind mir nicht in Erinnerung geblieben. Geblieben ist vor allem das Vertrauen, das wir einander schenkten während unserer langen Autofahrten.

Gerhard Schöne, Liedermacher

Ein alter Ostfriese hat schon mal was von fliegenden Teppichen gehört, die es wohl in der Türkei und in Persien gegeben hat. Eines Tages beobachtet er, wie eine türkische Nachbarin ihren Teppich vor das Haus legt und mit einem Teppichklopfer traktiert. Neugierig tritt er näher und beobachtet das Geschehen. Nach einiger Zeit stupst er die Frau an und fragt: „Na, springt er nicht an ...?"

BEGEISTERUNGSSTURM

In Karlsruhe hatten wir ein Konzert bei der dortigen SMD (Studentenmission Deutschland). Nach einem frenetisch applaudierten Konzert fragten wir einen der verantwortlichen Studenten, einen angehenden Mathematiker, wie er denn das Konzert gefunden habe. Seine Antwort: „Jaaaa, kann man so machen!" Ob das sein persönlicher Ausdruck überschäumender Begeisterung war? Interessant war auch das größte Kompliment von einem treuen Veranstalter, bei dem wir viele erfolgreiche Konzerte gegeben haben: „Ganz gut, ganz gut!"

OSTFRIESISCHE EUPHORIE

Wir spielten vor ausverkauftem Haus in Rauderfehn/Ostfriesland. Während des gesamten Konzertes hielt sich der Applaus derartig in Grenzen, als befänden wir uns in einer altehrwürdigen Klosterbibliothek.

Mit steifer Miene saßen die Konzertbesucher da und lauschten mit verschränkten Armen unseren Darbietungen. Ziemlich verunsichert schauten wir uns immer wieder an und verstanden die Welt nicht. Nachdem wir uns aber nach dem letzten Lied verbeugten, brauste ein orkanartiger Applaus- und Begeisterungssturm über uns her, wir spielten mehrere Zugaben und am Ausgang wurden sämtliche Schallplatten weggekauft. Ja, so kann man sich täuschen bei den Ostfriesen.

TOCHTER MANNHEIMS

Joy Fleming, die Bluesröhre, hat mich gebürtigen Mannheimer schon immer fasziniert. Irgendwann hatte ich die Idee, diese Sängerin als Special Guest für unsere „Nacht der Lieder" zu gewinnen. Über einen Kontakt bekam ich ihre Telefonnummer und rief sie einfach an. Sie zeigte sich interessiert, wir vereinbarten ein Honorar und planten die ersten sieben Konzerte. So einfach und unkompliziert war das. Bei einem PUR-Konzert, das ich backstage miterlebte und bei dem auch Joy Fleming und Bruno Macellon mitwirkten, lernten wir uns dann persönlich kennen und irgendwie sprang der Funke sofort über.

Im Dezember 1999 war es dann soweit: Zusammen mit PopCHORn, Joy Fleming und Bruno Macellon gingen wir (David, Helmut Kandert, Luca Genta und ich) auf Tournee. Als Tontechniker hatten wir Randolff Wollenberg gewinnen können, was ein absoluter Glücksgriff war. Joy war nicht nur auf der Bühne, sondern auch privat der absolute Knaller, eine professionelle, herzliche Frau ohne Starallüren. Besonders herzhaft fand ich jedoch ihre mannheimerischen Kommentare: „Der is schepp", raunte sie mir zu und deutete auf einen Mikroständer, den sie bei der Zugabe nicht mehr verwenden wollte. Oder wenn sie wollte, dass das Publikum tobt, sagte sie: „Un wann's aich g'falle hot, misster dowe wie de Deiwl ..." Oder wenn sie gemeinsam mit dem Publikum sang, entfuhr ihr schon mal ein: „Ach, is des schää, des klingt rischtisch gail!"

GOLDIG

Seit meiner Pubertät werde ich von einer Hausstaub- und Tierhaarallergie (Pferde, Hunde, Katzen, Kaninchen) geplagt – ein Grund, warum viele Privatquartiere von vornherein nicht in Frage kommen. Einmal waren Rosi und ich in Basel dennoch privat untergebracht. Die Nacht war für mich eine einzige Qual: Ich hatte Juckreiz und asthmatische Anfälle und konnte überhaupt nicht schlafen. Am nächsten Morgen saß ich wie gerädert mit meiner Frau am Frühstückstisch und klagte über meine schlimme Nacht. Plötzlich fing Rosi an zu lachen und deutete auf die Tür des Wohnzimmers, denn da kam ein kleines, goldiges Kaninchen um die Ecke gehoppelt ...

SAUEREI

Im Hotel wird man ja auf unterschiedliche Weise geweckt. Meistens über das Zimmertelefon, wo sich im besten Falle eine charmante Dame meldet und im schlechtesten Fall eine Computerstimme die Uhrzeit vorspricht. Ganz anders haben wir aber den Weckruf der Natur in einem Gasthof erlebt. Musiker und Frühaufstehen sind ja natürliche Feinde, und deshalb kam es einem realistischen Albtraum gleich, als morgens um 6.30 Uhr im Hinterhof, zu dem unsere Zimmer führten, ein Lastwagen anrollte, Schweine ausgeladen wurden und kurz darauf unter grässlichem Quieken und Gurgeln im angrenzenden Schlachthof abgemurkst wurden. Auf dem Weg zum Frühstück stieg uns dann der Geruch von Metzelfleisch und kaltem Blut in die Nase. Es wurde für uns ein vegetarisches Frühstück.

GUTE KARTEN

Riesige, anderthalb Meter hohe Spielkarten brauchten wir für unsere „Zauberhaft"-Tournee, denn da sollte Stefan Lauer an einem bestimmten Punkt des Programms ein überdimensionales Kartenhaus bauen. Zusammen mit Rosi und ihrer Schwester Siggi bastelten wir nun aus großen Kaufhof-Werbetafeln diese Spielkarten, und Siggi grundierte und bemalte sie, so dass sie wie richtige, riesige Spielkarten aussahen. Zum Trocknen legten wir die Karten auf das Hausdach, indem wir sie aus dem Fenster unserer Mansardenwohnung schoben und in der Dachrinne verankerten. Staunend blieben ein paar Kinder stehen und beobachteten unser seltsames Treiben. Auf einmal deutete ein Kind nach oben und rief: „Das ist bestimmt das Kartenspiel des Riesen Heuserblotz!"

Der kürzeste Musikerwitz:
Zwei Musiker gehen an einer geöffneten Kneipe vorbei.

KÜNSTLER UNTER SICH

Eines unserer aufwendigsten Tourneeprogramme war ein Projekt mit Hans-Jürgen Hufeisen Anfang der achtziger Jahre, „Der festliche Mensch". Inhaltlich ging es dabei um die Frage, warum der moderne Mensch es verlernt hat, wirklich zu feiern. Schuld daran, so die Behauptung unseres Programms, ist die Reizüberflutung der Sinne. Also galt es, die fünf Sinne darzustellen und mit ihnen eine Geschichte zu erzählen. Im Rahmen einer kreativen Osterfreizeit bastelte, malte und baute Hans-Jürgen mit seinem Team eine wunderschöne Bühnenkulisse und fünf große „Überstülpmasken": Nase, Hand, Mund, Ohr und Auge.

Zwei Tage vor Tourneestart zogen Johannes Nitsch und ich uns zurück und texteten und komponierten die Lieder zu diesem Werk. Es war knapp, aber es funktionierte! Und dann ging es auf eine zwölftägige Tournee quer durch Deutschland mit bis zu 900 Besuchern pro Abend. Da wir für unsere Aufführung eine relativ große Bühne brauchten, wiederholte sich, zumindest in den meisten Kirchen (wo die Bühne oft zu klein war) das seltsame

Ritual, dass Hans-Jürgen, am Bügel seiner Brille kauend, auf die Bühne starrte und murmelte: „Hier spiele ich nicht!" Zum Glück war das nicht sein letztes Wort.

Waren Johannes und ich durch **Aufwind** schon an eine inhomogene „Künstlermasse" gewöhnt, lernten wir bei dieser Tour diesbezüglich eine neue Dimension kennen.

EINE FÜRSTLICHE UNTERKUNFT

Bei einer unserer ersten Sommerfestival-Tourneen mit dem irischen Folkduo Rodney Cordner und Jean Pierre Rudolph gastierten wir auf Einladung des Arbeitskreises Umweltschutz im Schlosspark zu Friesenhausen und gaben ein Benefizkonzert für die Umweltorganisation Greenpeace. Es war ein wunderschöner, lauer Sommerabend und nach dem Konzert lud uns der Hausherr in sein Schloss ein, wo wir auch in den mittelalterlich anmutenden Gemächern nächtigen durften. Doch zuvor saßen wir auf antiken Sesseln, umgeben von schweren Teppichen, Vorhängen und Gemälden und genossen eine schmackhafte und reichliche Kostprobe des altherrschaftlichen Weinkellers. Als wir uns dann schließlich in unsere Gemächer begaben, stellten wir fest, dass die Betten viel zu kurz waren. Aber wir rollten uns, so gut es ging, zusammen.

Am nächsten Morgen, es war sicher schon elf Uhr, erwartete uns im großen „Gesellschaftszimmer" an wundervoll gedeckter Tafel ein fulminantes Frühstück. Draußen schien die Sonne und das große Fenster war weit geöffnet – eine tolle Frühstücksatmosphäre. Kaum hatten wir uns gesetzt und uns Kaffee eingeschenkt, wurde auf einmal die Tür zu einem anderen Zimmer geöffnet und es ertönte ein klassisches Quartett. Die Familie unseres Gastgebers hatte sich mit ihren Instrumenten im Eingang zum Nebenzimmer platziert und unterhielt uns, als „Dankeschön" für unser Konzert, mit klassischer Tafelmusik. Es war das schönste und eindrücklichste Frühstück, das wir je genießen durften.

ALPHORNGESCHICHTEN

Eine unserer Tourneen trug den Titel „Ragtime & Alphorn". Dieses Schweizerische Naturinstrument – auch scherzhaft „Geröllhaldensaxofon" oder „Alpen-Didgeridoo" genannt, war Anlass für verschiedene Anekdoten. In einer Kirche in Flensburg, nahe der dänischen Grenze, spielten wir das erwähnte Konzertprogramm. Als wir zu dem eigentlichen musikalischen Höhepunkt ansetzten (einem Jazzstück für Alphorn und Ragtime-

Gitarre), moderierte Clemens mich an, während ich hinter der Bühne in der kleinen Sakristei versuchte, das Alphorn auf seine volle Länge zusammenzustecken. Zwar gelang mir dies recht schnell, ich machte allerdings den Fehler, mich kurz vor meinem Gang auf die Bühne mit dem überlangen Instrument nochmals schwungvoll umzudrehen, was in der Folge zu einer heftigen Berührung mit der antiken gläsernen Deckenlampe führte, die in der Folge laut klirrend neben mir zu Boden schepperte, während ich mit geschultertem Alphorn und rotem Kopf in der offenen Türe stand.

Auf der gleichen Tournee war der fünfjährige Sohn eines Veranstalters derart von dem mächtigen Instrument begeistert, dass er in dem Moment, als ich die Bühne betreten sollte, am andern Ende das Alphorn fest umklammerte und partout nicht loslassen wollte. Erst nach einer längeren „Zerreißprobe“ unterlag er meiner doch etwas stärkeren Muskelkraft.

ORDNUNG MUSS SEIN

Clemens und David im Kirchentagsgewimmel (ich selbst kenne diese Szene nicht aus eigenem Erleben, sondern nur aus zweiter Hand). Zu einer Zeit, als Clemens noch nicht als Gotthilf Fischer/Hartmut Engler dieses Christentreffens berühmt war, mussten die beiden mitten durch eine abgesperrte Zone zum nächsten Auftrittsort.

Parkscheine oder Durchfahrtsberechtigungen gab es nicht, der Ordner stellte sich wie üblich stur („Gib einem Menschen eine Ordnerbinde und du kannst sein wahres Ich kennen lernen…“). Clemens redete mit Engelszungen auf ihn ein, beschwor, verhandelte, argumentierte, drohte. Nichts half. Dann sein letzter Trumpf: „Wir haben die Instrumente im Auto, die kann man nicht so weit tragen, und die müssen doch gleich auf der Bühne sein.“

Nichts. Glücklicherweise fragte der Ordner nach: „Was denn für Instrumente?“

„Gitarre und Alphorn“, antwortete Clemens wahrheitsgemäß.

Dem Ordner verrutschte das Gesicht, und völlig entgeistert winkte er durch. Die beiden konnten ihre Fahrt fortsetzen – Alphorn sei Dank!

Christoph Zehendner

KURAUFENTHALT IN DAVOS

Mitten in den Schweizer Bergen hatten wir einen Auftritt in dem schönen Kurort Davos. Ich fühlte mich nicht wohl und hatte schon den ganzen Tag Bauchschmerzen, schob es aber auf das Reizklima. Die Schmerzen wurden gegen Abend schlimmer, aber ich sah keinen Grund, das Konzert ausfallen zu lassen. Während des Konzertes wurden die Schmerzen dann unerträglich. Beim letzten Lied, „Gott spannt leise feine Fäden", spürte ich jeden Atemzug und jede Bewegung. Ich hielt gerade noch bis zum Ende durch und musste mich anschließend in der Garderobe sofort hinlegen.

Ein schon ziemlich alter Arzt, der zudem eine ausgereifte Alkoholfahne vor sich her trug, untersuchte mich, schüttelte dabei ständig den Kopf und sagte schließlich: „Sie müasset soforrt ins Krankchenhaus – es isch dr Blinddarm."

„Aber ich bin auf einer Tournee und kann unmöglich ...", weiter kam ich nicht, denn er drückte mit zwei Fingern auf die Stelle, hinter der sich der Blinddarm verbarg, blitzte mich an und knurrte: „Där bleibt hier."

> *Ein blinder Pianist fragt seinen tauben Bassisten: „Tanzen sie schon?", daraufhin der Bassist: „Wieso – spielen wir schon?"*

DIE WIDMUNG

Ignatz Bubis, dem verstorbenen Vorsitzenden des Zentralrates der Juden, bin ich bei einer Veranstaltung im Rahmen des deutschen Katholikentages im Dresdner Kulturpalast einmal persönlich begegnet. Er war einer der Prominenten auf dem Diskussionspodium und ich war zusammen mit Werner Hucks zuständig für die musikalische Gestaltung. Zu dieser Veranstaltung gab es eine Vorbesprechung, bei der wir in einer Achterrunde in schweren und weichen Sesseln saßen oder eher lagen, im Sessel neben mir Bubis.

Irgendwann beugte ich mich zu ihm hinüber und erzählte ihm, dass ich mein Lied „Asyl" aufgrund seiner Äußerung: „Das Recht auf Asyl ist eine Zierde des Grundgesetzes" geschrieben hätte und dass ich dieses Lied in der nun folgenden Veranstaltung ihm widmen wollte. Ich war wohl selbst so beschäftigt mit meinen Worten, dass ich dabei die ganze Zeit auf den Boden sah, denn als ich wieder aufschaute, stellte ich fest, dass Ignatz Bubis mir gar nicht zugehört hatte. Er war offensichtlich so erschöpft, dass er, im Sessel hängend, tief und fest schlief.

Ich habe ihm dann in der Veranstaltung trotzdem das Lied gewidmet und mich anschließend auch noch ein wenig mit ihm unterhalten können.

Die schlimmste Kritik, die ein Franke über ein Popkonzert von sich geben kann, lautet: „Schood fürn Schdroom!" (Schade um den Strom).

FRISCH GEBÜGELTE LIEDER

Die Arbeit im Studio ist manchmal ganz schön anstrengend und kann mitunter auch fast katastrophale Ausmaße annehmen. So haben wir eines der Soloalben von Clemens innerhalb nur eines langen Tages und der dazugehörigen Nacht vollständig abgemischt. Nach einem 20-Stunden-Arbeitstag ohne nennenswerte Pause haben wir uns als kleine Feier morgens um 6.00 Uhr mit einem Glas Sekt entspannt in die Studiosessel fallen lassen um die letzten Titel noch einmal durchzuhören, bevor wir schlafen gehen wollten. Beim schnellen Zurückspulen des Bandes rutschte allerdings die Spule plötzlich von der Maschine, das fertig abgemischte Band machte sich selbstständig und fledderte unkontrolliert mit hoher Geschwindigkeit durch den Regieraum, bis die Maschine mit zerknittertem Band festklemmte und stehen blieb. Der Techniker wusste glücklicherweise Rat. Wir wickelten das Band sorgfältig von Hand wieder auf die Spule und glätteten die zerknitterten Bandstellen mit Fingernagel und einem lauwarmen Bügeleisen, so gut es ging. Jedenfalls hat sich nie jemand darüber beklagt, dass die Stimme von Clemens an einigen Stellen etwas zerknittert klänge.

PIANISTEN LEBEN GEFÄHRLICH

Auf der Bühne einer Stadt war auf einem Schild zu lesen: „Bitte nicht auf den Pianisten schießen, der Mann gibt sein Bestes!"

Fast so gefährlich hätte die folgende Begebenheit werden können: In einer Schweizer Stadt am Zürichsee wurde ich, zusammen mit Pat Garcia, einer farbigen Gospelsängerin aus Atlanta/USA, als Special Guest anlässlich des Jahreskonzertes der örtlichen Blasmusik eingeladen. Allerdings hatte ich vergessen, Pat vorher genau mitzuteilen, dass ich spontan ein Gospel-Potpourri für Klavier, Gesang und Blasmusik zugesagt hatte. Als Pat davon erfuhr, war es schon zu spät, weil das Stück bereits im Programmheft ausgedruckt war. Mit angespannter Miene, aber voller Inbrunst legten wir uns ins Zeug und improvisierten und interpretierten die Lieder gemeinsam mit der Blaskapelle. Die Zuhörer waren begeistert. Während wir uns vor dem applaudierenden Publikum händchenhaltend und erleichtert

lächelnd verbeugten, zischte Pat mir mit zusammengebissenen Zähnen zu: „Wenn du das noch mal machst, bringe ich dich um!"
P.S.: Ich habe es nie wieder gewagt.

PAT

Pat hat eine charmante Art, Dinge überraschend zu formulieren – so auch in einem Konzert, in dem wir Bridge over troubled water spielten. In ihrer langen Ansage erzählte Pat, es gebe jemanden, mit dem sie jederzeit über alles reden könne, der sie verstehe, wenn es ihr gut oder schlecht geht, der auch mitten in der Nacht erreichbar sei. Er sei wie ein Bruder und verfüge über grenzenlose Geduld und Barmherzigkeit, kein Weg sei ihm zu weit, keine Anstrengung zu hart, und er würde ihr auch immer wieder die kleinen Fehler vergeben, die ab und zu passieren. Es war die perfekte Überleitung zu der klaren geistlichen Aussage, dass Jesus dieser Freund und Bruder ist. Da deutete Pat mit einer großen Geste zu mir und sagte: „Ich bitte um einen donnernden Applaus für diesen Freund und Bruder – den meisterhaften Pianisten David Plüss!"

KULINARISCHE VÖLKERVERSTÄNDIGUNG

Guinness vom Fass, das war das Höchste und Schönste, was man dem Iren Rodney Cordner und seinem französischen Musikerkollegen Jean-Pierre Rudolphe bieten konnte. Und so hatte ich, im Rahmen einer zehntägigen Sommerfestival-Tour durch Hessen, ein kleines Guinnessfass samt Zapfanlage besorgt und mitten in unserem Wohnzimmer aufgestellt. Die beiden waren restlos begeistert und wollten jeden Abend sofort nach Hause, denn es galt ja ein geöffnetes Guinnessfass innerhalb dieser Tour zu bewältigen. Wir hatten auch gerade eine Friteuse erworben und so saßen wir manchmal mit vielen anderen bis früh in den Morgen, schälten und schnipselten Kartoffeln für frische Fritten und tranken dabei genüsslich unser Guinness.

STILL ON TOUR

A young man sitting by the fridge, at a party, was our first introduction to Weissbier and Clemens, back in 1983.

A few beers, jokes, and songs later and we decided to go on tour together.

Many beers, jokes and tours (not to mention years) later and we still do the odd tour together.

Ein junger Mann, der bei einer Party neben dem Kühlschrank saß, brachte uns die erste Begegnung mit Weizenbier und mit Clemens, damals 1983.

Ein paar Biere, Witze und Lieder später entschieden wir, gemeinsam auf Tournee zu gehen. Viele Biere, Witze (Anekdoten) und Tourneen (um die Jahre nicht zu erwähnen) später machen wir immer noch die eine oder andere Tournee zusammen.

Being ourselves members of the „20 years together duo" club, we do appreciate the ongoing partnership between Clemens and David.

The musician and the bluffer, the quiet man and the talker, both with a lot to say. (Unlike us two, both talkers and not much to say.)

Da wir selbst (ebenfalls im Jahr 2001) Mitglieder im Club des „20-Jahre-miteinander-unterwegs-Duos" sind, freuen wir uns ganz besonders über die fortdauernde Partnerschaft zwischen Clemens und David.

Der Musiker und der Bluffer, der stille Mann und der Schwätzer, beide haben sie eine Menge zu sagen. (Im Gegensatz zu uns – beide Sprücheklopfer und nicht viel zu sagen).

May the road before them be long
And the wind be always at their back
And may they be half an hour in heaven
Before the devil knows they're dead.
– An Irish blessing –

Möge der Weg vor ihnen lang sein
Und der Wind immer in ihrem Rücken
Und mögen sie schon eine halbe Stunde im Himmel sein,
bevor der Teufel merkt, dass sie tot sind.

– Irischer Segen –

20 years, that is a long time together

Through thick and thin and stormy weather.
Rod and P-J have seen as many fly by, fast.
May the years still to come, be as rich as what's past.
Zwanzig Jahre, das ist eine lange Zeit zusammen.
Durch dick und dünn und stürmisches Wetter.
Rod und P.J. haben genauso viele schnell vorbeifliegen sehen.
Mögen die Jahre, die kommen, so reich sein wie die vergangenen.

Rodney Cordner und Jean-Pierre Rudolphe
Folksänger

LEO'S TAVERN (IRLAND)

Unser Freund, der irische Folksänger Rodney Cordner hatte Rosi und mich eingeladen, ihn doch einmal in Nordirland zu besuchen. Wir hatten damals noch keine Kinder und so beschlossen wir, für vierzehn Tage nach Irland zu fahren. Eine Woche wollten wir mit Rodney und seiner Frau verbringen und eine Woche allein durch die Republik Irland reisen. Rodney hatte einen alten VW Polo, der immer nur mit zehn Litern voll getankt werden konnte, da der Tank oberhalb des ersten Drittels mehrere Löcher hatte. Außerdem fuhr Rodney wie der Henker auf den engen Sträßchen Irlands. Einer unserer Ausflüge führte uns in Leo's Tavern. Leo ist der Vater der Sängerin Enya (nach der auch unsere Tochter benannt ist), und der setzte sich regelmäßig abends in seine Kneipe und sang mit den anwesenden Gästen, während er sich selbst auf dem Akkordeon begleitete.

Das war auch an dem Abend, an dem wir dort waren, so. Plötzlich fragte der alte Musiker, ob denn Gäste aus dem Ausland anwesend seien und ob einer dieser Gäste vielleicht Lust hätte auf die Bühne zu kommen und mit ihm zu musizieren. Rodney stand sofort auf und rief: „Wir haben hier sogar einen deutschen Folksänger!", und so kam ich zu der Ehre mit Leo, dem Vater von Enya und Haupt des bekannten Clannad-Clans zu singen und zu musizieren.

Ein Musiker wird von einem Sachbearbeiter ins Finanzamt gerufen: „Herr Gruber, wir haben Ihre Unterlagen überprüft, Sie bekommen von uns Geld zurück. Hier haben Sie 3.000,- DM, wenn Sie mir die bitte hier quittieren würden ..." Daraufhin zuckt der Musiker leicht zusammen: „Ach, machen Sie das hier mit Quittung?"

AACHENER PRINTEN

Clemens und ich spielten an einem Nachmittag in Aachen bei einer Seniorenfeier. Nachdem wir unser Konzert vor Kuchen essenden und Kaffee trinkenden Menschen beendet hatten, bedankte sich der Pfarrer bei uns mit zwei eingepackten Geschenken und der Frage an mich: „Woran denken Sie, wenn sie Aachen hören?" Ich sagte spontan: „An das Aachener Klinikum." Diese etwas übermütige architektonische Konstruktion war gerade Thema in der Presse gewesen. Er meinte aber die Printen (Lebkuchen), die in unseren Geschenken waren. Danach fragte er das anwesende Publikum, wer dafür sei, dass die beiden Musikanten im nächsten Jahr wiederkommen. Zögerlich gingen ein paar Hände nach oben. Der Pfarrer deutete dies zwar großzügig als überwältigende Mehrheit, aber er hatte es plötzlich sehr eilig, uns in unser Hotel zu bringen, obwohl es erst 17 Uhr war.

ALLES IM EIMER

Eine besondere Art auf die Bühne zu kommen, war uns anlässlich einer Veranstaltung in Bayreuth vergönnt. Es handelte sich um eine Woche mit Vorträgen zu aktuellen Themen und einem Musikprogramm zur Umrahmung des Abends. Hans-Jürgen Hufeisen, Clemens und ich waren dazu eingeladen worden, da wir ein paar Jahre auch mit einem Konzertprogramm zu dritt unterwegs waren. Das Thema des Abends war „Die Welt ist im Eimer", und der Veranstalter hatte Folgendes geplant: Wir sollten in einem großen leeren Industrie-Abfalleimer auf die Bühne gefahren werden, der Redner würde einige Sätze zum Thema sagen und dann sollten wir plötzlich den Deckel heben und im Eimer stehend unser erstes Lied spielen.

So machten wir es dann auch. Allerdings hatte die Sache einen Haken, wie sich bald herausstellte. Der Redner wollte nicht aufhören, die Luft wurde immer dünner und der Drang nach Licht immer intensiver. Plötzlich hatte ich Verständnis für einen achtlos in den Mülleimer geworfenen Apfel, der unter Verschluss mit der Zeit zu stinken beginnt. Zum ersten Mal in meinem Leben hatte ich das Gefühl, wie Dreck behandelt zu werden. Als wir dann, endlich befreit, auf der Bühne vor etwa 2000 Zuschauern in dem nun offenen Müllcontainer standen und verlegen lächelten, ließ unsere Ausstrahlung merklich zu wünschen übrig.

IM HINTERGRUND

Für David war es nicht immer einfach, der schweigsame, liebenswerte zweite Mann im Hintergrund zu sein. Eine Zeit lang hatten wir z. B. des Öfteren Veranstaltungen mit dem Evangelisten Johannes Hansen, der mich jedes Mal fröhlich begrüßte und der die ersten Male (selbst als David sich schon mehrfach vorgestellt hatte) irritiert zu David schaute und fragte: „Und wer bist du?" Bei der Kieler Malerin Magreth Knoop-Schellbach gar hieß er immer nur „der kleine Schweizer".

ZUNÄCHST EIN BRIEF

Lieber Clemens,

da sitze ich und grüble und denke nach und kann mich, weder auf dich bezogen noch auf David (den ich sehr herzlich zu grüßen bitte), auch nur entfernt an eine Anekdote erinnern, nicht einmal an eine klitzekleine. Wir müssen unsere Begegnungen stets unter hohem Terminstress etc. erlebt haben, denn zum Lachen kamen wir wohl kaum. Jedenfalls zu keinem brüllenden aus geeigneten Gründen.

Meine Kontakte mit dir waren bei aller Freundlichkeit und Freundschaftlichkeit stets – in der Kürze der Zeit – auf den konkreten Anlass oder auch auf Theologie, Kirche, Kultur bezogen. Nicht falsch verstehen, ich hätte gerne mit dir gelacht, mit euch Spaß gehabt, doch wann war dafür die Chance? In der Tat, ich habe etwas versäumt, doch Anekdoten kann man ja nicht auf Vorrat produzieren.

Verzeih mir bitte, dass ich so offen und direkt rede, doch es könnte ja sein, dass es nicht nur mich betrifft, sondern andere auch? Ob ihr vielleicht einem wunderbaren Hoffnungsluftballon aufgesessen seid? Ihr werdet sehr viele Freunde haben, doch was sollen wir armen Hunde machen, wenn wir nie irgendwo von einer Kanzel gefallen sind oder sonst was Anekdotisches erlebten. Ich denke weiter nach, doch ich habe Sorge, das wird nichts, jedenfalls, was meine Erinnerungen angeht.

Es ist jetzt spät. Darum für jetzt und heute Ende.

Dein/Euer Johannes

Johannes Hansen
Evangelist, Buchautor und Ästhet

ABGEKANZELT

Bei einer unserer Campingtourneen mit Willi Stiel stießen wir im Rahmen eines Open-Air-Festgottesdienstes auch auf einen hohen Funktionär der Evangelischen Kirche in Kurhessen-Waldeck.

Der Prälat war ein großer, steifer und durchaus seiner Macht (?) bewusster Mann, der nun wohlwollend auch die Arbeit unseres Campingkirchen-Freundes bedachte. Bei dem besagten Festgottesdienst nun gestalteten wir die Musik, und der Prälat hielt die (ziemlich langweilige) Predigt. Nach dem Gottesdienst ließ sich der Oberhirte dazu herab, noch ein paar Worte mit dem Theologiestudenten und Musiker Bittlinger zu wechseln, und ich erzählte ihm von meiner Heimatkirche (Hessen-Nassau) und auch davon, dass mein Vater in der Schweiz Pfarrer war. Da unterbrach er mich und krächzte: „Sie wissen ja, dass Sie Ihrer Kirche einen Gefallen tun, wenn Sie auch in die Schweiz gehen."

Mit diesen Worten ließ er den sprachlosen Sänger einfach stehen.

ES IST NUR EIN DEMO

Es kommt vor, dass wir so genannte Demo-Tapes erhalten, also Musikaufnahmen, die jemand gemacht hat und zu denen wir um unsere Meinung gebeten werden. Meistens sind es eigene Lieder oder Musikstücke, manchmal auch Kompositionen von uns. Teilweise sehr gut, fast professionell, manchmal aber auch in schauderhafter Qualität, so dass es schwer fällt herauszufinden, ob solch eine Aufnahme und die damit verbundene Anfrage ernst gemeint oder eher dem Bereich Realsatire zuzuordnen sind. Dabei wollen wir natürlich niemanden beleidigen oder verletzen.

So bekam Clemens eines Tages eine Kassette mit einem freundlichen Begleitschreiben von einer Flötengruppe zugeschickt. Die Aufnahmen klangen irgendwie professionell, aber stilistisch war es zum Haareraufen, hatte sich dieser Flötenkreis doch tatsächlich erlaubt, einige der schönsten Lieder von Clemens für zweistimmigen Bockflötenchor und Drum-Computer zu arrangieren. Jedenfalls war es wieder mal eher so ein Fall für die versteckte Kamera. Höhepunkt war die unbescheidene Anfrage, ob wir es uns vorstellen könnten, ein paar gemeinsame Konzerte zu gestalten, da sich der Flötenkreis selbst zu unseren treuesten Fans zähle. Wir entschieden uns für einen diplomatischen Formbrief und einen Mut machenden Schlusssatz: „Liebe Freunde, wir schätzen eure ehrlichen Bemühungen, unsere Lieder auf ganz neue Art umzugestalten. Leider sind wir bis ins Jahr 2098 völlig ausgebucht und sehen zu unserem Bedauern keine Möglichkeit, einen gemeinsamen Auftritt zu planen."

Zum Glück erfuhren wir dann unter schadenfrohem Gelächter, dass diese Kassette von einigen unserer besten Freunde stammte, die sich eines Abends nach einem guten Essen und wohl auch guten Getränken zu dieser musikalischen Grausamkeit entschlossen. (Ha-Jo Schöne, du kriegst es irgendwann zurück!)

MATETEE

Oder: Warum Freunde „selten" sind

Es war einer dieser typischen Spätherbst- oder Frühwintertage, deren Sinn anscheinend nur darin besteht, Trübsal und Depressionen zu steigern oder gar hervorzurufen. Welche angenehme Aussicht also, an einem solchen Abend zu einer jugendkulturell-missionarischen Veranstaltung zu fahren, um dort einen Freund zu treffen.

So fuhren wir also in ein rheinhessisches Dorf, dessen Name mir entfallen ist und dessen Vorwahlquersumme wahrscheinlich die Einwohnerzahl bei weitem übersteigt. Die Jugendkulturwoche, deren Initiator Clemens war, fand in einer schmuck dekorierten Sporthalle, einer so genannten Mehrzweckhalle, statt, die schwerlich den Charme eines solchen Bauwerkes verstecken konnte. Man saß auf umgedrehten Weinkisten in kleinen Sitzgruppen zusammen und wartete gespannt auf das abendliche „Kulturprogramm".

Musikalischer Gast an diesem Abend war der südamerikanische Sänger und Komponist Dorival Ristof, dem die Welt Werke wie „Du bist meine Hoffnung" zu verdanken hat. Nach einer musikalischen Einstimmung – es ging wohl um einen Ochsen, der nach scheinbarem Tod wieder auferstanden war – folgte die Kurzpredigt, der Impuls von Clemens, dem sich der zweite Musikblock anschloss.

Wir freuten uns, dass sich nun auch Clemens zu unserer lauschigen Weinkistensitzecke gesellte und ein angenehmes Gespräch in Gang kam. Dieses Gespräch dauerte noch nicht lange, als der südamerikanische Künstler mittels eines unüberhörbaren Trommelwirbels auf den Höhepunkt seines Programms hinwies: Zu dem nun folgenden Lied aus seiner Heimat sollte ein Becher mit Matetee herumgereicht werden, und alle sollten, zum Zeichen der Anteilnahme und der Völkerverständigung, einen Schluck davon nehmen. Nun ist Matetee (Duden: ein aus den gerösteten, koffeinhaltigen Blättern der Matepflanze – südamerikanisches Stechpalmengewächs – hergestellter Tee) an sich weder ungewöhnlich noch per se unangenehm, doch als dieses Getränk in unsere Runde gereicht wurde, beschlich uns doch ein gewisses Unwohlsein. Der Tee wurde in einer trichterförmigen Holzschale serviert und sollte mittels eines silbernen Strohhalmes getrunken werden: und zwar von allen etwa hundert Anwesenden aus demselben Gefäß und mit demselben Strohhalm.

Meine Frau flüsterte: „Das kann ich unmöglich trinken!", und ich sagte nur: „Ich glaub, ich muss mal eben!" Mit tiefernster Mine beugte sich unser Freund Clemens zu uns herüber und sagte: „Das könnt ihr unmöglich bringen, das würde absolut negativ auffallen!" Derweil war das Gefäß in unmittelbarer Nachbarschaft angekommen. Meine Frau nahm es vorsichtig in die Hand und schaute verzweifelt zu uns rüber. Clemens nickte energisch und flüsterte: „Nun mach schon, das ist sonst ausgesprochen unhöflich!" Unter Aufbietung aller mentalen Kräfte und bei gleichzeitiger Überwindung aller angeborenen Ekelabwehrmechanismen nahm meine Frau das Gefäß und zog an dem Silberstrohhalm.

Nun war ich an der Reihe und, wohl registrierend, dass ich nicht willens war, mich dieser Katastrophe wehrlos hinzugeben, setzte der Liedermacher, Pfarrer und Initiator noch eins drauf: „Das ist ein südamerikanischer Brauch, und man verletzt die Menschen, wenn man sich dem entzieht!" Ich nahm also das Gefäß und zog an dem Strohhalm. Heute kann ich sagen, dass ich zwar gezogen, aber nicht getrunken habe. Kurz vor der Mundöffnung habe ich das bis dahin Angesaugte wieder zurücklaufen lassen.

Voller Stolz und Dankbarkeit nahm ich nun das Getränk und reichte es, nach bestandener Prüfung, an den Liedermacher, Initiator und Freund Clemens Bittlinger weiter. Mit einem freundlichen „Danke, ich hab schon!" drückte dieser es unbenutzt seinem verdutzten Nachbarn in die Hand, und über sein Gesicht breitete sich eben dieses Grinsen aus, das man landläufig als Schadenfreude bezeichnet. Während meine Frau mit dem Brechreiz kämpfte und ich um Fassung rang, sagte er nur lapidar: „Das sah ja wirklich widerlich aus, oder?"

Diese Geschichte ist wahr und genau so passiert. Nicht wahr ist, dass der Liedersänger kurze Zeit später das Lied „Wir sind befreit zum Verzicht" komponierte. Denkbar wäre es allerdings.

Hans Joachim Schöne
u. a. Leiter des 100fachen Pop- und Gospelsounds PopCHORn

POSITIONEN

Der altehrwürdige Universitätsgottesdienst zu Erlangen war eine Veranstaltung, bei der der Professor für Kirchengeschichte,

Dr. Hamm, und ich einmal für Aufruhr innerhalb der evangelischen Fakultät sorgten. Es war im Januar 1986, Professor Hamm hatte es sich in den Kopf gesetzt, anlässlich des 40-jährigen Jahrestages des „Erlanger Schuldbekenntnisses" einen durchaus kritischen und gesellschaftspolitisch relevanten Gottesdienst zu halten und bat mich, ihn dabei mit meinen Liedern zu unterstützen. Das Prekäre an dem so genannten „Erlanger Schuldbekenntnis" war jedoch, dass nicht etwa die Erlanger Fakultät dieses Schuldbekenntnis 1946 formuliert hatte, sondern dass Martin Niemöller von außen kommen und dieses Schuldbekenntnis öffentlich formulieren musste. Das heißt, allein das Thema dieses Gottesdienstes barg jede Menge Zündstoff.

Kaum hatte der Gottesdienst begonnen und ich hatte das erste Lied mit der Gemeinde gesungen, da stand Herr S., Professor für systematische Theologie, in der dritten Reihe auf und verließ demonstrativ den Raum. In seiner nächsten Vorlesung bezichtigte er mich öffentlich der Blasphemie. Ein anderer Theologieprofessor distanzierte sich wiederum in seiner Vorlesung „von der politischen Rede eines Kollegen und den kabarettistischen Einlagen eines Theologiestudenten", manche Studenten beklagten bei einem mir befreundeten Assistenten für Praktische Theologie die „vertane liturgische Chance".

Mit Professor S. habe ich mich dann zu einem privaten Disput getroffen, weil ich einen so ungeheuren Vorwurf nicht auf mir sitzen lassen wollte. Gegen Ende unseres etwa zweistündigen, sehr engagierten Gespräches fragte ich ihn: „Herr Professor, wenn ein Pfarrer sich ganz treu an das Wort Gottes hält, aber im Grunde langweilig und nicht sehr lebensnah predigt, und er hat bei seiner Antrittspredigt zweihundert Zuhörer und nach einem Jahr nur noch zwanzig – woran liegt das dann Ihrer Meinung nach?"

Er antwortete: „Das liegt ausschließlich am Wort Gottes, das die Menschen scheidet."

Darauf ich: „Verstehe ich Sie richtig, dass wir Ihrer Meinung nach nichts dazu tun können, dieses Wort Gottes schmackhafter oder zumindest anschaulicher werden zu lassen?"

„Nein, wir können nichts, aber auch gar nichts ‚dazu tun'!"

In dem Moment wusste ich, dass wir auf zwei ganz unterschiedlichen Ästen sitzen und dass ich eine völlig andere Position als dieser von mathematischer Philosophie beherrschte Systematiker vertrat und bis heute vertrete.

Ein Mann kommt in ein Musikgeschäft und schaut sich ein wenig um. Schließlich ruft er den Verkäufer, deutet in die Ecke und sagt: „Ich hätte gerne diese rote Trompete und die weiße Ziehharmonika da." Darauf antwortet der Verkäufer: „Den Feuerlöscher können Sie mitnehmen, aber die Heizung bleibt da."

ÜBER MAUERN SPRINGEN

In den ersten Jahren waren wir relativ oft musikalische Gäste bei großen Gemeindewochen oder so genannten „Offenen Abenden" z.B. mit Ulrich Parzany, Hermann Traub oder Johannes Hansen. Einmal bestritten wir gemeinsam mit Parzany einen Abend in Regensburg. Nach der Veranstaltung gingen wir noch zusammen aus, um zu plaudern und den Abend ein wenig ausklingen zu lassen. Dann begaben wir uns zurück zu unserer Pension. Dort angekommen, stellten wir jedoch fest, dass das Eisentor des Hofes fest verschlossen war und dass unsere Schlüssel zwar zu der Haustür und unseren Zimmern passten, nicht aber zu diesem Eisentor. Also kletterten wir, lachend und kichernd, wie Einbrecher über das zackenbewehrte Gatter.

ERST MAL WAT FUTTERN

Nach einem anstrengenden Konzert freuen wir Musiker uns, wenn wir bei einem gemütlichen Essen in einem Restaurant den Abend gemeinsam mit dem Veranstalter ausklingen lassen können. Manchmal lädt uns aber auch der Veranstalter zu sich nach Hause ein, und manche Köstlichkeit wurde da schon von einer begabten Köchin auf dem heimischen Herd um Mitternacht hingezaubert. So freuten wir uns eines Abends auf die kulinarischen Überraschungen, die uns nach dem Konzert erwarten würden. Der Veranstalter hatte uns bei unserer Ankunft schon den Mund wässrig gemacht.

Nachdem wir nach der Veranstaltung alles wieder in unser Auto geladen hatten und unser Magen sich deutlich zu Wort meldete, kam der Veranstalter auf uns zu mit dem Satz: „So, jetzt wollen wir erst mal wat futtern!" Er fuhr uns zu seiner Wohnung und bat: „Seid bitte etwas leise, meine Frau schläft schon, sie hat im Konzert Kopfschmerzen bekommen." (Ein richtiges Kompliment war das wohl eher nicht.) Dann öffnete er den Kühlschrank, holte einen vier Zentimeter langen Wurstzipfel heraus und fand nach langem Suchen auch noch einige angetrocknete Frühstücksbrötchen und etwas Apfelsaft. Clemens und ich beschlossen, die Sache selber in die Hand zu nehmen und schlugen vor, im Schrank nach etwas Essbarem zu suchen. Wir fanden eine Packung chinesische Glasnudeln, die wir der Gebrauchsanweisung entsprechend kochten. Zusammen mit dem Wurstzipfel und den trockenen Brötchen war es eine eigenartige Mahlzeit, aber immerhin: „Erst mal wat futtern!"

Weisheitsspruch: „Die Tradition bewahren" heißt nicht „die Asche aufheben" sondern „das Feuer weiterreichen".

KARAJAN TOBT

Philharmonie Berlin. In diesem ehrwürdigen berühmten Konzerthaus ein Konzert vor ausverkauftem Saal zu geben, ist schon etwas Besonderes. Dieses Vorrecht hatte ich anlässlich der 100-Jahr-Feier des CVJM. Zusammen mit dem Blockflötisten Hans-Jürgen Hufeisen wurde ich eingeladen, den festlichen Abend musikalisch mitzugestalten. Es war ein Erlebnis, vor vollem Haus auf einem großen Steinway-Konzertflügel zu spielen und das Publikum im Kreis auf den Rängen zu spüren. Erst im Nachhinein haben wir erfahren, dass infolge einer Terminkollision an jenem Abend eigentlich ein Konzert der Berliner Philharmoniker unter der Leitung von Herbert von Karajan hätte stattfinden sollen und der Maestro sehr ungehalten war, dass er sein Konzert wegen unseres Auftritts verschieben musste.

SOLO FÜR WERNER

Wenn Werner Hucks mich auf seiner Gitarre begleitete, gab es bei den Liedern immer wieder Passagen, bei denen ich die Akkorde zupfte oder schlug und Werner mit Hilfe seines Plektrons eins seiner brillanten, jazzig angehauchten Soli hinlegte. Bei diesem Plektron handelt es sich um ein kleines, rotes Plastikteil, das Werner, wann immer er es nicht brauchte (also die meiste Zeit) zwischen den Zähnen hielt. Dort wartete es jederzeit auf den nächsten, oft auch spontanen Einsatz. Einmal, es war in Olching bei München, war Werner von irgendetwas so abgelenkt, dass er das rote Plättchen versehentlich verschluckte. Erst ein kräftiger Schlag auf den Rücken förderte das Plektron wieder zu Tage.

Was haben Wolken und Männer gemeinsam? Wenn sie sich verziehen, könnte es noch ein schöner Tag werden.

ABGANG

Es war in der Zeit, als Werner an der Kölner Musikhochschule sein Examen machte und trotzdem parallel pausenlos „unterwegs" war. Irgendwann spielte sein Kreislauf verrückt – es war einfach zu viel.

In dieser Zeit gaben wir ein Konzert in Fürth bei Nürnberg. Alles schien ganz normal, wir spielten und die Atmosphäre im Publikum war gut. Wir saßen wie gewohnt auf unseren Hockern, schauten ins Publikum und hatten auch schon die erste Hälfte des Konzertes hinter uns, als ich plötzlich beobachtete, wie Werner auf seinem hochbeinigen Stuhl eigenartig hin und her wankte. Plötzlich stand er mitten im begonnenen Lied auf, hängte seine Gitarre in den Ständer, beugte sich zu mir rüber und raunte mir ins Ohr: „Ich geh jetzt."

Er verließ schwankend die Bühne. Das alles geschah, während ich versuchte, das angefangene Lied zu Ende zu spielen. In meinem Kopf machte es währenddessen natürlich Galoppsprünge: „Ich geh jetzt"??? Was sollte das heißen? Nach dem Konzert fand ich Werner draußen in unserem Aufenthaltsraum liegend, er hatte offensichtlich einen Kreislaufkollaps. So dramatisch dieser Moment für Werner auch war, später mussten wir noch oft über die Szene lachen – und über mein Gesicht, als Werner mitten im Konzert sagte: „Ich geh jetzt."

DER GEPÄCKTRÄGER

Eine Zeit lang nahm Helmut Kandert auf unsere Tourneen seinen halben Hausstand mit. Nebst dem üblichen Kleiderkoffer hatte er einen Aktenkoffer dabei, eine Sporttasche für die Schmutzwäsche, einen mobilen Stereo-CD-Player, eine Videokamera inklusive Dreibein-Stativ, eine kleinere Tasche für Schuhe, eine Plastikmappe für Noten und weitere kleinere Utensilien, eine Wolldecke und ein bis zwei Kissen, wovon eines aufblasbar war. Dieses Ausrüstungsinferno erreichte seinen Höhepunkt in einem Hotel in Kiel. Nachdem wir unseren Tourbus geparkt hatten, schlenderten Clemens und ich mit je einem Koffer in der Hand gemütlich zum Hotel, während Helmut unter Stöhnen und Keuchen versuchte, seine fünf, sechs Taschen festzuhalten oder unter die Arme zu klemmen. Clemens und ich standen schon im Fahrstuhl, als Helmut angeschnauft kam und die ersten Taschen und sich selbst in den Lift beförderte. Die automatische Tür schloss sich flugs hinter ihm und der Lift fuhr aufwärts, die halbe Ausrüstung von Helmut noch immer draußen. Als dann auch noch ein Mann zusteigen wollte und Helmut verzweifelt versuchte, samt Hab und Gut an allen Mitreisenden vorbei auf seiner Etage auszusteigen, erwähnten wir beiläufig, dass es vielleicht besser wäre, die persönlichen Effekten in Zukunft auf zwei Gepäckstücke zu reduzieren.

DAS KINDERKONZERT

Clemens' erstes und bisher einziges Kinderkonzert zusammen mit David und mir war in Bayreuth. Schon auf der Fahrt dorthin haben wir uns fieberhaft überlegt, was wir alles machen könnten. Clemens hat sogar noch eigens dafür neue Kinderlieder komponiert und wir waren alle gespannt, wie die Kinder auf uns reagieren würden.

Um es vorwegzunehmen: Es lief alles wunderbar. Die Kinder waren voll dabei und Clemens wurde zunehmend lockerer. Seine Lockerheit gipfelte dann darin, dass er plötzlich zu den Kindern sagte: „Der Helmut hat ja viele interessante Trommeln und sonstige Klapperinstrumente um sich herum aufgebaut. Er wird euch nun diese ganzen Instrumente mal vorführen. Am besten, ihr kommt alle mal hier auf die Bühne und setzt euch um den Helmut herum." – Der objektive Betrachter sieht als nächstes Bild einen Helmut Kandert mit angstgeweiteten Augen, dessen Instrumentarium von einer Horde von etwa hundert Kindern gestürmt wird.

P.S.: Mein Set und ich haben überlebt.

Helmut Kandert
Percussionist

DIE BLUME

Konzerte in Österreich haben immer etwas Besonderes. Das mag an der besonders gastlichen Atmosphäre dieses Landes liegen oder auch an dem tief verwurzelten Katholizismus, vielleicht liegt es auch an der großen Liedermacher-Tradition Österreichs (Ambros, Heller, Hirsch und andere) – kurzum: Wir lieben dieses Land, besonders auch die Städte Innsbruck und Wien.

Doch auch folgendes seltsame Erlebnis verbinde ich mit Österreich: Bei einem Konzert mit Werner im Innsbrucker Land spielten wir in einer großen katholischen Kirche. Während eines Liedes kam plötzlich eine Frau in einem langen und wallenden Kleid nach vorne „geschwebt" und legte lächelnd eine Blume auf den Monitor, also den Lautsprecher, der auf uns Musiker gerichtet war, damit wir uns selbst besser hören konnten. Ich freute mich über die liebevolle Geste und wir spielten fröhlich weiter.

Wenig später stürmte dieselbe Dame wütend nach vorne, ergriff die Blume und zerriss und zerbröselte sie über meinem Monitor. Dabei brüllte sie mich an: „Bisher bist du ja mutig gewesen, aber jetzt bist du feige!" Mit fragenden Mienen spielten wir unser Lied zu Ende, während die Frau mit großen Schritten die Kirche verließ und die Tür laut krachend hinter sich zuschlug.

UNGESCHMINKT

Im Fernsehen aufzutreten ist immer wieder eine spannende und aufregende Sache. Man genießt die kribbelnde und knisternde Atmosphäre eines Fernsehstudios und die umfangreiche Technik, kann hinter die Kulissen schauen, den Duft der großen weiten Welt des Showbusiness schnuppern und kommt sich dabei als Künstler unheimlich wichtig vor. Da saß ich doch für eine Sendung in der Maske, also dem Raum, in dem Mann/Frau für die Kamera frisiert, geschminkt, bepudert, gecremt und bewundert wird. Nachdem ich die ganze Prozedur über mich hatte ergehen lassen, wurde ich auf die Bühne geschickt zu meinem Auftritt, in dem ich Clemens begleiten sollte. Zu Hause sah ich mir dann das Videoband der Sendung an. Von meinem wundervoll geschminkten Gesicht war keine Sekunde etwas zu sehen. Gezeigt wurden nur meine Hände, die über die Klaviertasten hüpften. Dumm nur, dass man beim Schminken zwar mein Gesicht fast neu gestaltet, meine Hände aber völlig vergessen hatte.

APOLLO

Zu den spannendsten Erlebnissen meiner Konzerttätigkeit gehört die Tournee mit dem Apollo-Astronauten James B. Irwin. Dieser kleine, bescheidene Mann fuhr als erster Mensch mit einem autoähnlichen Gefährt – dem Moonracker – auf dem Mond herum. Zusammen mit James Irwin und dem Sänger Siegfried Fietz hatte ich viele schöne und eindrückliche Erlebnisse und Begegnungen, die einem so nur vergönnt sind, wenn man mit dem „Mann im Mond" persönlich unterwegs ist. Ich habe es genossen, einmal im persönlichen Gespräch

mit ihm zu erfahren, wie es auf dem Mond ist, ob er dort einsam war, oder was man so fühlt angesichts der Vorstellung, bei einem Fehlstart beim Rückflug für immer auf dem Mond bleiben zu müssen. Außerdem gab es festliche Empfänge im Rathaus mit Bürgermeistern und anderen politischen Größen, ehrenvolle handschriftliche Eintragungen im Stadtbuch des Veranstaltungsortes.

Eine Autofirma hatte extra für James Irwin eine fabrikneue Sportlimousine für die Tour zur Verfügung gestellt, während Siegfried und ich mit unserem Kombi und Anhänger gezwungen waren, mit 80 km/h von einem Veranstaltungsort zum nächsten zu fahren. Die ersten Tage fuhr James Irwin noch brav hinter uns her, bald schon bat er uns aber um die Wegbeschreibung zum nächsten Konzertort und flog genüsslich mit Höchstgeschwindigkeit über die Autobahnen Deutschlands. Nun, es war für ihn wohl trotzdem nur eine gemütliche Kaffeefahrt, war er doch kurz vorher noch als Testpilot des damals weltschnellsten Jagdflugzeuges F-14 tätig gewesen und Geschwindigkeiten im zweifachen Überschallbereich gewohnt.

GRENZERFAHRUNGEN

Während unserer Tournee mit dem Astronauten James B. Irwin hatten wir ein Konzert in Bayreuth und das nächste, am Tag darauf, in Amsterdam. Dort sollte unser Auftritt vom Fernsehen aufgezeichnet werden. Nun liegen Bayreuth und Amsterdam ja nicht gerade einen Steinwurf auseinander, und Siegfried und ich verließen in morgendlicher Frühe, die für normal sterbliche Musiker als total unmenschliche Zeit bezeichnet werden kann, das Hotel. Die Frage war nur: Wie sollten wir mit einem Anhänger, der uns auf eine vorgeschriebene Höchstgeschwindigkeit von 80 km/h beschränkte, mehr als 1200 km an einem Tag fahren? Lösung: Indem der Fahrer kräftig aufs Gaspedal drückt und der Beifahrer mit geweiteten Augen nach allen möglichen Radarfallen, polizeiähnlichen Autos und Blitzkästen Ausschau hält.

Unsere Fahrt wurde allerdings durch den deutsch-holländischen Zoll gebremst, der Probleme damit zu haben schien, dass wir etwa 2000 Langspielplatten im Anhänger dabeihatten und damit über die Grenze fahren wollten. Auch Siegfrieds großzügiges Angebot, dem Zollbeamten eine Schallplatte zu schenken, griff nicht so erfolgreich wie erwartet und wäre beinahe in die Rubrik „versuchte Bestechung eines Staatsdieners" eingestuft worden.

Nachdem wir für die Tonträger eine Kaution in unverschämter Höhe hinterlassen hatten, die wir bei der Rückreise nach Abzug von Stempelgebühren, Schreibgebühren, Zollgebühren, Strafgebühren und sonstigen

Pauschalbesteuerungssteuern wieder zurückbekommen sollten, kamen wir entnervt, müde und spät in Amsterdam beim Kongresszentrum an. Dann der übliche Aufbau von Instrumenten und Filmprojektor, Soundcheck, Fernsehprobe usw. Kurz vor 20 Uhr kam der Veranstalter ganz aufgelöst in die Garderobe. Es seien nur gut 200 Zuhörer im Saal, obwohl die Halle mehr als 3000 Menschen fasste. Der Fernsehregisseur reagierte schnell. Das versprengt sitzende Häufchen Zuhörer wurde Schulter an Schulter in einen Block gesetzt, wir richteten unsere Anlage auf diese Gruppe aus. Was wir im anschließenden Fernsehfilm dann sahen, erstaunte uns. Man hatte den Eindruck, dass unser Konzert vor vollem Haus stattfand, dicht gedrängte Zuschauer applaudierten begeistert und saßen eng nebeneinander auf ihren Plätzen. Ich hatte schon immer den Eindruck, dass man nicht alles glauben sollte, was man im Fernsehen zu sehen bekommt.

SCHWÄBISCH

Feiert eine Kirchengemeinde ein Jubiläum, dann wird gerne ein großes Festzelt mit einer Bühne auf der Wiese neben der Kirche aufgebaut. In Esslingen hatten wir einmal das Vergnügen bei solch einem Kirchenjubiläum aufzutreten. Vor Bratwurst essendem, kauendem Publikum in grillrauchgeschwängerter Luft zogen wir sämtliche Register unserer Kunst, um die Aufmerksamkeit der Anwesenden, oder besser gesagt der Abwesenden auf das Geschehen auf der Bühne zu lenken – mit einer Alphorneinlage, Ragtimestücken für Gitarre und Keyboard, einer unverschämt hohen Lautstärke und allen sonstigen Gags, die uns einfielen. Leider mit mäßigem Erfolg, da sich die meisten Gäste lieber ihrem leiblichen Wohlergehen und ihren Gesprächen widmeten.

Nach uns spielte Daffy, ein schwäbischer Liedermacher. Es war inzwischen dunkel, die Leute aßen und redeten immer noch, und auch ihm erging es anfänglich nicht besser als uns, bis, ja bis mit einem Schlage die Lautsprecheranlage verstummte und das Zelt in totale Dunkelheit gehüllt war. Mitten in das allgemeine Stimmengewirr, in hilfloses Gemurmel und gut gemeinte Ratschläge, das Schreien einzelner Kinder und Gelächter der Anwesenden hinein rief plötzlich Daffy aus dem Dunkel der Bühne: „Seid amol ruhig! I bin au a Schwab!“ Worauf es still wurde und er ohne Verstärkeranlage mit den Leuten anfing im Dunkeln schwäbische Lieder zu singen. Es funktionierte bestens und wir mussten neidlos zugestehen: „Im Notfall muss man schwäbisch reden!“

CHRISTLICH?

Anfang der achtziger Jahre hatte der CVJM Bayern mich zu seinem alljährlichen Landestreffen nach Regensburg eingeladen. Herr B., ein Missionar, der gerade frisch aus Afrika zurückgekehrt war, moderierte das Treffen, und ich sollte die musikalische Gestaltung übernehmen. Ich spielte zu Beginn der Abendveranstaltung eine halbe Stunde meine Lieder, dann war der Referent dran. Als der Referent seine Ausführungen beendet hatte, stürmte der Moderator und Missionar auf die Bühne und sagte: „Nun wird Clemens Bittlinger noch ein Lied singen, diesmal hoffentlich ein christliches ..."

Davids Weisheitsspruch:
„Eigentlich bin ich ja ganz anders – ich komm nur nicht dazu."

IN DER ERSTEN REIHE

Regelmäßige Kabarettbesucher wissen es längst: In der ersten Reihe sind nicht immer die besten Plätze. Dazu folgende Geschichte: Auf Initiative von „Christian Artists" in Holland gab es jedes Jahr im Sommer ein großes internationales Treffen christlicher Künstler in einem großen Freizeitheim namens „De Bron" (der Brunnen). Bei einem dieser Treffen wurde mit Leen la Rivere, dem Leiter von „Christian Artists", die Idee geboren einmal eine Eurotour mit Künstlern aus vier verschiedenen Ländern zu organisieren.

Das Duo Elly & Rickert kam aus Holland, Werner und ich kamen aus Deutschland, Jean-Pierre Rudolph aus Frankreich und Rodney Cordner aus Irland. Zusammen wurden wir mit einem alten, klapprigen Reisebus durch die Gegend kutschiert und hatten wirklich eine Menge Spaß.

Werner saß meistens ziemlich weit vorne, manchmal auch fast neben dem Busfahrer. Einmal, als er wieder da vorne in der ersten Reihe saß, rief plötzlich Jean-Pierre von hinten: „Werner, pass auf und duck dich!" Werner konnte gerade noch den Kopf auf die Knie legen und seine Arme schützend darüber halten, als ihm die komplette Windschutzscheibe unseres Busses um die Ohren flog. Zum Glück blieb er unverletzt.

Das Ganze wurde dann in einer Buswerkstatt notdürftig versorgt und verklebt und weiter ging die Reise.

Wie viele Psychologen braucht man, um eine Birne in die Fassung zu drehen? Einen, aber die Birne muss es auch wirklich selber wollen.

Davids Weisheitsspruch: „Geld macht nicht glücklich, aber es hilft das Unglücklichsein leichter zu ertragen."

LIEBESGRÜSSE AUS MOSKAU

Vor einigen Jahren hatte ich das Vorrecht, für einen amerikanischen Verlag in einem Moskauer Studio Aufnahmen mit einem russischen Chor zu machen. An einem kalten Novembertag flogen meine Frau und ich in die russische Hauptstadt. Am Flughafen angekommen, fiel uns als Erstes auf, dass viele Menschen sich an einem Kiosk ein Eis kauften. Für uns nicht gerade die übliche Jahreszeit sich in Winterausrüstung, Schal und Mütze bei Minusgraden ein kühlendes Erdbeereis zu Gemüte zu führen. Später erfuhren wir dann, dass es dieses Eis fast nur am Flughafen gab, und wer schon mal dort war, kaufte sich eins, egal zu welcher Jahreszeit. Nach einer abenteuerlichen Fahrt in einem uralten Wolga-Bus mit Kaltluft-Heizgebläse, geblümten Vorhängen und beschlagenen Fensterscheiben trafen wir vor unserem Hotel ein, einem beeindruckenden Hochhaus amerikanischen Kalibers. Es war nah genug am Rundfunkstudio und angeblich eines der besten Hotels am Platz, immerhin mit einer Fünf-Sterne-Klassifizierung. So war der Zimmerpreis entsprechend hoch, aber das Zimmer dem widersprechend klein. Nebst einem mannshohen, freistehenden, aber leeren weißen Kühlschrank mit separatem Gefrierfach, der die ganze Nacht seine gurgelnden Geräusche von sich gab, waren noch ein Doppelbett und eine alte Wohnzimmer-Schrankwand im engen, dafür sehr hohen Zimmer zu finden. Zudem lief die ganze Zeit das heiße Wasser im Bad aus dem defekten Wasserhahn, und durch das dünne und undichte Fenster drang der Straßenlärm zu uns herauf. Wir beschlossen, uns auf das Frühstück am nächsten Morgen zu freuen, und gingen schlafen.

Aufgeweckt von heulenden Krankenwagen, hupenden Autos und Staubsaugern auf dem Flur standen wir am nächsten Morgen auf und ersehnten unseren ersten Kaffee. Der Speisesaal entsprach ganz seinem Namen.

Der Saal war brechend voll, und sobald wir uns an einen freien Tisch gesetzt hatten, kam die Bedienung. Eine robuste Dame in grauer, uniformähnlicher Kleidung schenkte uns ungefragt dünnen Kaffee (?) in die bereitstehenden Tassen und stellte dazu eine große Platte mit einer Auswahl von kaltem Fisch vor uns auf den Tisch. Ich liebe Fisch. Besonders dann, wenn ich in der leuchtend rot untergehenden Sonne auf einer sonnenerwärmten Terrasse direkt am Mittelmeer sitze. Morgens um acht im November auf nüchternen Magen zum Frühstück sieht das allerdings etwas anders aus. Wir beschlossen aufzubrechen und auf dem Weg zum Studio noch kurz beim Restaurant mit dem großen goldenen M vorbeizuschauen.

Ich habe in den letzten 25 Jahren viele Tonstudios gesehen. Das Studio in Moskau war jedoch das erste, das durch zwei mit Gewehren bewaffnete Wächter am Eingang abgesichert war. Ohne Vorweisen des Reisepasses, verbunden mit einer langen Suche auf einer Liste, auf der der Name notiert ist, wird keiner ins Studio hineingelassen. Wir hatten Glück, der Name fand sich auf der Liste. Sonst hätte wohl nur noch die diskrete Weitergabe einer Flasche mit alkoholhaltigem Inhalt geholfen ...

CHOR CONTRA SINFONIEORCHESTER

Das Studio in Moskau verfügte über einen riesigen Aufnahmeraum, in dem ganze Sinfoniekonzerte mit Chor und Publikum aufgezeichnet werden konnten. Leonard Bernstein und andere bekannte Dirigenten hatten hier schon mit ihren Orchestern gearbeitet, davon zeugten die zahlreichen Fotos an der Wand. Die drei Tage, an denen wir das Studio für unsere Choraufnahmen gebucht hatten, mussten wir mit einem hundertköpfigen Sinfonieorchester teilen, das im Begriff war, eine Sinfonie von Bruckner einzuspielen. Da das Orchester natürlich staatlich geführt war, unterlagen die Aufnahmen einem genau reglementierten Arbeitsplan, der wie folgt aussah:

09–10 Uhr Einrichten für die Choraufnahmen
10–13 Uhr Choraufnahmen
13–14 Uhr Aufbauen aller Mikrofone und Instrumente für das große Orchester
14–17 Uhr Orchesteraufnahmen
17–18 Uhr Umbau sämtlicher Mikrofone und Instrumente vom Orchester zum Chor
18–21 Uhr Choraufnahmen

– und das Ganze drei Tage lang. Ein kleines Heer von Technikern nahm jeweils nach den Aufnahmesessions mit weißen Handschuhen den Umbau von Mikrofonen und Instrumenten vor.

Der Aufnahmeraum war weit weg vom Regieraum, in dem man die Aufnahmen abhören konnte, und optisch waren wir nur durch Videokameras und Monitore verbunden. Zum Abhören musste ich also zuerst von meinem Flügel aus quer durch das große Studio, dann wie bei einem großen Kreuzfahrtschiff die lange, an der hohen Wand emporgeführte Treppe hinaufsteigen, etwa fünf schwere schalldichte Türen öffnen und schließen, und schon war ich im Regieraum. Die Kommunikation zwischen der russischen Aufnahmetechnikerin, dem amerikanischen Co-Produzenten Steven Kimbrough, der russischen Dirigentin Ludmilla Garbuzova und dem Schweizer Pianisten war dabei nicht immer ganz einfach. Eine Frage von mir an die Dirigentin (die drei Meter von mir entfernt stand) machte dabei folgenden Weg: Ich richtete die Frage über das Mikrofon in Deutsch in die Regie an Steven (der fließend deutsch spricht), er leitete sie auf Englisch an die russische Übersetzerin weiter, diese wiederum leitete sie auf Russisch an die Dirigentin und an die Technikerin weiter, was rasche und heftige Wortwechsel in derselben Sprache zur Folge hatte, dann kam die Antwort zurück zur Übersetzerin, von dort zu Steven und – weil ich im Aufnahmeraum nichts mitbekam – wieder in deutscher Version an mich zurück. Meistens war es nicht mehr die Antwort auf die Frage, die ich gestellt hatte. Aber das machte nichts. Ich nickte Ludmilla freundlich zu, sie lächelte hinter vorgehaltener Hand, sagte „Spassiba" und rief mir die drei einzigen englischen Worte zu, die sie kannte: „Plüss! Please! Play!"

Eine eher nachdenkliche Seite hatten die Aufnahmen, als wir feststellten, dass wir nach den Pausen oft einzelne Choristen vermissten. Sie waren dann im Kiosk des Studios zu finden, wo Seife, Waschmittel und andere Sachen des täglichen Gebrauchs angeboten wurden – Waren, die man sonst in der Stadt nur schwer oder gar nicht kaufen konnte. Auch der abendliche Besuch in einem italienischen Restaurant, zu dem wir die Dirigentin und die Übersetzerin einluden, hinterließ einen schalen Nachgeschmack. Nachdem wir die uns ganz normal erscheinende Rechnung beglichen hatten, kam im Gespräch raus, dass wir gerade für den Monatslohn eines russischen Lehrers gegessen hatten.

ÜBERFÜLLT

Neben vielen erfolgreichen und gut besuchten Konzerten kommt es auch immer wieder mal vor, dass eine Veranstaltung, an der Zahl der Zuhörer gemessen, ein totaler Flop ist. Das heißt nicht, dass das Konzert inhaltlich schlecht wäre, aber es macht natürlich uns und dem Publikum mehr Spaß, wenn die Zuschauermenge die Zahl der Künstler auf der Bühne um das Mehrfache übersteigt. Das hängt natürlich von verschiedenen Faktoren ab. Manchmal ist eine Parallelveranstaltung eines örtlichen Vereins und alle Leute gehen dorthin statt zu unserem Konzert. Wir haben mittlerweile einen Erfahrungswert gefunden, auf den wir uns meistens verlassen können. Sind eine halbe Stunde vor Beginn der Veranstaltung schon die ersten Konzertbesucher anwesend, ist es ein gutes Zeichen. Jst fünfzehn Minuten vor dem Konzert noch niemand zu sehen, werden wir langsam etwas kribbelig. Wenn drei Minuten vor Beginn noch kein hörbares, fröhlich erwartungsvolles Geplauder im Saal zu vernehmen ist, schicken wir einen von uns als Späher aus der Garderobe. Dieser muss uns nach seiner Rückkehr schonungslos berichten, was uns gleich erwarten wird, wenn wir auf die Bühne kommen. Zu guter Letzt kommt dann meistens der Veranstalter um zehn nach acht in die Garderobe und erzählt, dass er ein wenig enttäuscht sei vom Besucheraufmarsch, man sei doch als Veranstalter immer auch ein wenig verantwortlich für das Konzert. Stimmt!

Mir fallen spontan zwei Konzerte ein, die etwas unter unseren Erwartungen lagen. Bei dem einen Konzert waren zum Zeitpunkt des Konzertbeginnes genau drei Menschen im Saal. Einer davon war der Veranstalter. Da wir die wenigen Besucher schlecht nach Hause schicken konnten, mussten wir spielen. Wir sangen drei Lieder (für jeden eins), und erklärten dann dem Publikum, dass wir nun aufhören, die Jnstrumente einpacken und auf unser Honorar verzichten würden. Dafür müsse der Veranstalter – zur Strafe für die ungenügende Werbung – Künstler und das ganze Publikum in die Pizzeria einladen.

Noch schlimmer war es ein anderes Mal. Fünf Minuten nach Konzertbeginn war die Kirche, bis auf die Küsterin, die aus gegebenem Anlass anwesend sein musste, leer. Wir lümmelten also noch in der Abendsonne vor der Kirche, als ein weißer Kleinbus angesaust kam, am Lenkrad der Pfarrer und Veranstalter der Gemeinde. Er stoppte kurz bei uns, drehte die Scheiben herunter und rief uns zu: „Jch hole jetzt die Leute!" Es handelte sich allerdings um einen japanischen Kleinbus, der mit fünf mittelgroßen Europäern schon so gut wie überfüllt war.

PEINLICH

Einmal saß ich vor einem Auftritt auf der Toilette, im Glauben, ich hätte noch einige Minuten Zeit. Offenbar ging jedoch meine Uhr nach, denn plötzlich hörte ich über die Lautsprecheranlage, wie der Veranstalter erst das Publikum und dann mich begrüßte. Dann vernahm ich laut und deutlich meinen Namen und den freundlichen Applaus des Publikums. Nachdem der Applaus abgeebbt war, herrschte peinliche Stille. Die folgenden Sekunden erschienen mir ziemlich lang. Jch beeilte mich, kletterte auf die Bühne und erklärte dem lachenden Auditorium meine Notlage.

EIN GEBET AUS DER WELTWEITEN ÖKUMENE

Bei einer Begegnung zweier Einrichtungen unserer Kirche sollte zum Mittagessen gebetet werden. Die Kollegin nahm ein Buch zur Hand und las folgenden Text: „Lord, please bless this meal!", und auch die Übersetzung las sie ab: „Herr, bitte segne dieses Essen." Und fügte hinzu: „Ein Gebet aus der weltweiten Ökumene!"

IMPROVISATION IST ALLES

Jerusalem, Israel. Anlässlich des dortigen ökumenischen Kirchentages gab ich mit Hans-Jürgen Hufeisen einige Veranstaltungen in Jerusalem. Da Hans-Jürgen und ich schon seit über zehn Jahren gemeinsame Konzerte gaben, hatten wir ein großes Repertoire an Musikstücken, und manchmal spielten wir spontan, weil es gut ins Programm passte, ein Stück, das wir nicht abgesprochen und auch schon länger nicht mehr gespielt hatten. So war es auch bei einem Konzert in einer Kirche auf dem Ölberg. Da wir alles auswendig spielten, legten wir einfach los, nur um plötzlich festzustellen, dass keiner von uns mehr wusste, wie das Stück eigentlich wirklich ging. Mit heißen Ohren und roten Köpfen improvisierte jeder von uns mit wilden Läufen, Trillern, krachenden Klavierkaskaden, und nachdem wir unter Augenzwinkern und Kopfnicken einen fulminanten Schluss hingelegt hatten (man hätte ihm vielleicht den Titel geben können: „Fliehender Mensch vor wild gewordenem Kamel"), brauste der Applaus auf und wir fragten uns einmal mehr, ob so was den Leuten vielleicht doch mehr gefallen würde als unsere mühsam einstudierten Musikstücke.

Ein Mann kommt zum Psychiater und sagt: „Meine Familie hält mich für verrückt, weil ich Spiegeleier mag." Darauf der Psychiater: „Deswegen ist man doch noch lange nicht verrückt – ich mag auch Spiegeleier." Darauf der Mann: „Das ist ja toll, hätten Sie nicht Lust, sich mal meine Sammlung anzuschauen?"

EIN AMERIKANER IN DER SCHWEIZ

Eines Tages rief mich Uli Focking von meiner ehemaligen Konzertagentur AEdM an, ob ich am nächsten Tag einen Song mit dem Gospelsänger Jesse Dixon aus Chicago neu arrangieren könnte und diesen in meinem Studio gleich aufnehmen und abmischen könnte. Es würde sich um eine Sache von zwei bis drei Stunden handeln und Jesse sei gerade in der Schweiz zu einem Konzert in Luzern im Kongresshaus und werde bei mir vorbeischauen.

Obwohl ich selbst mitten in einer Studioproduktion stand, stellte ich meine Pläne um und sagte für den nächsten Tag zu. Jesse Dixon und Uli kamen zusammen mit dem Bassisten der Band in mein Studio. Nach einer herzlichen Kennenlernphase machten wir uns an die Arbeit. Es sollte ein Song für die internationale Präsentation einer Telekommunikationsfirma und deren neuer Produkte sein, und davon sollte eine CD-Single aufgenommen und verschenkt werden. Es war morgens um zehn Uhr, als wir anfingen. Zusammen mit Jesse probierte ich den Song am Klavier aus und fing an ihn zu arrangieren und in den Computer zu spielen.

Jesse war begeistert, was mich natürlich freute. Allerdings hatte es auch zur Folge, dass er sagte, ich solle doch Drums und Bass programmieren, dann hätte er auch gerne noch ein paar Keyboards mehr und eine Modulation nach dem zweiten Refrain. Und am schönsten wäre natürlich noch ein richtig satter Gospelchor im Hintergrund. Nun, der Gospelchor war schnell gefunden, schließlich war er ja mit dem Chicago Gospel Choir auf Tour. Nun wurde mein Studio allerdings langsam zu klein. Außerdem musste Jesse zum Konzert fahren. Wir vereinbarten, dass ich den Abend damit verbringen würde, das Playback weiterzuproduzieren, und wir in Luzern ein Studio suchen würden, in dem wir die Choraufnahmen machen konnten.

Also rief ich meinen langjährigen Freund und Studiotechniker Jürg Oswald an, ob es ihm möglich wäre, um Mitternacht in ein Studio nach Luzern zu fahren um 1–2 Stunden die Technik für die Gesangsaufnahmen zu machen. Er sagte zu und fuhr los. Mittlerweile war auch ich in Luzern angekommen, hatte mit Jürg das Studio eingerichtet und wir warteten auf die Sänger. Das Konzert schien etwas länger zu dauern, die Sänger wollten noch eine Kleinigkeit essen und so trudelten gegen ein Uhr morgens nach und nach die Sänger ein. Jesse sang zuerst seinen Solopart. Das ging recht schnell, da er das Lied ja kannte. So gegen zwei Uhr nahm ich mir den Gospelchor vor und wir versuchten, alle um den Studioflügel geschart, den passenden Groove für das Lied zu proben. Der Chor sang göttlich, hatte allerdings so gegen vier Uhr Lust, eine kleine Schnellimbiss-Pause einzulegen, und so waren wir gegen fünf Uhr morgens mit den letzten Chorpassagen fertig. Jürg und ich sanken erschöpft in unsere Studiosessel hinter dem Mischpult, als Jesse uns eröffnete, dass er jetzt gerne noch einmal seinen Solopart singen würde, weil ihn der Chor jetzt viel stärker animiert hätte. Es würde auch ganz schnell gehen. Wir hielten noch einmal mit letzter Kraft Augen und Ohren offen und waren so gegen acht Uhr fertig mit den Aufnahmen.

So ist es eben manchmal bei unserem Job: Was nach ganz einfacher und schneller Arbeit aussieht, entwickelt sich schnell zu einem 22-Stunden-Studiomarathon.

BERGRUTSCH

Mitte der achtziger Jahre wurde ich von der ZDF-Redaktion „Kirche und Leben" gebeten, zusammen mit Werner Hucks und der Studiogruppe Baltruweit eine zwanzigminütige musikalische Weihnachtsmeditation zu gestalten. Als Kulisse hatte man sich die Schweizer Alpen vorgestellt, und so begaben wir uns mit einem Tross von Redakteuren, Kamera- und Tonleuten ins schöne Graubündner Land, wo wir uns in einer gemütlichen Bergpension für mehrere Tage einnisteten.

Zu einem vorher extra aufgenommenen Vollplayback sollten Werner und ich, vor einem Dreitausender im Schnee stehend, die beiden Lieder „Wir alle warten auf ein Wort" und „Gott spannt leise feine Fäden" mimen und interpretieren. Dabei galt es vor allem für mich als Sänger, mit meiner Mimik exakt die Phrasierung des Playbackbandes zu „erwischen", lockerflockig dazustehen und auch sonst einen freundlichen Eindruck zu machen (lächeln!). Wir waren also mittendrin in unserer Aufnahme – „Ton ab!", die Kamera lief – da bewegte ich mich wohl etwas unglücklich, rutschte auf dem glatten Schnee aus und landete mit dem Hintern voll auf einem ursprünglich mal getrockneten, nun aber durch den Schnee wieder aufgeweichten Kuhfladen. Die Aufnahmen mussten leider unterbrochen werden.

PLAYBACK IM GEBIRGE

Erinnerungen eines Fernsehredakteurs

Clemens Bittlinger hatte gerade Abitur gemacht, da lernte ich ihn kennen. Er sang und spielte Gitarre und war ein frommer Mensch. Das gefiel mir, aber ich hatte auch einige Bedenken. Theologie wollte er studieren. Und er studierte dann auch dieses Fach, das oft so wenig mit Inspiration, Glauben, christlicher Praxis zu tun hat. „Du musst richtig Theologie studieren", so erinnere ich mich, habe ich ihm gesagt. Es war in seiner Wohnung in Hofheim bei Mainz. Richtig Theologie für einen so begabten Musiker, der das Lob Gottes in einem zeitgemäßen Sound verkündigen wollte.

Wie gewissenhaft und offen er das störrische Fach mit all seinen Klippen hinter sich gebracht hat, weiß ich nicht. Jedenfalls traf ich Clemens Bittlinger einige Jahre später wieder. Als Fernsehredakteur wollte ich zur Weihnachtszeit von ihm einiges singen lassen, was das Herz berührt und zugleich eine deutliche christliche Aussage hat. Wir stellten Clemens auf eine Fußgängerbrücke, die vom Mainzer Einkaufszentrum „Am Brand" zum Rathaus führt. Unten der Verkehrsstrom, drüben der Rhein, Clemens Bittlinger singt und spielt.

Das gefiel mir so gut, dass ich ein größeres Projekt wagte, eine ganze Sendung mit ihm zu einem der christlichen Feiertage. Der Dreh sollte in den Alpen sein, eine Aufzeichnung in Playback. Wir fuhren mit ihm in einem Jeep auf eine Hütte am Rande der Schneefallgrenze, irgendwo weit oben. Es sollte kleinteilig werden, eine kurzweilige Produktion zum Anschauen und Hören. Dazu suchten wir immer neue Positionen in der Hochgebirgslandschaft. Nach jeder Strophe wurde die Einstellung verändert. Mal Bäume im Schnee, mal das großartige Panorama des Wendelsteingebirges, mal eine Hütte vor einem kleinen Wäldchen.

Die Dreharbeiten dauerten drei Tage. Damals gab es noch ausreichend Produktionsmittel – sprich: Geld – und natürlich Zeit. Clemens Bittlingers Texte waren nie vordergründig, stets einfach, nahe am Menschen und in ihrer Aussage auch für Nicht-Christen, die bei einer Fernsehproduktion nun mal die Mehrheit sind, ohne Peinlichkeit zu ertragen. Abends saßen wir zusammen und erzählten uns mancherlei. Ich kann mich an Details nicht erinnern. Es gab Bier und Rotwein. Clemens trank nicht.

Erinnern kann ich mich allerdings an eine spätere Begegnung in den neunziger Jahren. Clemens Bittlinger ist nun Pfarrer in Hessen und Nassau und leitet ein Amt für Musik, Kultur und Verkündigung. Als christlicher Liedermacher hat er sich einen Namen gemacht. Seine neuen Melodien habe ich gelegentlich im Ohr, es gibt CDs. Schon zweimal haben wir es gewagt, in einer normalen sonntäglichen Gottesdienstübertragung Bittlingers auffälligen und ungewöhnlichen Sound einer breiten Zuschauerschaft vorzustellen.

Und nun waren wir im Hahnenklee im Oberharz. Eine der Sendungen ist live, die zweite soll eine „Konserve" sein, wie wir sagen, für den nächstjährlichen Ewigkeitssonntag. Clemens hat die Musiker Werner Hucks, David Plüss und Helmut Kandert mitgebracht und einen spanischen Pantomimen. Das Drehbuch wird routiniert besprochen, es gibt einen kompletten Durchlauf um 16.30 Uhr, eine Nachbesprechung, dann die Übertragung. Der Mann mit der Gitarre ist die Ruhe selbst. Ein Profi, sagen die Kollegen.

In Erinnerung bleibt mir besonders die Predigt. Clemens Bittlinger sitzt vorne, vor sich das Instrument über den Knien. Eine sehr christozentrische Ansprache und zugleich ganz dicht an den Fragen des Alltags. Die Zuhörer spüren, hier lebt einer mit seiner Aussage; das hat etwas mit uns und mit ihm zu tun. Später schreiben uns die Zuschauer, dass der Pfarrer Bittlinger sehr persönlich gesprochen habe. Als die Kameras abgestellt sind, gibt es für die Gemeinde eine Extra-Vorstellung: Der Pantomime und Clemens Bittlinger.

Zwanzig, vielleicht fünfundzwanzig Jahre sind es, dass ich Clemens nun kenne. Es ist ein Stück Gemeinsamkeit zwischen Skepsis und Bewunderung. Skepsis, die mich frühzeitig bewegte, ihm zu einem ordentlichen Theologiestudium zu raten. Und Bewunderung seiner musikalischen Begabung. Mehr noch seines Charismas, biblische Geschichte unverstellt übersetzen zu können, ohne im persönlichen Gespräch die menschliche und direkte Begegnung geistlich zu überfremden oder gar auszunutzen. Das gefällt mir an Clemens und deshalb wünsche ich ihm auch weiterhin Erfolg und den guten Klang.

Dr. Wolf Rüdiger Schmitt
Leiter der ZDF-Redaktion „Kirche und Leben"

Weisheit: Wer mit einem zerknitterten Gesicht aufwacht, hat den ganzen Tag über jede Menge Entfaltungsmöglichkeiten.

HAN-DY KOI KABEL?

Erreichbarsein ist alles. Die Errungenschaften der modernen Kommunikationstechnik treiben allerdings inzwischen etwas eigenartige Blüten. Mitten in einem Konzert in Frankfurt, das ich zusammen mit der Blockflötistin Christine Soest gab, klingelte plötzlich ein Handy im Publikum. Das kommt vielleicht öfter vor. Normalerweise ist das dann dem Besitzer ziemlich peinlich. Nicht so diesem älteren Herrn, der es als ganz selbstverständlich betrachtete, mit seinem Gesprächspartner am anderen Ende der Leitung in überhöhter Lautstärke ein für alle Zuhörer und uns laut vernehmbares Gespräch zu führen. Auch die beiden Saalordner, die den Mann an beiden Armen packten und wie einen Verbrecher aus dem Saal abführten, konnten seinen angeregten Redefluss nicht bremsen und schon gar nicht die Telefonverbindung beenden.

Hauptsache mobil

In einer engen Zelle,
da sitzt allein ein Mann,
hält in der Hand ein Klötzchen
und ruft zu Hause an:
„Ich sitze hier Block 17
noch ein paar Jahre ein,
das könnte mich verdrießen,
doch ich bin nicht allein ..."

Ich gehe durch die Straßen
und habe was am Ohr,
wir reden dies und das,
das kommt schon einmal vor.
Ich lege auf. „Ach schade",
ruf ich dem andern zu.
„Ich treffe dich gerade,
dann reden wir in Ruh."

– Hauptsache mobil –
Egal wo ich bin,
– Hauptsache mobil –
denn mir steht der Sinn
– Hauptsache mobil –
nach einem Gespräch
– Hauptsache mobil –
von unterwegs.

In irgendeiner Kneipe,
da sitzen drei am Tisch,
die Hand liegt an der Wange,
sie unterhalten sich,
nur nicht mehr miteinander,
sie reden wirr und laut,
mit irgendwelchen andern
hat sich „was" aufgebaut.

– Hauptsache mobil –
Egal wo ich bin,
– Hauptsache mobil –
denn mir steht der Sinn
– Hauptsache mobil –
nach einem Gespräch
– Hauptsache mobil, mobil –
von unterwegs.

Die Stille einer Kirche,
den Sonnenuntergang,
kann ich nicht mehr genießen,
ich weiß gleich fängt es an:
Gleich macht es Düdeldüdel,
denn irgendeiner hält
sich selbst für unentbehrlich
auf dieser, in dieser unsrer Welt.

Text: Clemens Bittlinger

WETTEN, DASS …

Konzerte in anderen Ländern mag ich. Sie lockern den normalen Konzertbetrieb auf und sind immer wieder Möglichkeiten, sich mit neuen Gegebenheiten und Eigenartigkeiten zu befassen. So auch während meiner ersten Tournee mit dem Wiener Liedermacher Robert Holly, mit dessen Band ich als Keyboarder einige Konzerte quer durch Österreich spielte. Jch mag die österreichische und vor allem die Wiener Gemütlichkeit, die allerdings auch manchmal ihre Kehrseiten hat.

Bei der besagten Tournee wurde ich am Flughafen in Wien abgeholt und man eröffnete mir, dass wir mit dem VW-Bus jetzt noch die Verstärkeranlage, die Jnstrumente und etwas Verpflegung für die bevorstehende Konzerttournee abholen würden. Der Umfang der mitzunehmenden Sachen war allerdings nicht ganz den räumlichen Möglichkeiten eines schlichten alten VW-Busses angepasst, und so war dieser bald bis unter das Dach mit Jnstrumenten, Lautsprecherboxen, Mikrofonständern und Kabelkisten vollgepackt. Um das Fahrzeug herum scharte sich außerdem noch eine Anzahl von Musikern, die auch in den Bus hätten einsteigen sollen, was aber nur bei anatomisch höchst ungesunder Sitzposition zu erreichen gewesen wäre. Ein Mitmusiker bot sich an, seinen eigenen Citroen 2-CV als Mannschaftswagen zur Verfügung zu stellen, worauf wir uns alle in die Ente zwängten und mit nur noch spärlichem Bodenabstand hinter dem Transporter hinterherfuhren. Obwohl die Reisequalität etwas zu wünschen übrig ließ – es waren ja zum Glück keine weiten Strecken –, hatten wir ein paar tolle Konzerte, unter anderem im renommierten Wiener Konzerthaus, im Klosterstift Seitenstetten und im Brucknerhaus in Linz.

„WIR GEHEN NACH BERLIN"

1981 gab es im Berliner Olympiastadion eine Großveranstaltung. Unter dem Motto „Wir gehen nach Berlin" hatte der pfingstlerisch geprägte Pastor Volkart Spitzer aufgrund einer Vision, bei der er ein mit singenden und betenden Menschen gefülltes Olympiastadion gesehen hatte, alle Menschen nach Berlin eingeladen. Statt der erwarteten 90.000 kamen jedoch nur etwa 20.000 Teilnehmer. Für mich als jungen Liedermacher war es jedoch eine tolle Möglichkeit, einem großen Auditorium meine Lieder vorzustellen. Hier hatte ich die Möglichkeit, Seite an Seite mit Musikgrößen wie Pat Boone, Edwin Hawkins oder Larry Norman zu musizieren. Außerdem waren wir in dem wunderschönen Berliner Hotel „Schweizer Hof" (das es heute leider nicht mehr gibt) fast direkt am Kurfürstendamm untergebracht.

Im Rahmen dieses Events machten einige Musiker auch einen Abstecher in den Osten. Wir sollten gemeinsam mit Pat Robertson (ein bekannter Fernsehprediger und inzwischen ehemaliger US-Präsidentschaftskandidat) in einer großen Ostberliner Baptistengemeinde einen Gottesdienst gestalten. Robertson wurde dabei von zwei Bodyguards, genannt „Cops for Christ" (Polizisten für Christus), bewacht und abgeschirmt. Das Musikteam bestand aus den Edwin Hawkins Singers, Larry Norman, Markus Egger, Dieter Falk und mir. Es war ein absolut tolles Erlebnis, mit diesen Leuten in so einem spannenden Umfeld gemeinsam zu singen, zu musizieren und einen Gottesdienst zu feiern.

NOCH EINE GESCHICHTE

Musiker sitzen nach einem Konzert gerne noch mit Leuten zusammen, besonders, wenn es sich um alte Freunde handelt, wie bei Dieter Stork, einem wundervoll kauzig kreativen Pfarrer, Texter, Buchautor und Kunstmaler. (Dieter, sollen wir nochmals zwanzig Jahre warten, bis du uns endlich eins deiner vielen schönen Bilder schenkst?) Nach dem gelungenen Konzert, das Dieter an seinem Wohnort organisierte, und einem vorzüglichen Mitternachtsessen, das uns seine Frau Ingrid zubereitet hatte, saßen wir am knisternden Kaminfeuer im Wohnzimmer und hörten uns überaus spannende plattdeutsche Geschichten an, die Dieter uns jedes Mal androhte und gerne vorlas, von denen ich als Schweizer allerdings kein einziges Wort verstand.

Um uns das Zuhören zu erleichtern, baten wir um einen Schluck Rotwein, worauf Dieter in den Keller stieg, eine staubbedeckte Flasche brachte, sie beiläufig entkorkte, davon kostete und sagte: „Uäähhh, der schmeckt mir nicht!" Ich kostete interessiert auch davon, zwinkerte Clemens dann zu und deutete mit einem Finger auf das Etikett. Es handelte sich um einen über zwanzig Jahre alten Château-Neuf-du-Pâpe Rothschild, der lediglich eine Weile geöffnet sein musste, um sein hervorragendes Bouquet vollends zur Entfaltung zu bringen und auf unserer Zunge einen Hauch von Pfirsich im Ansatz, im Mund den von Kirschblüte und im Abgang eine Offenbarung von französischem Eichenfass und Mandelblatt zu hinterlassen. Wir ermutigten Dieter, uns doch noch eine weitere Geschichte vorzulesen, und widmeten uns fortan unter plattdeutscher Berieselung genussvoll einem der besten Weine aus dem Hause Stork.

ZIMMER FREI

Auch der gemütlichste Abend hat einmal ein Ende und so baten wir unseren Gastgeber Dieter Stork, es war inzwischen schon weit nach Mitternacht, uns zu unserem Hotel zu bringen. Wir waren etwas erstaunt, dass das Gasthaus eher einem Kurheim glich, das seine Gäste der heilenden Wirkung von schwefelhaltigem Wasser verdankte, und dass an der Rezeption morgens um zwei Uhr auch niemand mehr anzutreffen war. Dieter betonte jedoch, es sei abgesprochen, dass die Direktion zwei Zimmer für uns offen gelassen hätte. Nur welche Zimmer? Ich versuchte die erste Tür. Sie war nicht abgeschlossen, aber als ich das Licht einschaltete, war ein schlaftrunkenes „Raus hier!" zu vernehmen. Also mutig zur zweiten Türe. Auch sie war offen. Allerdings war schon im Dunkeln ein lautes Schnarchen zu vernehmen, also weiter zum nächsten Zimmer. Nachdem wir so eine nächtliche Besichtigungstour der verschiedensten Zimmer vorgenommen hatten, fanden wir endlich die richtigen, ließen uns morgens um drei Uhr erschöpft ins Bett fallen, nicht ohne uns vorher zu vergewissern, dass unsere Zimmertüren fest verschlossen waren. Man weiß ja nie …

DAVID UND CLEMENS

Fast hätte ich gesagt: David und Goliath. Denn der eine war immer sehr still, ist es bis heute. Und der andere? Nun ja, der weiß sich einzubringen, macht das sehr geschickt. Beide gehören zusammen, David und Clemens.

Dabei heißt ja Clemens „der Weise" oder so. Heißen nicht zahlreiche Päpste Clemens? Nun, mit einem Papst hat er nun doch wenig gemeinsam, denn seine Diktion und sein Stil sind eher auf Analyse, aufs Mitdenken, aufs Mitfühlen und Mitgestalten aus. Ja, darin besteht deine Weisheit, lieber Clemens: Du gehst nicht auf Distanz zum Hörer, du redest und singst ihm aber auch nicht nach dem Munde. Du rückst ihm auf den Leib mit deinen überraschenden Thesen, die provozieren und zugleich unsere trägen Herzen weiterbewegen, ein bisschen lupfst du uns alle hoch aus dem Sessel der Arroganz, dem Sofa der Bequemlichkeit, und immer ist dein Bezugspunkt das Evangelium.

Und David, nun ja, ist das nicht der kleine braungebrannte Hirte aus der Bibel, der zunächst im hintersten Glied steht, eben ein Hirtenknabe, einer, der verträumt im Grase liegt und auf die Schafe seines Vaters aufpasst? Und dann wird er doch zum Kämpfer und König, wenn er die Weltszene wirklich betritt?

Nun ja, zum König wirst du, David, „Little David", wie du eine deiner Produktionen benannt hast, indem du das Instrument lebendig machst, das Klavier oder E-Piano. Früher war es die Harfe, das königliche Instrument, das der biblische David spielte, sang und tanzte. Und nun heute du, ein König im Konzertsaal.

Dabei bist du, David, kein Entertainer, kein Mann der großen Gesten, eher ein Typ der leisen Töne, die freilich gewaltig anschwellen können, wenn du uns musikalisch verzauberst. Du, ein schweigsamer, soll ich sagen: schüchterner Typ? Nein, schüchtern bist du nicht, aber bescheiden, ja, das bist du, das kann jeder von dir lernen.

Und wenn du mit deinem Instrument verwächst? Wenn Menschen und Töne zusammenschmelzen? Wenn du, das Instrument und die Zuhörer/-innen zusammenklingen zu einem rhythmisch-musikalischen Gebilde? Ein swingender Gospelchor entsteht, manchmal aus Tönen geboren, manchmal aus Texten und Tönen. Unbeschwerte menschliche Fröhlichkeit und jubelnder Lobpreis des erhabenen Gottes verschmelzen unnachahmlich miteinander.

Angefangen hat unsere gemeinsame Freundschaft auf den Seminaren des Amtes für Jugendarbeit des Kirchenkreises Herford. Damals, als ich Jugendpfarrer in Herford war, machten wir einmal im Jahr ein musikalisch-kreatives Seminar, eine ganze Woche lang. David, deine stille, sanfte Art, dein Zuhörenkönnen machte dich bald zum Vertrauten der Jugendlichen. Und Clemens? Dein zupackendes Wesen, deine kurzen, knappen provozierenden Texte, die uns manchmal den Atem raubten, sie waren ja damals schon da. Und du fandest Zuhörer, Nacheiferer!

Was mich berührt, bis heute?

David, deine Treue über die Jahre hinweg! Wir haben manches gemeinsam entwickelt: die Psalmen, von dir vertont, von Bürgi gesprochen, die Texte schließlich von mir. Unsere Kinder-CD „So wird die Welt zum Gotteshaus“, vor zwei Jahren entwickelt, die gemeinsame Vortrags- und Singarbeit. Du hast mir die Treue gehalten über die Jahre hin, und ich auch dir. Das berührt mich, das verbindet.

Und Clemens? Du hast mir auf eine ganz besondere Art die Treue gehalten, irgendwie müssen auch dich die ersten Anfänge in unserer Jugendgemeinschaft berührt haben. Immer, wenn du mich in einer deiner Veranstaltungen erblickst, nennst du stolz meinen Namen, singst ein Lied für mich vor allen Leuten. Einmal geschah das sogar auf dem Kirchentag vor zwei-, dreitausend Leuten, als ich verspätet in deiner Veranstaltung auftauchte. Das vergesse ich dir nie! Danke!

Danke euch beiden, danke! Manchmal denke ich, die Seminare damals und unsere Zusammenarbeit, als ihr beide noch jung wart (und ein wenig berühmt doch schon), das muss euch etwas gegeben haben, sonst wäre aus diesen Kontakten vor über zwanzig Jahren keine lebenslange Freundschaft geworden. Vielleicht war es das Biblische, das mich bis heute nicht loslässt, diese biblische Botschaft, die uns zwingt, den Realitäten ins Auge zu blicken und zu handeln.

Wenn wir den biblischen Wahrheiten begegnen, zum Beispiel in den „Ich bin"-Worten Jesu, die du mir, Clemens, bei unserer letzten Begegnung in deiner Vertonung schenktest, und uns auf diese Wahrheiten einlassen, werden wir Menschen, die nach einer neuen Welt schreien. Die Bibel meint ja keineswegs den Rückzug in unseren christlichen Lehnsessel, sondern den Marsch in die Zukunft, zusammen mit den Geringsten, die unserer messianischen Hilfe bedürfen.

Danke, dass wir diesen biblischen Weg bis heute gemeinsam gehen dürfen.

Euer Dieter

Dieter Stork
Pfarrer i. R., Texter, Maler, Buchautor

KAPITEL 3

EINBLICKE

TOURZEITEN UND ZEITLOSES

AUS DEM TOURNEE-TAGEBUCH „2000" VON CLEMENS BITTLINGER – RATSCHLÄGE FÜR VERANSTALTER – DIE TÜCKEN DER TECHNIK – TÖNE UND ZWISCHENTÖNE

4. 5. KONZERT IN GROSSVILLARS

„Lux lucet in tenebris – Licht leuchtet in der Finsternis", das Leitwort der Waldenser begleitete uns durch diesen Abend, denn wir waren zu Gast in einer Waldensergemeinde in der Nähe von Bruchsal. Ein rappelvolles Kirchlein mit 250 Sitzplätzen, eine sehr engagierte, nette Pfarrersfamilie (die Frau hatte die Pfarrstelle) und ein wild assoziierender Bittlinger, der ganz fasziniert von dem Motto immer wieder Bezug auf Licht und Finsternis nahm und so tat, als seien die Waldenser sein Spezialgebiet. Gleich bei der Begrüßung überreichte uns die Pfarrerin zwei Flaschen Rotwein und lockte uns damit sehr wirkungsvoll nach vorne.

5. 5. MISSIONALE KÖLN

Noch in der Nacht vom 4. auf den 5. treffen wir in Köln ein, wo uns ein gepflegtes Bett im Inselhotel erwartet. Leider liegt mein Zimmer mit dem Kopfende an einem Aufzugschacht, so dass ich gleich und zum Leidwesen des Nachtportiers (der eigentlich „gar nichts machen kann") in ein neues ruhigeres Zimmer umziehe. Übrigens eine Bittlinger-Spezialität: Wie ein Hund sich lange im Kreis windet, bis er seinen Platz zum Schlafen gefunden hat, so drehe ich manchmal meine Runden durchs Hotel, bis ich mein endgültiges Zimmer beziehe – meistens lohnt es sich.

Am nächsten Morgen irren wir durch das Kölner Messegelände und finden schließlich meinen Seminarraum und den großen Rheinsaal für unser Abendkonzert. Abends spielen wir vor rund 700 meist älteren Leuten, in der ersten Reihe sitzen u. a. Klaus Teschner und der EKD Ratsvorsitzende Kock, aus dessen Mienenspiel und Gestik ich nicht eindeutig erkennen kann, ob ihm nun unser Konzert gefällt oder nicht ...

Von der Plattenfirma EMI ist auch jemand da, der sich nun bereits zum zweiten Mal ein Konzert von uns (und auch alles andere tapfer) anhört. Am besten hat ihm ein Laienchor aus der Karibik gefallen – uns auch! EMI will sich noch im Mai melden und endgültig Bescheid geben (na dann!). Nach dem Konzert treffen wir uns noch mit Sabine und Ingo im Restaurant Marie. Christoph und Gattin stoßen auch dazu. Ich schaue mir den Bus von Christoph noch an (kommt aber leider nicht in Frage).

6. 5. LUDWIGSHAFEN

Am nächsten Morgen treffe ich mich noch zum Frühstück im Hotel Ilferts mit Hartmut, um über Zukunftsprojekte, Zusammenarbeiten, Träume und Visionen zu sinnieren. Ein sehr offenes, gutes und Mut machendes Gespräch.

Nebenbei weist mich mein alter Freund Willi noch auf den 75. Geburtstag von Hanns Dieter Hüsch hin. (Ich werde ihm später ein Präsent in Sachen Waldenser zukommen lassen.)

Nach dem Frühstück brechen wir auf gen Süden. In Viernheim ist das „Best Western" gebucht, dort haben wir auch Davids Wagen abgestellt (nach Großvillars). Als wir dort auf den Parkplatz fahren, stehen plötzlich Heiko und Renate mit den Kindern Niklas (mein Patenkind) und Joschka hinter uns. Sie waren gerade dabei im Rhein-Neckar Zentrum einzukaufen.

Wir fahren rüber nach Ludwigshafen zu einer katholischen Kirche, wo wir zusammen mit dem Chor aus Dannstadt-Assenheim erstmalig das „Ich bin"-Konzept aufführen. Als wir um die Ecke biegen, sehe ich IHN, in metallicschwarz – unseren zukünftigen Tourbus. Er gehört Volker, dem Chorleiter!

Das Konzert läuft gut, leider kommen nur etwa 150 Besucher, aber die Stimmung ist hervorragend. Die Veranstalter, der Chor, alle sind sehr nett und engagiert.

7. 5. DANNSTADT-ASSENHEIM

Tolles Konzert, nochmals mit dem Chor. Die Kirche ist rappelvoll, mit drei- bis vierhundert Leuten. Nach dem Konzert „standing ovations" und meine Chance für eine knackige Kollektenansage: „Nach diesem stürmischen Applaus sind wir natürlich gespannt auf die Kollekte. Ihr seid umsonst hier reingekommen – wenn ihr das Doppelte von dem gebt, was ihr eigentlich geben wolltet, dann ist das immer noch nur die Hälfte von dem, was der Chor für seine Arbeit braucht. Wir wünschen uns eine Scheinwerferkollekte." Es kommen knapp 3.000,- DM zusammen. Im Anschluss an das

Konzert gibt es ein absolut hervorragendes italienisches Büfett. Spontan werden weitere Aktionen mit dem Chor geplant.

Liebe geht eben doch (auch) durch den Magen.

12. 5. KÖNIGSTEIN

Leitende Persönlichkeiten unserer Kirche (Evangelische Kirche Hessen-Nassau) treffen sich mit Managern der freien Wirtschaft zu einer Tagung über christliche Ethik. Für mich ist das Ganze besonders spannend, da praktisch die gesamte Leitungsetage unserer Kirche anwesend ist (Steinacker, Köke, Bechinger, Scholz-Cortius) und in diesen Tagen auch über meine zukünftige Beauftragung beraten wird.

David und ich haben in einer Ecke (etwas zurückhaltender als sonst) einen CD-Tisch aufgebaut. Nach unserem Konzert weist „Stony" auf diesen CD-Tisch hin und macht quasi „aus dem Bauch" (und zunächst zu meinem Entsetzen) den rund vierzig anwesenden Gästen das Angebot: „Bedienen Sie sich ruhig – Sie brauchen nicht zu bezahlen, das übernimmt die Kirche." Unser CD-Tisch war anschließend ratzeputz leer gefegt. Anschließend, unten an der Bar, gab es noch einen vierstimmigen Choral und ein Hochzeitstagständchen für den Chef der Dresdner Bank und seine Frau – „Stony" an der Klampfe, yeah!

16. 5. AUFBRUCH IN DEN OSTEN

Wir brechen schon Dienstagnacht auf, weil wir am Mittwochabend ein Konzert in Schwerin geben sollen. Am Autohof Kirchheim übernachten wir im Hotel Hattenberg. Am nächsten Morgen: Frühstück bei einer amerikanischen Bulettenkette und weiter geht's. Erstmalig haben wir den neuen Bus dabei (zum Test, noch gehört er Volker). Wir sind gut durchgekommen und steuern das Örtchen Mirow an, wo wir in einem sehr angenehmen Hotel untergebracht sind. Ich wechsle natürlich wieder mein Zimmer, da gleich gegenüber ein engagierter Nachbar seinen Gartenzaun mit einer Flex traktiert und ich ein wenig Mittagsschlaf machen möchte. Dann Arbeit am Laptop. Um 17 Uhr werden wir abgeholt und nach Schwerin gelotst. Die Kirche (katholisch) liegt versteckt hinter einer Plattenbausiedlung auf einem wunderschönen Gelände. Wir bauen auf, geben das Konzert (200 Leute), bei dem ich u. a. auch die mecklenburg-vorpommersche Heiterkeit anspreche und die „Zehn Regeln von Rom" kennen lerne. Anschließend sitzen wir mit einer sehr netten Runde noch in unserem Hotel, wo wir „ostalgisierend" zwei Flaschen Rosé an Spargelgemüse genießen.

Die zehn Regeln von Rom

Bei einem Konzert in Schwerin entdeckten wir die „10 Regeln von Rom", die wir unseren Lesern natürlich nicht vorenthalten wollen:

Um die zahlreichen Möglichkeiten der Musik in Verkündigung, Gebet und Meditation zu nutzen, gelten folgende Richtlinien:

1. In Kirchen darf nur Musik aufgeführt werden, die der Würde des sakralen Raumes entspricht.
2. Für die in einer Kirche dargebotene Musik ist der Rector Ecclesiae *(der Direktor der Gemeinde!?)* verantwortlich. Er übt das Hausrecht aus. Ihm kommt – gerade auch unter Berücksichtigung allgemein pastoraler Gesichtspunkte – die Entscheidung über die Aufführung des jeweiligen Konzertes zu. In musikalischen und künstlerischen Fragen muss er sich jedoch mit dem zuständigen Kirchenmusiker beraten.
3. Chor, Orchester und Solisten sollen an dem für den Chor üblichen Platz *(sprich: oben bei der Orgel, wo sie keiner sieht!)* Aufstellung nehmen. Nur in sachlich begründeten Ausnahmefällen kann ein angemessener anderer Ort dafür Verwendung finden, z. B. der Altarraum *(juhuu!!!)*.
4. Eingriffe in den Kirchenraum als solchen (z. B. Bestuhlung – *mir würden da ganz andere Sachen einfallen: Licht-Traversen, große P.A., Spiegelkugel, Bänke raus, Bistroatmosphäre etc.)* sind vorher zu prüfen, da die Würde des sakralen Raumes nicht geschmälert werden darf.
5. Der Rector Ecclesiae und die Durchführenden haben für einen würdigen Verlauf der Veranstaltung Sorge zu tragen. In geeigneter Weise, etwa durch Hinweise auf dem Programm oder durch eine kurze Einführung *(Das wäre noch was, bei der Begrüßung eine kurze „Einführung" – dann kommen wir gar nicht mehr zum Spielen!)*, ist auf ein dem Gotteshaus entsprechendes Verhalten vor und nach dem Konzert aufmerksam zu machen. Von Pausen sollte wegen der dadurch bedingten Unruhe möglichst abgesehen werden *(sehr richtig, wir wollen ja alle auch mal Feierabend haben!)*.
6. Bei der Programmgestaltung soll möglichst der jeweilige Charakter des Kirchenjahres beachtet werden *(O ha!)*.
7. Für kirchenmusikalische Veranstaltungen soll möglichst kein Eintritt erhoben werden. ... Es ist zu gewährleisten, dass der Kirchenraum nicht zu kommerziellen Zwecken in Anspruch genommen wird *(... und wo bitte sollen wir unseren CD- und Büchertisch hinstellen?!)*.
8. Notwendige Sicherheitsvorkehrungen *(... Bodyguards, Security? Respekt, mein Lieber!...)* sind zu treffen und die geltenden bauordnungsrechtlichen Vorschriften *(siehe sieben Regeln, warum man eine Kirche nicht heizen darf ...)* wie Fluchtwege, Fluchttüren *(Na also, so schrecklich ist unsere Musik nun auch wieder nicht!)* und Podien sind einzuhalten.
9. Die gesetzlichen Bestimmungen des Urheberrechtes, insbesondere die Rechte der Verwertungsgesellschaften, sind zu beachten *(Bravo!!!)*. Auf den Vertrag der GEMA und der katholischen Kirche zur Abgeltung von Vergütungsansprüchen durch Pauschalzahlungen wird verwiesen.
10. Für Konzerte nichtkirchlicher Veranstalter *(Konzertagenturen, Kommunen, Rundfunk- und Fernsehanstalten oder Privatpersonen)* gilt Zusätzliches: (a – f).

(Hamburg, den 30.04.99
Das Erzbischöfliche Generalvikariat)

18. 5. AUFBRUCH NACH LAGE/WESTFALEN

Im Vorfeld hat es hier Ärger gegeben. Die ursprüngliche Veranstalterin hat ihre Stelle als Gemeindesekretärin gekündigt, und daraufhin hat (vielleicht aus Ärger?) der Priester versucht, das Konzert vier Wochen vorher abzusagen. Als ich ihm (bzw. dem armen Zivi, der das alles ausrichten musste) jedoch die Höhe der Ausfallgebühren signalisierte, hat er sich dazu durchgerungen, das Konzert doch stattfinden zu lassen.

Ich rufe vorsichtshalber in der vorgesehenen Pension an und frage (aufgrund einschlägiger Erfahrung in dieser Region), ob aus den Duschen vielleicht schwefelhaltiges Wasser kommt (stinkt nach faulen Eiern). Die Dame am anderen Ende der Leitung verneint dies entschieden. Als wir in unserer neuen Unterkunft eintreffen, werde ich ob meines Misstrauens beschämt. Das „Haus Berkenkamp" erweist sich als absoluter Volltreffer: Unglaublich freundliche und gastliche Wirtsleute, die auch anschließend im Konzert auftauchen. Das Zimmer passt auf Anhieb, ein großer Park mit Wiesen und Spielplätzen – hier könnte man gut mal Urlaub machen.

Der Priester erweist sich als ein netter, hilfsbereiter, wenn auch einsam wirkender Mann. Die Werbung ist offensichtlich schief gelaufen (wie mir von allen Seiten berichtet wird), und so bin ich froh, dass wenigstens 60 Leute da sind, u. a. auch unser alter Bekannter „Satin", der nun für den Fernsehsender Phönix arbeitet. Wir treffen auch unsere ursprüngliche, sehr nette Veranstalterin, doch die Atmosphäre zwischen ihr und dem Priester ist offensichtlich angespannt.

Bis tief in die Nacht sitzen wir noch mit dem netten Wirtsehepaar Berkenkamp zusammen und diskutieren die Zutaten zu einem glücklichen Ehe- und Familienleben. Gut, dass wir Lage nicht abgesagt haben – wir hätten sonst Haus Berkenkamp und die Menschen hier nicht kennen gelernt.

KLEINER DUSCH-RATGEBER

Morgens im Hotel: eine warme und pralle Dusche, das ist für uns der richtige Start in den Tag. Deshalb bitten wir unsere Veranstalter jeweils um Unterbringung in einem gepflegten Zimmer mit Dusche und WC. Eins haben also alle unsere Unterkünfte gemeinsam: Es gibt eine Dusche. Das ist aber auch schon das Ende der Gemeinsamkeiten, denn so unterschiedlich wie wir Menschen, so unterschiedlich sind auch Duschen.

Verdächtig sind Duschen mit Duschvorhang, denn den Duschvorhang müssen Sie mit hinein in die Duschwanne „nehmen", sonst nützt er nichts. Wenn Sie das aber tun, wirken das warme Wasser und die dadurch aufsteigende warme Luft wie ein Sog für den Plastikvorhang, und ruckzuck haben Sie eben diesen „an der Backe kleben".

Bei den Schiebetüren gibt es jene tückischen Exemplare, die sich so verkannten, dass Sie zwar hinein, aber nicht mehr herauskommen. Besonders beliebt sind auch Plastikfalttüren mit Magnetverschluss, denn die sind meistens zu knapp bemessen, und außerdem ist der Magnet zu

schwach, d.h. wenn Sie „das Ding“ auf einer Seite verschlossen haben, löst es sich auf der anderen Seite. Wollen Sie verhindern, dass es eine Überschwemmung gibt, sind Sie den Rest des Morgens gut beschäftigt.

Wohl aufgrund dieser mannigfaltigen Duschkabinenerfahrung lassen einige Gastgeber einfach alles weg. Es gibt nur die Wanne, den Schlauch, die Halterung und den Duschkopf – Sie sind gezwungen, das Bad und das halbe Zimmer (Teppichboden) zu überschwemmen, und das wäre Ihnen natürlich peinlich, also drängen Sie sich in die hinterste Ecke, machen sich ganz klein und dünn und versuchen, in der Hocke kauernd, durch geschickte Handhabung der Düse nicht über den Rand der Duschwanne zu spritzen.

Viele Duschköpfe – um nicht zu sagen: die meisten – sind verkalkt. Das bedeutet, es kommen nur ein paar vereinzelte Wasserstrahlen durch, die aber kommen knallhart. Oder es gibt nur ein kleines Rinnsal, weil der Hauptstrahl bereits an der Klammer zwischen Duschkopf und Schlauch die Vorrichtung verlässt. Mindestens 50% der Duschkopfhalterungen sind ausgeleiert oder sitzen so fest auf der Stange, dass sie sich nicht, aber auch gar nicht bewegen lassen. Da kann man eigentlich nur mit der Brause in der Hand duschen, aber auch da kann es immer noch sein, dass der Schlauch zu kurz ist und Sie beim Duschen in die Hocke gehen müssen.

Natürlich gibt es auch bei den Duschköpfen die unterschiedlichsten Ausführungen. Am weitesten verbreitet sind die silbernen, grob gerippten 08/15-Duschköpfe oder die kleinen ursprünglich mal weißen Plastikduschköpfe. Immer wieder trifft man jedoch auch auf 3- bis 5-fach umschaltbare Luxusausführungen – Sie können wählen zwischen „Massagestrahl“, „Schwalldusche“ und „Streudusche“. Wunderbar, wenn der Wasserdruck stimmt. Stimmt er nicht, ist es umso ärgerlicher, weil Sie sich, optisch getäuscht, schon auf ein wunderbares Duscherlebnis gefreut haben, nun aber von einem erbärmlichen Rinnsal bitter enttäuscht werden.

Doch selbst wenn all diese Dinge einwandfrei funktionieren, haben Sie noch nicht das Zentrum einer jeden Dusche in Augenschein genommen: Die Mischbatterie. Die schöne Idee dabei ist, dass Sie das Wasser quasi stufenlos von heiß nach kalt regeln können und so ein entspanntes Duschen in der exakt von Ihnen gewählten Temperatur möglich ist. Bei zehn Prozent dieser Wasserdruck- und Temperaturregler sind die Positionen links/rot/heiß und rechts/blau/kalt vertauscht. Die erste Grundregel lautet deshalb: Stellen Sie sich niemals direkt unter eine

Dusche. Der geübte, mit Überraschungen durchaus vertraute „Warmduscher“ nimmt den Duschkopf von der Halterung (wir hatten uns ja darauf geeinigt, dass das möglich ist, wenn das nicht möglich sein sollte, wird es entsprechend komplizierter), dreht das Wasser auf, hält die Hand darunter und wartet, bis das Wasser endlich warm wird. Wenn sich in den nächsten drei Minuten nichts tut, sollten Sie den Hebel einfach mal in die andere Richtung drehen, wobei die Gefahr, sich die Hand zu verbrühen, nicht zu unterschätzen ist.

Vielleicht haben Sie es tatsächlich geschafft: Sie haben die von Ihnen gewünschte Wassertemperatur eingestellt, konnten den Duschkopf problemlos in die Halterung zurückstecken, die für Sie richtige Höhe einstellen und trauen sich nun unter die Dusche. Wunderbar! Sie schließen die Augen und werden von einem angenehm kraftvollen Wasserschwall umspült, Sie träumen, singen oder summen vor sich hin und „gleiten“ angenehm massiert in den neuen Tag.

Plötzlich weiten sich Ihre Pupillen, die Nackenhaare sträuben sich und Ihre Haut schrumpelt zur Gänsehaut. Ohne Vorwarnung schaltet die angenehm warme Dusche auf eiskalt (das liegt meistens daran, dass irgendjemand aus demselben Wasserkreis ebenfalls warmes Wasser entnommen und Ihnen so entzogen hat). Geistesgegenwärtig „reißen Sie das Ruder herum“, damit die Dusche wieder warm wird. Die fremde Wasserentnahme ist jedoch nun beendet und Sie verbrühen sich die Schulter, den Kopf oder was auch immer. Die zweite Grundregel beim Duschen lautet deshalb: Der Stress des Tages beginnt mit dem Duschen!

19. 5. MANDELSLOH

Während dieser Tour kaufe ich täglich eine gewisse Zeitung, die ich sonst nicht kaufen würde, denn das Blatt druckt täglich zwei neue Pokémonbilder ab, und auf die ist mein kleiner Robin ganz scharf. Ich entwickle dabei einen regelrechten Bastel- und Sammlereifer, in dem ich die Bildchen ausschneide und auf Karteikarten klebe.

Heute Abend spielen wir als Auftakt der „Kirchenkonzerte in der St. Osdaq Kirche“ zu Mandelsloh. Wir sind privat bei der Bürgermeisterin des Ortes untergebracht, auf einem wunderschönen alten Gut mit riesigem Park. David beginnt sofort zu träumen: Mensch, das wäre toll – hier das Haupthaus, da das Studio und dort der Park zum Regenerieren. David ist überhaupt restlos begeistert von diesem Örtchen. Die Osdaq Kirche (11. Jahrhundert, Backsteinbau, Heinrich der Löwe) und das Terrain drum herum erinnern an eine Disneylandkulisse.

Der örtliche Kulturbetrieb ist fest in der Hand von Frauen und Kindern, und die helfen uns auch beim Ausladen. Auch der Küsterdienst wird von einer sehr erfrischenden und wachen Frau versehen. Gerade rechtzeitig, als alles schon ausgeladen ist, stößt der Gemeindepfarrer dazu und begrüßt uns herzlich. Das sehr sympathische Pfarrerehepaar teilt sich eine Stelle.

Mit rund 300 Besuchern ein gelungener Auftakt für die Veranstalter. Kurios: In den ersten fünf bis sechs Reihen sitzen Dauerabonnenten, darunter ein älteres Ehepaar, das uns den ganzen Abend äußerst kritisch mustert, nicht applaudiert (auch als der Rest des Publikums tobt) und kein einziges Mal lacht. Hin und wieder beugt sich die Frau zu ihrem Gatten hinüber und tuschelt irgendetwas. Die beiden erinnern mich an ein älteres Ehepaar bei Loriot, das einmal sagt: „Wenn es Anlässe zu echter Freude gibt, schmunzeln wir auch mal ein wenig." Es war offensichtlich: Die beiden sind im völlig falschen Film gelandet.

Als ich dann noch bei der Zugabe bemerke, dass der Kebabverkäufer gleich schräg gegenüber der Kirche mittlerweile ein besseres Deutsch spreche, als so mancher alte Choraltext vermittle – da bin ich offensichtlich völlig unten durch. Aber zu gehen trauen sie sich trotzdem nicht.

Hervorragender Spargelsalat und Käsequiche im Café an der Kirche rundeten diesen Abend in angenehmer Gesellschaft ab. Eine sehr stimmige und gelungene Verbindung von Kirchengemeinde und politischer Gemeinde und Kulturbetrieb.

20. 5. AUFBRUCH NACH SCHLESWIG-HOLSTEIN

Abschied von dem sehr gastfreundlichen Bürgermeisterehepaar und Aufbruch nach Meldorf in Schleswig-Holstein. Abkürzung quer durch Hamburg (Elbtunnel war dicht), Mittagessen am Hafen, 14 Uhr Ankunft im Hotel zur Linde und Arbeit am Laptop den ganzen Nachmittag. Abends Konzert im Haus der Landeskirchlichen Gemeinschaft.

Ich entdecke in dem Veranstalter Thomas M. einen alten Bekannten aus Gießen, den es mit seiner sehr netten Familie nun in den hohen Norden verschlagen hat.

Hinten in der letzten Reihe sitzen vier Männer, die aussehen wie Biker und mit verschränkten Armen das Konzert „verfolgen". Nach dem Konzert spricht mich eine 80-jährige (wie man mir später sagte) Dame an und bedankt sich überschwänglich für das Konzert. Ich frage zurück: „War es Ihnen an einigen Stellen nicht zu frech?" Darauf sie: „Zu frech? Wieso denn, die Wirklichkeit ist doch so krass, das muss man auch so sagen." Sprach's und schwang sich auf ihr Fahrrad. Toll – wie viele 80-Jährige sind so jung und wach in ihren Herzen! Das macht mir Mut.

21. 5. KREMPERHEIDE

Pfarrer Knut Autzen ist gewissermaßen ein „Mann der ersten Stunde". Im Jahre 1983 waren wir zum ersten Mal zu Gast bei diesem sehr engagierten und profilierten Kollegen. Wir sind nun zum sechsten oder siebten Mal dort und dachten eigentlich, es wäre unser letzter Auftritt vor seiner Pensionierung – aber weit gefehlt: Er ist erst in zweieinhalb Jahren so weit und davor **müssen** wir unbedingt noch einmal nach Kremperheide kommen. Da wir hier auch schon das Programm „Aus heiterem Himmel" gespielt haben, wagen wir das Experiment, das „Ich bin"-Projekt ohne Chor aufzuführen. Konstanzia aus Spremberg vertieft sich freundlicherweise in einige der Sprechtexte, so dass zumindest die Sprachmeditationen eine gewisse Abwechslung erfahren. Der Abend ist gut besucht, aber wir merken, dass „Ich bin" doch sehr von der Präsenz eines Chores lebt. Anschließend zügiges Abbauen und ab nach Hause.

25. 5. FLENSBURG (ADELBY)

„Ragtime & Alphorn" hieß vor vielen Jahren ein Tourneeprojekt, mit dem David und ich vor allem in Schleswig-Holstein unterwegs waren – u. a. auch in dieser Kirche in Adelby. Hier hat David mit seinem Alphorn mal eine Lampe „von der Decke geholt". Wir schwelgen in Erinnerungen und begegnen einer sehr freundlichen und engagierten Gemeinde.

26. 5. OSNABRÜCK

Eine sehr nette und aufgeschlossene Jugendreferentin der reformierten Gemeinden der Grafschaft Bentheim hat uns zu diesem Konzert, wieder mal als ausdrückliches „Jugendevent", eingeladen.

Wann immer ein Veranstalter uns so exklusiv für Jugendliche anpreist, habe ich ein komisches Gefühl, weil dann viele Ältere wegbleiben, die eigentlich auch zu unserem Publikum gehören. Unsere Zielgruppe beginnt eigentlich bei 25 und nach oben gibt es keine Grenzen. Ich habe schon 90-Jährige getroffen, die von unserem Konzert ganz begeistert waren. Wir machen eigentlich keine Musik für Teenager, aber wenn sich Teenies einmal in unser Konzert verirren, fühlen sie sich meistens wohl – weniger aufgrund der Musik, sondern vielmehr aufgrund der lockeren Kommunikation und der Möglichkeit mitzumachen. Wer uns einlädt und dabei ausdrücklich nur auf jugendliches Publikum baut, riskiert in der Regel schlechte Besucherzahlen. Diesmal kommen etwa 80 Besucher in eine Kirche, die gut 400 Leute fassen würde. Es wird ein kleines, aber fröhliches Konzert …

David bleibt in Osnabrück und ich „donnere" nachts noch nach Hause. Morgen wird Robin vier Jahre alt und da **muss** der Papa da sein.

10 Tipps für Veranstalter, wie ein Auftritt für den Künstler unvergessen bleibt

1. Bei der langfristigen Planung des Konzertes ist zu beachten, dass möglichst wenige andere Vereine und Organisationen von diesem geplanten Ereignis erfahren, damit möglichst viele Konkurrenzveranstaltungen stattfinden. Je mehr gleichzeitig an Ihrem Ort los ist, desto wohler fühlt sich der Künstler.
2. Plakatständer sind Umweltverschmutzung – der Künstler soll sich nicht so wichtig nehmen. Er muss, wenn er in Ihren Ort fährt, nicht gleich auf den ersten Blick erkennen, wie wichtig dieses Event für Ihren Ort ist – es reicht der Schaukasten der Gemeinde und die Abkündigung im Sonntagmorgengottesdienst. Mit der Presse stehen Sie eh „auf Kriegsfuß".
3. Bitte die Wegbeschreibung erst nach dreimaliger Mahnung und dann auf den allerletzten Drücker schicken (am besten einen kleinen Stadtplan per Fax senden!). Die Begründung: „Wieso, der war doch vor acht Jahren schon mal da ..." erzeugt gleich eine familiäre, freundschaftliche Atmosphäre.
4. Wenn die Künstler ankommen, reicht es, wenn ein muffiger und desinteressierter Küster oder Hausmeister die Tür aufschließt. Helfer beim Ausladen werden nicht gebraucht. Die Künstler sind froh, wenn sie mal ein bisschen körperlich aktiv sein dürfen.
5. Wenn Sie als Veranstalter auftauchen, dann bitte mit einer Leidensmiene, bloß keine gute Laune! Zählen Sie einfach auf, was alles schief gelaufen ist und warum Sie „überhaupt nicht wissen, wie viele Leute kommen". So können Sie ein sich von Ihrer Seite an das Konzert anschließendes Preissenkungsgespräch schon vorbereiten.
6. Sonderwünsche der Künstler in Sachen Ernährung brauchen Sie nicht zu beachten, die sollen sich mal nicht so zieren – bei Ihnen ist noch keiner verhungert.
7. Bei den Übernachtungsquartieren können Sie richtig Geld sparen. Eine billige Pension (bitte vorher nicht ansehen), am besten an einer Bundesstraße gelegen, damit die Künstler auch gleich wieder zügig weiterkommen oder eben Privatquartiere (der Satz „Für eine Nacht geht das ja mal ..." kommt immer gut), möglichst bei Zeitgenossen, die „nicht so viel herumkommen" und die ihre Gäste gerne bis spät in die Nacht nach ihrem Lebenslauf befragen.
8. Die Begrüßung des Publikums sollten Sie mit dem Satz eröffnen: „Keine Angst, ich singe nicht ..." – das ist ein echter „Brüller", den bestimmt noch niemand gehört hat. Wahlweise auch: „Ich seh gar nichts, die Scheinwerfer blenden so ..." Auch sehr originell ist es, noch einmal den Pressetext über die Künstler vorzulesen.
9. Wenn Sie den Eindruck haben, das Konzert sei zu Ende, sollten Sie es sich nicht nehmen lassen, (noch bevor die Künstler die Möglichkeit hatten sich zu verbeugen) auf die Bühne zu stürmen und das Mikrofon an sich zu reißen. Hier haben Sie nun die einmalige Gelegenheit, dem Publikum noch einmal dankbar und ausführlich zu schildern, wie Sie ganz persönlich diesen Abend erlebt haben. Sollte Ihnen theologisch oder inhaltlich etwas gefehlt haben, können Sie das an dieser Stelle gerne und ausführlich ergänzen. Die Künstler sind dankbar für solche Hilfen.
10. Sollten Sie sich im Anschluss an das Konzert den Luxus leisten, noch mit den Künstlern essen zu gehen, dürfen Sie diese auf keinen Fall einladen, sonst erwecken Sie noch den Eindruck, Sie hätten mit der Veranstaltung Gewinn gemacht. Vermeiden Sie Gespräche über künftige Projekte – auch, wenn es gut gelaufen ist, sollten Sie sich in Zukunft den ganzen Ärger vom Hals halten.

28. 5. JENNELT

Sturmwarnung in Ostfriesland ist angesagt. Orkanböen bis zu Windstärke 12 werden erwartet. Jennelt liegt in Ostfriesland. Morgens um 9 Uhr mache ich mich auf den Weg, hole David in Osnabrück ab und wir fahren weiter. Bei einer kunterbunten, fröhlichen Pfarrersfamilie sind wir zu Gast und bauen unter zunehmendem Sturm unsere Anlage in der kleinen Kirche auf, wobei wir jederzeit damit rechnen, dass uns ein Ast oder sonst was auf den Kopf fällt. Während des Sound Checks sitzen schon ein paar ältere Leute im Raum, die jeden akustischen Schritt, den wir vollziehen, kommentieren: „Zu laut, es ist viel zu laut." Wir bleiben freundlich und schicken sie nicht hinaus in den Sturm.

Trotz Wetterwidrigkeiten ist die kleine Kirche beim Konzert voll besetzt, und alle fühlen sich wohl. Danach bauen wir zügig die Anlage ab und machen uns auf den Weg nach Hause. Ein kilometerreiches Wochenende.

31. 5. – 4. 6. DEUTSCHER KATHOLIKENTAG IN HAMBURG

„Sein ist die Zeit" lautet das Motto des 94. Deutschen Katholikentages in Hamburg. Bei einem Liederwettbewerb vorab konnte ich meinen Song „Sand rinnt durch ein enges Glas" zumindest im offiziellen „Pilgerliederheft" platzieren, das in einer Auflage von 40.000 Exemplaren an jeden Teilnehmer versandt wurde. Wir reisen „im großen Tross" (Steffi, Heiko und Renate helfen mit) und kommen schon einen Tag früher an, um uns zu orientieren und auch um die Stadt ein wenig zu genießen. Ich treffe mich in dieser Zeit mit ziemlich vielen Leuten, Gelegenheit zur Kontaktpflege, die man sonst nicht hat.

Unser erstes Konzert am Donnerstagabend ist Open Air und mitten in der Altstadt. Gute Verstärkeranlage, guter Sound – leider regnet es. Trotzdem finden sich rund 500 treue Fans ein, um uns quasi „unterm Regenschirm" zu lauschen.

Das Thema des Forums, das wir am nächsten Morgen begleiten sollen, interessiert offensichtlich niemanden. Das Thema ist „Rechtfertigung". In die 3.000-Leute-Halle kommen an diesem Morgen vielleicht gerade mal 200 Besucher. Das ändert sich mittags bei unserem als „Mensch, sing mit!" angekündigten Konzert (Offenen Singen) sehr schnell. Etwa zehn Minuten, nachdem wir begonnen haben, ist die Halle mit ca. 2.500 singbegeisterten Menschen gut gefüllt. Spontan lädt uns die anwesende Leitung eines Forums, das am nächsten Tag stattfinden soll, ein, dort mitzuwirken.

Nachmittags und abends haben wir frei und treffen uns mit verschiedenen Leuten. Am Samstagmorgen begeben wir uns in Halle 11 zu dem spontan zugesagten Forum „Jesus, der einzige oder ein Weg". Meine spontane

Zusage erweist sich als Volltreffer. Bei diesem Thema können wir, nicht zuletzt aufgrund des „Ich bin"-Repertoires, inhaltlich richtig mitwirken und man lässt uns auch. Wiedersehen mit Bischof Lehmann, den ich mittlerweile sehr schätze und der ebenfalls bei diesem Podium mitwirkt. Die Halle ist gut gefüllt und wir gestalten noch ein spontanes offenes Singen. Unsere Musik wird überrascht und begeistert aufgenommen.

Zu später Stunde setzt sich David beim Italiener noch an den weißen Flügel und mimt für uns den Barpianisten – Momente, wie ich sie liebe, und ein schöner Abschluss dieses Katholikentages.

4. 6. KIEL

Paradiesisch wohnt Christina Haverkamp. In der Nähe von Kiel in einem riesigen Park, direkt an einem See gelegen, hatte sie das Glück, ein ganz idyllisches Häuschen zu mieten. Auf dem Weg zu unserem Konzert in Kiel besuchen wir sie und sind ganz begeistert von der Atmosphäre um und in ihrem Haus.

In Kiel treffen wir auf ein sehr gut vorbereitetes Team, das mit viel Elan und guter Werbung unser Kommen vorbereitet hat. Der Offene Kanal – das „Selbersendefernsehen" Schleswig-Holsteins – ist auch mal wieder da und nimmt das Ganze auf. Während des Konzertes bin ich ein bisschen „neben der Reihe", überstehe aber alles ganz gut und freue mich auf zu Hause.

10. 6. ABTSGMÜND

Seit längerer Zeit mal wieder ein Konzert zusammen mit Henner Eurich, der mitten in seiner Vikarsausbildung steckt. Zu Hause ist es wunderschön, Heiko hat den Grill angeworfen und wir sitzen auf der Terrasse. Henner verspeist noch ein Putensteak und dann geht es los. Wir kommen gut nach Abtsgmünd, Veranstalter ist diesmal die örtliche Kreissparkasse.

Wir teilen uns den Abend (etwa 300 Besucher) mit einer Sakro-Pop-Gruppe, die einen ziemlich großmauligen, aber nicht unsympathischen Gitarristen und Manager hat, der mich ein wenig an meinen jüngeren Bruder erinnert. Als Zugabe spielen wir zusammen mit dieser Gruppe die Lieder „Aufstehn" (mit einem etwas abenteuerlichen Arrangement) und „Sei behütet".

11. 6. LANDESGARTENSCHAU IN LÖHNE

„Ich finde es blöd, hier über Howard Carpendale zu diskutieren ...", sagt die Managerin der **Aqua Magica**. Als sie uns die Einfahrt ins Gelände verweigern wollte, habe ich sie gefragt, ob denn Howard Carpendale, der am Abend vorher gastierte, auch seine Anlage in einem Rollwagen übers Gelände geschoben habe.

Irgendwie werden wir uns einig und es wird bei anfangs wackeligem Wetter ein richtig fetziges und schönes Open-Air-Konzert (Rund 400 Besucher). Anschließend führt uns Friedel noch exklusiv „über das Gelände" und zeigt uns den beeindruckenden Wasserkrater. Fröhlicher Abschluss bei einem guten Italiener, wo es noch zu einem theologischen Disput über „Himmel und Hölle" kommt. Noch in der Nacht: Weiterfahrt nach Isenstedt.

12. 6. ISENSTEDT „PFINGSTIVAL"

Stell dir vor: Du veranstaltest etwas ganz Tolles, vierzig Mitarbeiter helfen, bauen und basteln, ein großes und vielfältig angelegtes Programm ist geplant – und kaum einer kommt. Ich staune über den Einsatz und die vielen Mitarbeiter und leide mit, dass das Ganze nicht sehr viel Resonanz findet. Alles in allem sind wir beim Abschlussgottesdienst gerade mal 120 Personen. Wir spielen beim „Startschuss", machen ein offenes Singen und gestalten den Abschlussgottesdienst – ich bin ziemlich ausgepowert und die Aussicht auf eine endlos lange und nervige Heimfahrt trägt nicht zur Steigerung meiner Stimmung bei. Nach dem Abschlussgottesdienst schneller Abbau und – eine endlos lange und nervige Heimfahrt: Henner fährt das größte Stück.

14. 6. GARBSEN-HORST

„Ihr letztes Konzert vor etwa drei Jahren gab in unserer Gemeinde den Impuls einen Gospelchor zu gründen, der heute aus sechzig Personen besteht ..." Nach langer Fahrt baut einen solch eine Bemerkung doch gleich wieder auf. Auf dieser Tournee wollen wir das **Live**-Album mitschneiden. Ich habe alles besorgt, worum David gebeten hat, doch leider funktioniert das Ganze nicht, so dass wir nur mit vier statt mit acht Spuren aufnehmen können. Knackiges kleines Konzertchen (150 Plätze, voll), das für mich (gerade bei „Jenseits der Zeit", „Am Abend der Welt" und „Pilot") unter dem Eindruck von F.s Freitod steht (während des Konzertes spüre ich die Notwendigkeit nach Z. zur Beerdigung zu fahren). Anschließend noch ein kurzer Imbiss und Weiterfahrt zum Rasthof Göttingen, wo wir übernachten.

15. 6. SCHLEIZ

„Herr Bittlinger, seien Sie mir nicht böse, aber hier kennt Sie keiner ..." Wie oft habe ich mir diesen Satz schon anhören müssen – zugegebenermaßen, nach zwanzig Jahren unterwegs sein und über 2.000 Konzerten, zehn Alben und jeder Menge Fernsehsendungen ein Satz, der einen ein wenig ratlos zurücklässt. „Wir haben gerade mal fünfzig Karten im Vorverkauf weg ..." – also zurück zur Basis und hinein in den „Aufbau Ost".

In einer alten Mühle sind wir untergebracht, bei einer sehr netten älteren Dame, und haben Zeit zu arbeiten. Ich schreibe am Tagebuch (diese Zeilen) und auch einen Text für F. Entgegen aller Unkenrufe ist das Konzert mit etwa 250 Personen gut besucht. Es ist ein klasse Konzert, wir sind richtig gut drauf – viele interessante, ältere Menschen.

Nach dem Konzert versuchen wir fast verzweifelt, noch ein Lokal zu finden, in dem es etwas zu essen gibt. In einer völlig abgelegenen Kneipe mit dem schönen Namen „Eremitage" rühren wir schließlich das Herz der Gastwirtin und erhalten noch einen Spargeltoast.

16. 6. RÖMERBERG

Um noch rechtzeitig bei der Beerdigung von F. zu sein, müssen wir früh (na ja, neun Uhr) aufbrechen. Im Auto komponiere ich noch die Melodie zu dem gestern entstandenen Text. Die Trauerfeier ist erschütternd, aber auch ehrlich. Eine Meisterleistung des Kollegen, der den Gottesdienst leitet. David und ich spielen das Lied – ganz schön schwer, das alles –, deprimiert und ratlos fahren wir weiter nach Römerberg ...

Ein großes, schönes und im Bistrostil gestaltetes Zelt mit rund 400 Sitzplätzen ist unser heutiger Auftrittsort. Unsere Garderobe ist ein Wohnwagen, David ist begeistert, „Campingidylle" macht sich breit. Wir treffen auf sehr herzliche Menschen aus einem Hauskreis, die offensichtlich viel Energie investiert haben, damit wir eingeladen wurden und hier nun in diesem Rahmen auftreten. Kurz vor dem Konzert stellen wir fest, dass David das Auto gut zugemacht hat – und nun die Schlüssel im Auto liegen. Während des Konzertes wird der ADAC den Bus dann knacken, so dass wir problemlos weiterkommen.

Heute gilt's – es läuft die erste Achtspur-Live-Aufnahme. Die Bedingungen sind gut: Das Zelt hat eine „trockene Akustik" und ist voll besetzt.

Gleich während der ersten zwei Lieder fliegt jedoch ein Hubschrauber über das Zelt und ein Feuerwehrauto zieht mit lautem Martinshorn an unseren Mikrofonen vorbei – alle wollen anscheinend mit auf die Live-Aufnahme.

Wiedersehen mit Friedel M., der offensichtlich kräftig daran mitgewirkt hat, dass die „Zeltmission" heute neue und attraktive Wege beschreitet.

17. 6. BUTZBACH

„Beim Startschuss zum EM-Spiel Deutschland-Portugal um 21 Uhr müsst ihr fertig sein, deshalb haben wir den Konzertbeginn extra auf 19 Uhr gelegt, damit die Fußballfans gleich im Zelt nebenan auch auf ihre Kosten kommen."

250 Jahre Kirchenschiff Butzbach-Ostheim gilt es zu würdigen. Wir gestalten abends ein Konzert und am nächsten Morgen einen Gottesdienst zusammen mit dem örtlichen Kinderchor und dem Dekan. Es ist eine schöne und herzliche Atmosphäre.

18. 6. SIEGEN-NIEDERSCHELDEN

Sehr gut versteckt und schwer zu finden ist die so genannte Bergkirche in Niederschelden – es ist ein richtig heißer Tag. David und ich sind gut drauf, wir haben Lust zu spielen. Rund um die Kirche feiert man noch goldene Konfirmation – zu unserem Konzert verjüngt sich dann das Publikum merklich.

28. 6. SCHNELLDORF

In dieser Ecke waren wir noch nicht. Helmut ist dabei, schön. Schnelldorf, direkt an der Autobahn gelegen, hat ein evangelisches Gemeindehaus mit einer unglaublich schwierigen Akustik. Ein kleines intimes Konzert (etwa 100 Besucher).

Am nächsten Tag können wir freundlicherweise noch ein paar Aufnahmen in diesem Gemeindehaus machen. Das bedeutet auch, dass wir abends nicht abbauen müssen, sondern gleich ins Hotel können.

29. 6. WILHERMSDORF

Donnerstags ist Ruhetag – nicht nur in unserer Pension, sondern auch in den meisten Gasthäusern rund um Wilhermsdorf.

Eine von außen sehr katholisch wirkende und von innen wunderschön gestaltete Kirche ist unser Gastspielort. Mir geht es nicht gut – ich habe offenbar Fieber und „überstehe" das Konzert gerade so. Unsere Gastgeber, eine sehr freundliche, kunterbunte Pfarrersfamilie, nehmen uns herzlich auf.

BETTGESCHICHTEN

Übernachtungen sind ja ein Thema für sich. Wer so viel unterwegs ist wie wir, sollte sich auch gut erholen und angenehm schlafen können. Gäbe es ein Anforderungsprofil für reisende Musiker, dann sollte allerdings darin stehen: „Muss fähig sein, zu jeder Zeit und unter den widrigsten Umständen sofort einzuschlafen und sich zu erholen."

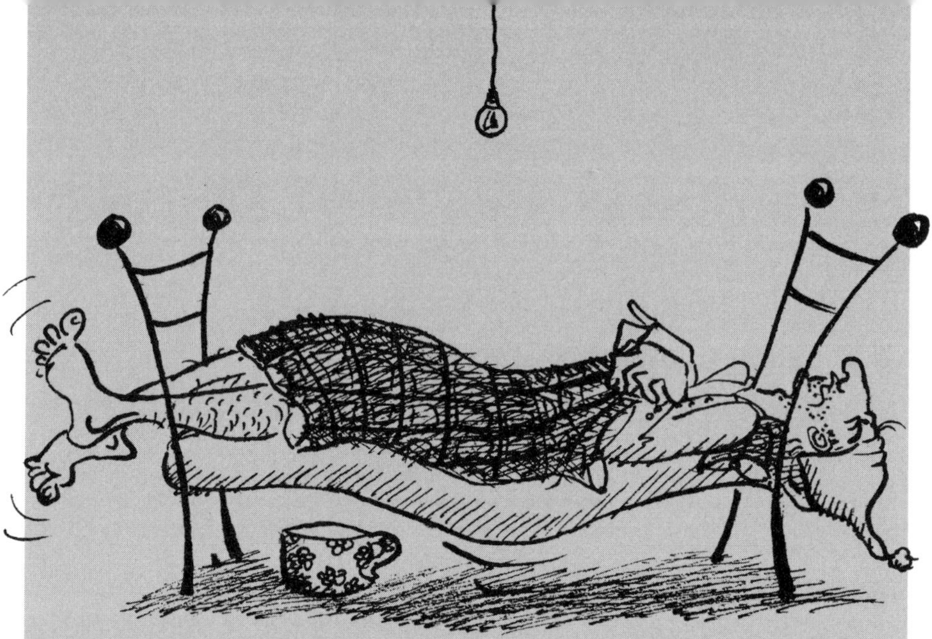

„Es ist ja nur für eine Nacht!“, oder: „Das Bett im Kinderzimmer ist etwas kürzer als ein normales Bett, aber Sie werden ja sicher müde sein und schlafen können“, sind zwei harmlose Varianten von Begründungen, warum wir kein normales Bett bekommen. Schlimmer ist es, wenn es heißt: „Lassen Sie sich nicht davon stören, wenn unsere vier Kinder morgen früh zu Ihnen ins Zimmer kommen. Die wollen nämlich alle gerne den Klavierspieler sehen, der bei uns übernachtet hat!“ (Ach wo, wieso sollte mich das stören?) Meistens sind diese Kinder schon um sechs Uhr wach, weil sie kaum schlafen konnten vor Aufregung.

Dann gibt es Gastgeber, mit denen sitzen wir bis spät nach Mitternacht plaudernd im Wohnzimmer auf dem einen Sofa, das dann endlich zu meinem Gästebett umgebaut wird, wobei meistens das Kopfteil und das Fußteil nicht ganz heruntergeklappt werden können und die Fläche so schmal ist, dass man sich am liebsten anschnallen würde (aber für eine Nacht geht es ja). Da ist eine Matratze auf dem Boden fast noch angenehmer. In einem Fall wurde leider die Wohnung frisch renoviert, und außer einem Sack Zement, einer Schaufel, einer Schubkarre und einer Matratze direkt auf dem Boden war in diesem heimeligen Schlafgemach nichts vorzufinden. Da es aber schon weit nach Mitternacht war, sagte ich mir: „Na ja, für eine Nacht geht es ja!“ Dafür musste ich in dem Zimmer auf einem Bauernhof nicht alleine schlafen.

Ein nervöses Brummen hatte mich aufgeweckt, und als ich in dem alten hochbeinigen Bettgestell aus Großmutters Zeiten endlich die Kordel an der Wand fand um das Licht anzumachen, sah ich unter der Decke an der Lampe etwa hundert Fliegen, die ihre nächtliche Zusammenkunft hatten. Ich löschte das Licht, verschwand unter der Bettdecke und sagte mir: „Na ja, für eine Nacht ..."

Wäre noch zu sagen, dass Ausklappbetten meistens die entscheidende tragende Holzleiste genau in meiner Kreuzgegend haben, Zustellbetten bei jeder Drehung quietschen und drohen auseinander zu fallen, dass Bettgestelle aus der Rubrik „barock und antik" meistens für Kleinwüchsige gedacht waren, Bettdecken grundsätzlich zu kurz sind – meistens an den Füßen –, Hotelzimmerwände dünn, Türen undicht, Fenster zur Straße durchlässig und Staubsauger auf dem Flur laut sind. Ganz zu schweigen davon, dass sich in so genannten frisch bezogenen Betten schon mal das eine oder andere Haar finden lässt, dass es in Deutschland noch immer Liegeflächen gibt, die aus drei kleinen Matratzen bestehen, dass gewisse Betten so weich sind, dass ich es vorziehe, die Matratze freiwillig auf den Fußboden zu legen, dass auch ein Meerschweinchen oder ein Goldhamster nachts im Kinder- und Gästezimmer ungeniert seine Geräusche und Düfte verbreitet, dass elektrische Radiowecker in Hotels meistens um 3 Uhr 20 losgehen und mit ohrenbetäubender Lautstärke albanische Nachrichten oder zeitgenössische Klassik senden und einen unauffindbaren Abstellknopf haben, außer man reißt das ganze Gerät aus der Steckdose und versucht anschließend auf der Bettkante sitzend seinen Pulsschlag wieder unter zweihundert zu bringen. Aber was sag ich da immer: „Es ist ja nur für eine Nacht!"

30. 6. MELLRICHSTADT

Das Hotel „Sturm" ist eine Oase an unserem freien Tag. Wir ruhen uns aus und arbeiten an unseren Laptops (ich schreibe u. a. Tagebuch und arbeite für das **Live**-Album, an dem wir nach wie vor basteln und für das wir morgen noch einmal richtig aufnehmen wollen). Abends gutes Essen und gemütliches Beisammensein mit Matthias. Wir gehen relativ früh schlafen, um am nächsten Tag für den Familientag in Bad Neustadt fit zu sein.

1. 7. BAD NEUSTADT/SAALE

„Es ist für uns ein echtes Wagnis, wir haben so etwas noch nie gemacht und wissen überhaupt nicht, wie viele Leute kommen werden ..." Wir bauen auf in einer großen alten Turnhalle, die ganz in der Nähe eines Reitstalles liegt, in dem ich als Kind einmal Reiten gelernt habe. Diese Halle hat den Charme einer Tiefgarage, und wenn nur wenig Leute kommen, wird es eine Katastrophe.

Mit der Gemütsruhe von Handwerkern bauen wir auf und reden uns mal wieder selber ein, wir wären nur die Roadies und hätten mit dem Konzert gar nichts zu tun. (Psychologischer Trick, der hilft beide Rollen mit Humor und Enthusiasmus zu füllen, als Roadies schimpfen wir auch schon mal gerne über uns selbst, über die Künstler.)

Um 13.30 Uhr soll es mit einem offenen Singen losgehen: Über 400 Erwachsene und Kinder finden sich ein, um mit uns zu singen und den offiziellen Startschuss des Familientages mitzuerleben. Wir machen auch von diesem Mitsingprogramm einen Live-Mitschnitt.

Danach gibt es Workshops und Kaffee, wir schlemmen mit selbst gebackenen Kuchen und ruhen uns ein wenig aus. Um 17 Uhr ist ein Gottesdienst, bei dem die Halle bis auf den letzten Platz gefüllt ist, und ab 19 Uhr geben wir ein Konzert (mit Eintritt, so dass der ganze Tag damit finanziert werden kann). Bei rund 600 Besuchern spielen und singen wir vor und mit einem (nicht nur für das Live-Album) beeindruckenden Klangkörper aus mitlachenden, -singenden und -klatschenden Menschen.

Danach zügiger Abbau, denn es geht nachts noch weiter nach Lombartshausen, bei Jagsthausen, wo wir am nächsten Morgen beim Motorradgottesdienst auf dem Trautenhof spielen (und ich predige). Nachts um 23.45 Uhr treffen wir in unserer Pension ein. Eine alte, sehr freundliche Wirtin kredenzt uns noch Schnittchen und Bier vom Fass – ein erfüllter Tag mit einem kleinen bisschen Feierabend.

2. 7. JAGSTHAUSEN/TRAUTENHOF

1.300 Motorradfahrerinnen und -fahrer kommen an diesem Sonntagmorgen auf das Gelände des Trautenhofes, um diesen monatlichen Gottesdienst miteinander zu feiern. Die Leute wissen vorher nicht, wer als Special Guest, als Prediger oder als Musiker diesen Gottesdienst gestaltet – sie kommen einfach und lassen sich überraschen. Wir sind zum dritten Mal da und ich fühle mich gleich wieder pudelwohl, obwohl ich ziemlich k. o. bin. Die Masse der Menschen, ausnahmsweise mal mehr Männer als Frauen, begeistert mich – es macht einfach Spaß für diese Gemeinde zu spielen und zu predigen. Ich rede, ausgehend von „Kosmologisch", über Zachäus. Im Anschluss an die Veranstaltung gibt es einige gute Gespräche und noch ein ausführliches Kaffeetrinken mit Werner B. Doch dann zieht es mich nach Hause zu Weib und Kindern. Gut, dass wir nicht noch eine Abendveranstaltung haben.

7. 7. LETZLINGEN

Hin und wieder begegnet man bescheidenen, mutigen und engagierten Menschen, die sich nicht scheuen den Mächtigen die Stirn zu bieten und die sich auch niemals anbiedern. Der Pfarrer im Ruhestand Otto Lüdecke ist für mich solch ein Mensch. Wir kennen uns schon über elf Jahre, damals war er noch Pfarrer der Gemeinde Jeggau, die damals die Partnergemeinde von Rimbach war. Bei der Wende hat dieser Mann in seiner Umgebung eine ganz wichtige, Frieden bewahrende und politisch hochbrisante Rolle gespielt.

Nun befindet er sich im aktiven „Unruhestand" und hat sich in den Kopf gesetzt die Schlosskirche von Letzlingen zu restaurieren.

In dieser Schlosskirche bauen wir (Henner und ich) auf und machen aufgrund der schwierigen Akustik einen sehr ausführlichen Soundcheck. Anschließend begleitet uns Otto in das Hotel, das er für uns gebucht hat – wir ziehen aber erst gar nicht ein, da in diesem Hotel eine Hochzeitsfeier stattfindet und ich nie wieder in Hotels mit Hochzeitsfeiern übernachten möchte (es sei denn, ich wäre selber Gast). Jeder Wirt beteuert mir, man würde garantiert nachts nichts hören, und immer stand ich senkrecht im Bett und kam nie vor morgens zwischen drei und vier zur Ruhe.

Wir beschließen spontan, uns gleich für zwei Nächte im „Katharinenhöfchen" zu Salzwedel einzuquartieren, wo wir am nächsten Tag beim Kreiskirchentag spielen sollen.

Das Konzert in der Schlosskirche ist mager besucht und es bedarf einiger „Motivationstechniken", bis das Publikum und wir zueinander finden.

Über die Begegnung mit Otto Lüdecke habe ich mich gefreut, alles andere empfand ich als sehr anstrengend (die letzten Konzerte vor der Sommer- oder Winterpause sind immer anstrengend ...).

Nachts fahren wir noch weiter nach Salzwedel, wo wir in einem sehr schönen und ruhigen Hotel, direkt gegenüber von unserem Veranstaltungsort, einquartiert sind.

8. 7. SALZWEDEL

Der Original-Baumkuchen kommt aus Salzwedel, das wusste ich nicht (ich esse eigentlich auch selten Baumkuchen), außerdem gibt es hier sehr viele Wildunfälle, weshalb wir äußerst vorsichtig nachts von Letzlingen nach Salzwedel „gegurkt" sind. Wir schlafen halbwegs aus und machen uns nach dem Frühstück ein wenig mit dieser schönen Kleinstadt vertraut. Wir leihen noch ein Boxenpärchen bei „Kupfermusik" aus (ziemlich nette und unkomplizierte Leute da), bauen in Ruhe auf, und dann haben wir Zeit bis zum Abend. Henner besucht Freunde in der Umgebung und ich gehe was essen, kaufe einen Fußball für Robin und ein Bilderbuch für Enya, und ansonsten sitze ich am Laptop, schreibe Tagebuch und Text und Musik zu „Temperatur und Angst".

Um 20.30 Uhr sind wir als „Jugendevent" angesagt und sollen vor einem Technopartygottesdienst ein Konzert geben. Es kommen etwa 100 Jugendliche und vielleicht 50 Erwachsene, wobei ein Teil der Jugendlichen offensichtlich keinen Bock auf ein Liedermacherkonzert hat. Freundlich, aber in der Sache klar, bitte ich die Minderheit, die keine Lust hat zuzuhören, sondern sich lieber unterhalten oder Quatsch machen will, doch bitte „nach draußen" zu gehen, damit die 80%, die gerne ein Konzert erleben möchten, dies auch tun können.

Es wird alles in allem ein ganz guter Auftritt, bei dem wir auch gleich den neuen Song „Temperatur und Angst" ausprobieren (ein Blues kommt ziemlich „nah" rüber). Im Anschluss an das Konzert kritisiert mich ein Erwachsener, weil ich am Anfang des Konzertes einige Jugendliche aus der Kirche „rausgeekelt" hätte.

Darauf kann ich nur sagen: „Es war ein Liedermacherkonzert angekündigt, und ich habe lediglich dafür gesorgt, dass dieses Liedermacherkonzert auch stattfinden kann. Und im Übrigen bin ich auch nur ein Mensch..." Ganz zufrieden bin ich mit meiner Antwort auch nicht, irgendwie waren wir hier falsch positioniert.

9. 7. TORGAU

„Wir sind zwar aus dem Westen, aber wir beißen nicht. Bitte kommen Sie doch nach vorne, damit wir miteinander singen können." In der großen Marienkirche zu Torgau haben sich anlässlich des Kreiskirchentages gerade mal 200 Senioren und ein paar Kinder eingefunden, denen der Name „Bittlinger" offensichtlich überhaupt nichts sagt. Mit viel Liebe und Esprit finden wir dann doch halbwegs zueinander, wobei nach einer Dreiviertelstunde hinter uns und um uns auf einmal geschäftige Vorbereitungen des gleich anschließenden Gottesdienstes beginnen.

Manchmal leistet man als „christlicher Liedermacher" psychisch und körperlich richtige Knochenarbeit, vor allem dann, wenn man den Eindruck hat: Es findet eigentlich keine Wertschätzung, dass man den weiten Weg auf sich genommen hat um mitzuhelfen, damit eine kirchliche Veranstaltung gelingt. An diesem Wochenende in den neuen Bundesländern fühlen wir uns ein wenig „verheizt", vielleicht bin ich auch besonders empfindlich, da es die letzten Konzerte vor der Sommerpause sind und ich merke, dass ich ziemlich „ausgepowert" bin.

Temperatur und Angst

Temperatur und Angst
sind Geschwister ganz gewiss.
Die Hitze, die du fühlst,
ist niemals die, die man grad misst.
Vielleicht ist es heißer,
vielleicht ist es kälter,
vielleicht bist du weiser
oder einfach nur älter.
Doch nichts ist so, wie es ist,
wenn du selbst betroffen bist.

Hundehalter und Kernkraftbetreiber
geben sich bescheiden,
krakelen schon von weitem:
„Der tut Ihnen nichts zuleide!"
Doch ich habe Angst vor Hunden,
die wie Waffen funktioniern,
die auf „Fass" die Zähne fletschen,
um mich gleich zu massakriern.

Temperatur und Angst
sind Geschwister ganz gewiss.
Die Hitze, die du fühlst,
ist niemals die, die man grad misst.
Vielleicht ist es heißer,
vielleicht ist es kälter,
vielleicht bist du weiser
oder einfach nur älter.
Doch nichts ist so, wie es ist,
wenn du selbst betroffen bist.

Hundehalter und Kernkraftbetreiber
geben sich bescheiden,
krakelen schon von weitem:
„Der tut Ihnen nichts zuleide!"
Doch ich habe Angst vor Biblis,
seit ich Kinder hab noch mehr.
Niemand kann mir garantieren
Tschernobyl passiert nicht mehr.

Temperatur und Angst
Sind Geschwister ganz gewiss.
Die Hitze, die du fühlst
ist niemals die, die man grad misst.
Vielleicht ist es heißer,
vielleicht ist es kälter,
vielleicht bist du weiser
oder einfach nur älter.
Doch nichts ist so, wie es ist,
wenn du selbst betroffen bist.

Temperatur und Angst
sind Geschwister ganz gewiss!

Text: Clemens Bittlinger

In Torgau brechen wir um 17 Uhr auf und fahren weiter nach Dresden, wo wir uns ein angenehmes Hotel suchen und abends in den „Gladiator" gehen. Ein genial gemachter Film – inhaltlich jedoch Gift für einen herumreisenden Vater, der sich nach seiner Familie sehnt.

10. 7. NIESKY

Die so genannte „Rote Kirche" von Niesky soll in „Auferstehungskirche" umbenannt werden. Auf dem Weg zu dieser kleinen Herrnhuterstadt, an der Grenze zu Polen, fahren wir noch über Bautzen, wo wir uns den berüchtigten Knast ansehen und mit einem leichten Schauder unsere Reise fortsetzen.

Jn Niesky werden wir sehr herzlich begrüßt – von einem vierjährigen Jungen, der uns dann auch beim Ausladen hilft (andere Helfer sind natürlich auch noch da). Die Atmosphäre ist sehr freundlich und offen – wir fühlen uns gleich wohl. Das gut besuchte und atmosphärisch warme Konzert tut Henner und mir richtig gut.

Ein gelungener Abschluss eines eher zähen Wochenendes. Die Auferstehungskirche hilft uns auch, unserer Vision für die neuen Bundesländer neuen Esprit zu verleihen – das ist es eben: „Aufstehen durch die Kraft des Auferstandenen."

Wir machen uns noch in der Nacht auf den Rückweg und übernachten in einem „sleep & go" bei Bad Hersfeld.

29. 7. AFFOLTERN/SCHWEIZ (MIT CARLOS)

Jch weiß: Viele Leute können mit Pantomime nichts anfangen, aber auch deshalb, weil sie nur schlechte, oder besser gesagt „Nichtpantomime" gesehen haben. Es gab Mitte der achtziger Jahre einen Pantomime-Boom in unseren Gemeinden und dabei wurde sehr viel „gestümpert". Leute schmierten sich weiße Farbe ins Gesicht, machten ein paar Faxen und nannten das Ganze dann Pantomime. Der zunächst geneigte Zuschauer war meist völlig ratlos, was überhaupt dargestellt wurde, und erst ein parallel verlesener Bibeltext erlöste ihn halbwegs aus seinem Grübeln. Kurzum, ich verstehe, wenn Leute Pantomime nicht mögen – solange sie nicht Carlos Martinez gesehen haben. Jn Affoltern (Schweiz), in einem zugigen Zelt, vor 800 Schweizer Jungscharlern ist dieser kleine Mann aus Spanien unsere absolute Rettung. Die Kids „ertragen" unsere Musik und lieben seine Performance – so ist es und das musste mal gesagt werden!

WIE IM FLUGZEUG

After taking numerous flights, I have learned to read the faces of the crew. When the airplane makes an unusual noise, my first reaction is to look at the face of one of the crew members. Due to my profession as a mime actor, I can read in their facial expressions (with a certain margin of error) to determine if the noise should concern me or not.

When I met Clemens and David, I could see that they knew each other very well. I came from a different culture and my English was not the best! So, every time that one of them spoke to me, I studied the face of the other to be sure that I understood correctly what they were saying. And even today, I use this method to determine if Clemens' cough or David's laugh should worry me or not.

That is why I say that being on tour with Clemens and David is like being in an airplane!

Auf zahlreichen Flügen habe ich gelernt, die Gesichter der Crew zu lesen. Macht das Flugzeug ein ungewöhnliches Geräusch, schaue ich zuerst in das Gesicht eines Crew-Mitgliedes. Dank meiner Fähigkeiten als Pantomime-Darsteller kann ich in ihren Gesichtsausdrücken (mit einer gewissen Fehlerquote) die Antwort darauf finden, ob das Geräusch mir Sorgen machen muss oder nicht.

Als ich Clemens und David zum ersten Mal traf, konnte ich sehen, dass sie einander sehr gut kannten. Ich kam aus einem anderen Kulturkreis und mein Englisch war nicht das Beste! Wann immer nun einer der beiden mit mir sprach, beobachtete ich das Gesicht des anderen, um sicherzugehen, dass ich auch wirklich verstand, was sie sagten. Auch heute noch benutze ich diese Methode um herauszufinden, ob Clemens' Husten oder Davids Lachen mich beunruhigen muss oder nicht.

Deshalb sage ich, mit Clemens und David unterwegs zu sein, ist, wie in einem Flugzeug zu sitzen!

Carlos Martinez
Pantomime

1. – 6. 8. MISSIO CAMP IN BISCHOFSHEIM/RHÖN

„Back to the roots" – hier beim Missio Camp habe ich 1978 meine ersten Liedermacherversuche zum Besten gegeben, dazwischen war ich immer mal wieder zu Gast – höchste Zeit also, dass ich mal länger dabei bin, predige, musiziere und unsere verschiedenen Projekte vorstelle. Diesmal ist die ganze Familie dabei und Robin ist ganz beeindruckt von den Massaikriegern, die ständig in Stammeskluft umherlaufen und auch als Chor auftreten.

Mit dem Thema „Ach du liebe Zeit" predige ich am ersten Abend, am zweiten zum Thema „Voll korrekt", dann kommt eine Uraufführung des „Ich bin"-Projektes – zum ersten Mal mit der Multimediashow. Attila Kalman hat mit unglaublichem Eifer einen Mitarbeiterchor zusammengestellt und das Ganze klappt auch prima. Am Freitag stoßen Henner Eurich und Stefan Lauer dazu und wir basteln eine Schmalspurversion von „Zauberhaft". Es macht Spaß, und Stefan und ich freuen uns, dass wir nach so langer Zeit endlich mal wieder etwas zusammen machen.

Am Samstagabend gibt es dann ein Doppelkonzert zusammen mit der Band Ararat und am Sonntagmorgen noch einen knackigen Gottesdienst. Dann fahren wir wieder nach Hause. Immer wieder bin ich beeindruckt von der überaus gastfreundlichen und zugewandten Atmosphäre der christlichen Gästehäuser Rhön – eine Oase für Leib, Seele und Geist. Noch während wir dort sind, vereinbare ich mit Fritz Schroth einen Deal, nämlich, dass er mir für den heißen Herbst bei drei verschiedenen Tourneeprojekten einen Mitarbeiter zur Verfügung stellt. Im Gegenzug trete ich völlig kostenfrei beim Missio Camp auf.

20. 8. BILLERTSHAUSEN

Eigentlich hätte hier schon die Sommerfestival-Tournee stattfinden sollen – ein Gemeindefest ist angesagt. Rund um die alte Scheune des Pfarrgartens sind Getränke- und Würstchenstände aufgebaut. Doch als wir auftauchen, beginnt es zu regnen und wir beschließen kurzerhand, „das Ganze" in die Kirche, oder besser gesagt: in das Kirchlein, zu verlegen. Gekoppelt an einen amüsanten Gottesdienst zur Konfirmandenvorstellung, den wir ebenfalls musikalisch mitgestalten dürfen, geben wir (Henner ist dabei) in diesem nun aus allen Nähten platzenden Kirchlein ein einstündiges Konzert. Im Anschluss an das Konzert lerne ich noch die Mutter von Henner kennen.

23. 8. NEUKIRCHEN-ASTERODE

Wieder ist Open Air rund um die Kirche angesagt. Die Veranstalterin ist ganz happy – rund 300 Karten sind im Vorverkauf weggegangen und auch das Wetter scheint zu halten. Eine Band aus dem Ort hat sich noch angekündigt und möchte gerne im ersten Teil des Abends spielen. Werner Hucks und ich bauen unsere Anlage auf, machen Sound Check und gehen dann „ein Häppchen essen". Die Band hat ihre eigene Anlage und kommt offensichtlich alleine klar.

Es ist schön, nach so langer Zeit mal wieder mit Werner zu spielen, mühelos stehen die alten Arrangements.

Idee: *Eine eigenhändig geschriebene Bibel ist der Stolz dieser Kirchengemeinde – und zu Recht. In einer großen Aktion wurden die Gemeindeglieder angefragt, wer Lust hätte, bei dieser „Ortsbibel“ mitzuschreiben, und weit mehr als 300 Menschen (jung und alt) haben sich beteiligt und so handschriftlich ein einmaliges Kleinod gefertigt. Diese Bibel liegt nun in der Kirche aus und kann von jedermann bewundert und eingesehen werden.*

24. 8. ALSFELD – BERFA

„Neues Lied“ hieß mal eine Band, die aus Alsfeld kam. Einige von dieser Band haben nun in Eigeninitiative eine alte Scheune zu einer „Kulturscheune“ umgebaut. Ich staune, wie schön und professionell alles geworden ist. Hier ist also nun der Startschuss für unsere Sommerfestivaltournee. Rodney und Jean Pierre werden in Fulda abgeholt. Werner und ich bauen schon mal auf. Alle freuen sich auf die gemeinsamen Tage, und nachdem wir uns heftig begrüßt haben, proben wir für den Abend.

Das Besondere an diesem Programm ist zum einen der Folkfestivalcharakter mit internationalem Touch (Irland, Frankreich, Deutschland) und zum anderen der Sommerfestcharakter (d. h. hervorragend geeignet für Open Air, Ausschank und Grillen etc.). Dass damit auch noch eine dezent eingebrachte Einladung zum christlichen Glauben verbunden ist, macht das Ganze für die Gemeinden besonders attraktiv. Mit dem irischen Folkduo bin ich nun auch schon seit 15 Jahren immer wieder unterwegs. Bei dieser Tournee unterstützen wir u. a. die Aktion „Hessen gegen Rechts“ des Hessischen Rundfunks.

Im Zugabenteil wollen wir noch drei Lieder gemeinsam spielen, „Aus heiterem Himmel“, „You've got to move“ und „Lord of the dance“. Es wird ein schönes kompaktes Festivalprogramm. Willi und Annegret Stiel tauchen auf und auch Andy Lenz ist da.

25. 8. WALLAU

Der „Running gag“ im wunderschönen Kirchgarten zu Wallau ist ein Sommerfestivaltransparent, das immer wieder absackt und in sich zusammenfällt. Ansonsten herrscht eine sehr herzliche und lockere Atmosphäre. Gewohnte engagiert herzliche Gastfreundschaft im Hause Hoffmann. Rodney, Werner und Jean Pierre nutzen die Gelegenheit und waschen und „trocknern“ ihre Schmutzwäsche. Abends wird es ab 21 Uhr dann doch schon empfindlich kalt.

26. 8. ELSOFF

Die Elsoffer singen nicht so gerne mit, habe ich den Eindruck. Ansonsten sind wir wunderbar eingebettet in die Atmosphäre herzlichster Gastlichkeit. Der Abend gerät zum kleinen Volksfest rund um die katholische Kirche und anschließend werden wir fürstlich bekocht und bewirtet. Rodney, Jean Pierre und Werner gefällt das Ganze so gut, dass sie erst morgens um fünf in die Federn kommen.

29. 8. BAD ENDBACH

Alles hängt davon ab, dass das Wetter mitspielt. Die Bad Endbacher haben die Open-Air-Bühne im Kurpark als Veranstaltungsort gewählt und es gibt eigentlich keine Ausweichmöglichkeiten. Wieder werden wir aufs Herzlichste begrüßt. Es ist schön zu spüren, dass die Menschen sich wirklich freuen, dass wir da sind und dass ein Konzert an ihrem Ort stattfindet. Bei einer Bäckersfamilie findet der hervorragende Abendimbiss statt. Das Wetter hält. Es ist mit rund 600 Besuchern unser bestbesuchter Abend auf dieser Tour. Die Veranstalterin ist Inhaberin eines Frieseursalons und ihr Mann entpuppt sich als tatsächlicher Weltmeister im Haareschneiden. Daraufhin lasse ich mir natürlich gleich am nächsten Morgen die Haare schneiden.

30. 8. BRAUNSCHWEIG

Ein „Clemens-Bittlinger-Pils", ein „Jean Pierre trocken", „Rodneys Auslese" und „Werners ofenfrische Wollmarkt-Snacks" zieren die Bistro-Speisekarte des CVJM Braunschweig. Wir fühlen uns gleich wohl – mitten in dieser Stadt hat der CVJM eine attraktive Mischung aus Hotel, Bistro und inhaltlicher Arbeit entwickelt, und wir sind da und helfen ein wenig mit, dass diese tolle Arbeit bekannter wird.

Direkt vor dem CVJM-Haus ist ein kleiner Platz und da spielen wir. Allerdings kommt aus den Gullis auf diesem Platz ein absoluter „Kanalhecht", der die Spielfreude ein wenig trübt. Anschließend suchen wir verzweifelt nach einem Restaurant und landen schließlich bei einem Griechen direkt neben dem Irish Pub, was natürlich im Kontext dieser Tournee besonders gut kommt.

31. 8. BEVERN

Der Schlosshof von Bevern ist die absolute Traumkulisse für unsere Sommerfestivaltournee. Wiedersehen mit Uwe Birnstein, der mit einer kleinen Truppe dieses Event vorbereitet hat. Als wir ankommen, läuft gerade eine Demo für eine Schnellstraße, die nun endlich gebaut werden soll.

Der Abend läuft prima, die Traumkulisse tut ihr Übriges. Anschließend schlemmen wir im hervorragenden Schlossrestaurant und lassen den Abend bei gutem Rotwein ausklingen.

1. 9. GROSSZIMMERN

Auch die Großzimmerer hätten dringend, dringend schönes Wetter gebraucht, aber es regnet wie aus Eimern und so ziehen wir in die Kirche um. Hier entsteht schnell eine kuschelige und gute Atmosphäre. Ein schöner Abschluss für unsere kleine Tournee.

2. 9. BIBLIS

Das Atomkraftwerk Biblis kommt in einem meiner neueren Lieder vor. Schon deshalb war ich gespannt auf unser Konzert in Biblis. Zum Auftakt des Gemeindefestes der Evangelischen Kirchengemeinde geben David und ich ein Konzert. In dem voll besetzten Zelt herrscht eine prima Stimmung. Claire, Christian und Familie, Heiko und Renate und Kinder – alle sind sie da. Natürlich singe ich auch das besagte Lied, „Temperatur und Angst".

Nachtrag: Vierzehn Tage später erhalte ich einen Brief vom AKW Biblis, der mich zum Gespräch und zur Besichtigung des AKWs einlädt. Danke, ich verzichte!

3. 9. WEILBURG

„Ach, Sie sind krank – warum haben Sie dann das Konzert nicht abgesagt?", fragte die Kirchenmusikerin (!) einen mit glasigen Augen und Fieber auf den Schultern stehenden Clemens. Das fragte der sich dann auch und stellte dabei fest, dass er es hasst, vereinbarte Termine abzusagen und die Leute zu enttäuschen – aber für einen Moment durchzuckt mich der Gedanke: Wenn die Organisatorin des Abends eine Absage offenbar mühelos weggesteckt hätte, warum bist du Idiot dann nicht tatsächlich zu Hause im Bett geblieben, wo du eigentlich hingehörst?

Nun sind wir da und wir gestalten einen musikalischen Gottesdienst in der museal-schönen Schlosskirche zu Weilburg. Kommunikationstechnisch gesehen ist diese Kirche ein völlig überholter alter Kasten. Ein rühriger Küster, der uns ein wenig an Otto Waalkes erinnert, geht uns flugs und im Frack zur Hand.

Entgegen meiner Befürchtungen füllt sich die Kirche dann ganz gut und ich überstehe den Abend ohne größere Ausfälle (mit An- und Rückfahrt, Auf- und Abbau und Konzert ist der Job in diesem Stadium reine Knochenarbeit, zum Glück rettet mich die Routine).

8. 9. WURZEN

Wir erfahren, dass in Wurzen astreine Erdnussflips (hellbraun) hergestellt werden. Und dass dieser Stadt auch ansonsten ein eher braunes Flair (dunkelbraun) anhaftet. Ansonsten ist Wurzen ein feines Städtchen hinter Leipzig. Wir wohnten mitten in der Altstadt, in einer Wohnung, die extra für einen Jugenddiakon hergerichtet wurde, der dann doch nicht kam, weshalb dann die Wohnung auch frei war für uns (oder so ähnlich).

Konzert in einer alten, rappelvollen Baustellenkirche, ein sehr netter und engagierter Jugenddiakon, der uns versorgt und uns mit seinem Zivildienstleistenden (er arbeitete gleichzeitig noch als Kameramann und konnte deshalb leider nicht zum Konzert kommen) beim Auf- und Abbau hilft. Alle sind hier sehr nett und herzlich, wir parken unseren Bus in einem verwunschenen Garten zwischen dem Haus des Kantors und dem Haus des Superintendenten. Alles wirkt ein bisschen unwirklich auf uns. Am nächsten Morgen erwachen wir inmitten eines Stadtfestes. Direkt vor unserer Haustür dreht sich ein Spanferkel am Spieß. Wir nutzen den Tag zur Arbeit am Laptop und zur Erkundung der Stadt. Fröhlich ziehen wir weiter ...

9. 9. LEUBEN

Wir lamentieren im Westen auf ziemlich hohem Niveau, dachte ich, als mir Uwe, der zuständige Gemeindeveranstalter, mit ziemlich erschöpftem Gesichtsausdruck erklärte, dass er dreißig Dörfer zu versorgen habe und nebenbei noch jede Menge Vertretungsdienste. Und dieser Pfarrer, der schon so viel „an der Backe" hat, veranstaltet dann auch noch ein Konzert mit uns, gekoppelt mit einer „Brot für die Welt"-Fahrradrallye. Ich bin beschämt und beeindruckt. Wir geben unser Bestes und gestalten am nächsten Morgen noch zur Eröffnung der Fahrradrallye einen Gottesdienst. Eine gute Begegnung – wir werden uns wiedersehen!

RALLYE DER REKORDE

5. Brot für die Welt-Fahrradrallye rund um Leuben

Eingebettet in einen rundum wunderschönen Tag wurde die 5. Brot für die Welt-Fahrradrallye rund um Leuben am 10. September 2000 zur Rallye der Rekorde. Der Liedermacher und Pfarrer Clemens Bittlinger und der Vikar Henner Eurich als Keyboarder, die aus der Evang. Kirche in Hessen-Nassau angereist waren, gestalteten einen fröhlichen und bewegt-bewegenden Gottesdienst in der Marienkirche Leuben zur Eröffnung. Im Anschluss daran machten sich 109 Teilnehmer mit unterschiedlichsten Fahrrädern, Liegerad und Tandem waren u. a. dabei, auf den rund sechs Kilometer langen Rundkurs. ... Im Gottesdienst hatten wir gesungen: „Aufstehn, aufeinander zugehn, voneinander lernen miteinander umzugehn ..." Das geschah an diesem Tag in vielfältiger Weise.

(aus dem Internet)

Aufstehn, aufeinander zugehn

Wir wollen aufstehn, aufeinander zugehn,
voneinander lernen miteinander umzugehn,
aufstehn, aufeinander zugehn
und uns nicht entfernen, wenn wir etwas nicht verstehn.

Viel zu lange rumgelegen,
viel zu viel schon diskutiert.
Es wird Zeit sich zu bewegen,
höchste Zeit, dass was passiert.

Jeder hat was einzubringen,
diese Vielfalt – wunderbar.
Neue Lieder wolln wir singen,
neue Texte, laut und klar.

Diese Welt ist uns gegeben,
wir sind alle Gäste hier,
wenn wir nicht zusammenleben,
kann die Menschheit nur verliern.

Dass aus Fremden Nachbarn werden,
das geschieht nicht von allein.
Dass aus Nachbarn Freunde werden,
dafür setzen wir uns ein.

Wir wollen aufstehn, aufeinander zugehn,
voneinander lernen miteinander umzugehn,
aufstehn, aufeinander zugehn
und uns nicht entfernen, wenn wir etwas nicht verstehn.

Text: Clemens Bittlinger

13.–16. 9. RODGAU-JÜGESHEIM

„Bistro Nachtcafe" in Jügesheim. Die Evangelische Kirche in Jügesheim hat ihren Gottesdienstraum zum attraktivsten Bistro am Platze umgerüstet. Unter dem Motto „Beziehungen müsste man haben" talke ich in bester „Fliegemanier" an den verschiedenen Abenden mit regional und auch überregional bekannten Talkgästen. Wiedersehen mit dem 12-fachen deutschen Meister im Marathon, Kurt Stenzel, mit Schwester Helma und dem Duo Camillo. Überrascht und beglückt bin ich auch über die Begegnung mit einem Banker, der das Publikum spontan zu einer großen Kollekte für die Aventorhäuser, einer diakonischen Initiative für die Frankfurter Obdachlosenszene animiert. Es kommen 2.000 DM zusammen, die der Initiator der Spendenaktion noch einmal verdoppelt, so dass Schwester Helma an diesem Abend 4.000,- DM für ihre Arbeit mit nach Hause nehmen kann.

Am letzten Abend gestalten Eberhard Rink und ich zusammen auch den musikalischen Part. Das ist insofern spannend, als Ebi und ich seit etwa fünf Jahren nicht mehr miteinander gespielt haben. Am Samstagnachmittag habe ich noch eine Trauung, die zwar sehr schön ist, aber auch sehr lange dauert, so dass Ebi und ich recht gehetzt proben müssen (vor allem auch im Hinblick auf unser Konzert am nächsten Tag bei der EXPO), aber es klappt alles wunderbar – Ebi ist halt ein toller Profi.

17. 9. EXPO – HANNOVER

Der Deutsche Evangelische Kirchentag präsentiert sich an diesem Sonntag im Christuspavillon auf der EXPO 2000. Die Veranstalter haben mich und meinen Begleitpianisten Eberhard Rink eingeladen, ein bisschen Kirchentagsatmosphäre auf die Weltausstellung zu bringen. Nach einem sehr schönen ökumenischen Gottesdienst zum Thema „Du stellst meine Füße auf weiten Raum", bei dem wir ebenfalls mitwirkten, hatten wir die Ehre mit einem kleinen Konzert den musikalischen Abschluss dieses Tages zu gestalten.

Es war für uns ein beeindruckendes Erlebnis in diesem architektonisch und akustisch überaus reizvoll gestalteten Sakralraum für und mit den Menschen zu singen. Inmitten all der hektischen Betriebsamkeit der Weltausstellung wirkt diese moderne Kirche aus Marmor, Stahl und Glas wie eine wohltuende Oase, fast „wie von einem anderen Stern". Großes Kompliment an dieser Stelle an die Koordinatoren des Pavillons und hier vor allem an meinen Kollegen Fritz Baltruweit, der auch den Abendsegen (gekoppelt mit einer wunderschönen Lightshow) einfühlsam und wohltuend gestaltete.

21. 9. NEUWIED

Nachdem Kardinal Ratzinger vor wenigen Wochen ein ziemlich „ökumenetödliches" Statement von sich gegeben hat, bedankt sich der katholische Priester fast, dass wir in seiner Kirche überhaupt noch auftreten. An diesem Ort ist der ökumenische Gedanke ganz wichtig und die eigenartigen Empfehlungen aus Rom sind weit, weit weg.

Die Akustik der Kirche erweist sich als äußerst diffizil – zum Glück haben wir vier Boxen dabei und können den Raum gut beschallen. Es wird ein schönes Konzert. David, Helmut und ich musizieren seit mindestens drei Monaten Pause mal wieder miteinander und es macht richtig Spaß.

Bei diesem Konzert haben wir erstmalig das neue Album von David, „Flügel der Fantasie", dabei, das ich ausführlich ankündige. David kann nun in diesem Herbst mit zwei bis drei Stücken pro Abend sein Album präsentieren – allerdings merkt er, dass er erst mal schauen muss, wie er die Werke auch live spielen kann. Endlich höre ich mal wieder neue Instrumentalstücke.

22. 9. HEIDESHEIM

Man nehme zwei Gesangsvereine, die sich eher distanziert gegenüberstehen, wobei die lieben Menschen, die uns eingeladen haben, irgendwie zu einem dieser beiden Vereine gehören, dieser Gesangsverein aber just an unserem Konzerttag eine Hauptprobe angesetzt hat, so dass weder von dem einen (weil es ja „die anderen" veranstalten) noch von dem anderen Gesangsverein irgendjemand kommt – und das „Ingelheimer Rotweinfest" im Nachbarort.

Wenn man das alles berücksichtigt, dann freut man sich, dass es den sehr engagierten und herzlichen Mitstreiter/-innen vor Ort trotzdem gelungen ist, rund 100 Besucher in ihr Gemeindehaus zu locken, wo wir ein lockeres, engagiertes und fröhliches Konzert geben.

Während des Soundchecks kommt ein leicht angetrunkener Mann in den Gemeindesaal, der sich als Saxophonist des Circus Alberti vorstellt und fragt, ob ich ihm eine CD von David Plüss schenke. Da ich gerne anderer

Leute CDs verschenke, zumal der Mann angeblich auch noch Geburtstag hat, komme ich seiner Bitte nach. Er bedankt sich überschwänglich und wankt seines Weges.

Als ich David erzähle, dass ich gerade mal wieder eine seiner neuen CDs „erfolgreich" an den Mann gebracht habe, sagt David: „Wahrscheinlich hat der noch nicht mal einen CD-Player." Daraufhin ich: „Das kann schon sein, vielleicht war's aber auch Jesus." Darauf David: „Und hatte der vielleicht einen CD-Player?"

23. 9. LUDWIGSHAFEN – FRIEDRICH-EBERT-HALLE

Auftakt zum ökumenischen Stadtkirchentag Mannheim/Ludwigshafen bilden ein Bittlinger-Konzert und danach die Aufführung des „Ich bin"-Projektes mit dem Gospelchor Dannstadt-Assenheim, der Multimediashow und erstmalig mit Sybille Ruisinger, die die Texte sprechen und nun auch „ihren Piloten" singen wird. Und das Ganze steigt in der Friedrich-Ebert-Halle. Beim Betreten der Halle wird mir ganz angst und bange – etwa 2.000 Sitzplätze stehen bereit, entweder eingenommen zu werden oder aber leer zu bleiben. Ab 16.30 Uhr ist Hektik – Aufbau, Probe etc. Leider schaffen wir es nicht, noch einen kompletten Probedurchlauf zu machen.

Um 19.30 Uhr ist die Halle zu meinem Erstaunen mit rund 1.300 Leuten gut gefüllt.

Ich „eröffne" den ökumenischen Kirchentag mit der Bemerkung, dass wir uns von Rom die Stimmung und die Lust auf Ökumene nicht „verratzingern" lassen. Unser erstes Set vor der Pause klappt prima, der Techniker hat die Sache gut im Griff und der Funke zum Publikum springt mühelos über.

Nach der Pause werden wir alle zu Knechten des Playbackbandes der Multimediashow „Ich bin ...", was durch die diffizile Monitorsituation noch erschwert wird. Mit einigen kräftigen Patzern hangeln wir uns zum Finale, wo wir endlich wieder live spielen. Sybille macht ihren Part super professionell und auch der Chor zeigt, was er drauf hat.

Alles in allem kommt der Abend sehr gut rüber und richtige Kirchentagsstimmung macht sich breit.

***Idee:** Nach dem Abbauen lernen wir noch etwas Neues kennen, nämlich eine „Cafedrale", ein trendig eingerichtetes Bistro in einem alten Kirchturm. Toll, echte Citykirchenarbeit.*

24. 9. BERGNEUSTADT

Am nächsten Morgen geht es weiter nach Bergneustadt, wo wir beim Kirchenkreis an der Agger im Rahmen der Aktion „Im Aufbruch" eingeladen sind zu musizieren. Erst war von 1.500 Besuchern die Rede, dann von etwa 1.000, tatsächlich waren dann aber nur knapp 500 Besucher/-innen da. Tolles Wetter (strahlender Sonnenschein), tolle Technik, tolle Halle.

Wir geben unser Bestes (und ich auch noch ein Seminar zu „Die Sehnsucht leben"), treffen ein paar alte Bekannte und machen uns alsbald wieder auf die Socken.

25. 9. GRASELLENBACH

Klausur für einen Tag, um ein Feeling für das neu zu produzierende Album zu bekommen – ein absolutes Novum für David und mich! Aber es kommt total gut, wir texten und komponieren wie die Weltmeister und schlagen tatsächlich eine erste Schneise in unser Projekt „Hellhörig".

17. 10. AUGUSTDORF

In Darmstadt, auf dem Parkplatz vor „unserem" Amt für Missionarische Dienste treffen wir (David, Helmut und ich) uns, da ich morgens noch eine „Amtskonferenz" habe und wir von dort aus gleich weiterfahren. Schon auf dem Weg nach Darmstadt steht David im Stau und als wir endlich gegen 14 Uhr loskommen, nehmen wir einen Stau nach dem anderen mit. Gegen 18 Uhr treffen wir dann bei dem schon ziemlich nervös gewordenen Veranstalter ein, bauen auf, essen ein Häppchen und geben ein „anständiges" Konzert. Danach lassen wir die Anlage stehen und „marschieren" in die Gaststätte eines Soldatenheims, mit einer überforderten Bedienung und einem sehr leckeren Essen. Wir gehen früh schlafen.

RAUBRITTER AM STRASSENRAND

Früher, vor zwanzig Jahren, waren die Raststätten an bundesdeutschen Autobahnen eine absolute Katastrophe. Die Gebäude waren alt, düster und dreckig, die Bedienungen unfreundlich und wenig motiviert, das Essen war miserabel – kurzum, die normale „Raststätte" hatte den Ruf einer tristen Trinkhalle, mehr nicht.

Das hat sich nun wirklich – Gott sei Dank! – grundlegend geändert. Heute sind die meisten Raststätten an unseren Autobahnen regelrechte Erholungsparks und Wohlfühllandschaften. Es macht Spaß anzuhalten, man hat Lust zu verweilen, einen Kaffee zu trinken und eine Klei-

nigkeit zu essen. Auch für die lieben Kleinen gibt es in den meisten „Erholungszonen“ eine kleine Spielecke oder so etwas. Die Toiletten und Waschräume sind gepflegt und spiegelblank.

Alles wäre also bestens, gäbe es da nicht die neue Spezies der „Raubritter“ an unseren Autobahnen, denn steigt man hinab in die Katakomben der „Urinösen Entlastung“, mit bereits überquellenden Augen und letzter Kraft, so hat man schon verloren. Es sei denn, man hält mindestens fünfzig Pfennig bereit. Nicht, dass man gezwungen wäre, für die Erledigung allereinfachster Grundbedürfnisse auch noch etwas zu bezahlen. Gezwungen, nein, gezwungen wird hier niemand, höchstens fixiert, verpflichtet und hypnotisiert. Unübersehbar blinkt Ihnen bereits beim Abstieg deutlich sichtbar ein blitzblanker, strahlend weißer Porzellanteller entgegen, auf dem (zur Anregung der pekuniären Fantasie) ein Fünfzigpfennigstück, mehrere Markstücke und sogar ein Zwei-Markstück (als ob jemand tatsächlich zwei Mark geben würde!) liegen.

Dahinter oder daneben lauert, in blitzend weißem Kittel, ein meist fremdländisch aussehender Zeitgenosse, der Sie freundlich begrüßt und der zu allem Überfluss auch noch auf die Tür deutet, in die Sie hineingehen müssen (das haben die bestimmt in irgendeinem Raubritter-Marketingkurs gelernt).

Und schon sitzen Sie in der Falle, Sie haben durch diesen kleinen Hinweis eine Dienstleistung empfangen, für die Sie natürlich nicht bezahlen müssen – aber wehe, Sie tun es nicht! Nun freut man sich ja durchaus über saubere Toiletten und frische Handtücher und ist auch gerne bereit, dafür etwas zu geben. Nur manchmal hat man einfach kein Geld dabei, und dann wird das Ganze zu einem regelrechten Spießrutenlauf. Der ganze Stuhlgang oder Wasserlass ist gedämpft und begleitet von einem schwer lastenden, schlechten Gewissen und der quälenden Frage: Wie komme ich an diesem „Zöllner der Notdurft" vorbei, ohne gleich mit Blicken massakriert zu werden? Die Notdurft wird zu einer echten Notlage, aus der Sie keiner erlösen wird, es sei denn, Sie erwischen einen Moment, in dem der „Kloaken-Zerberus" selber mal muss. Dann heißt es Fersengeld geben und bitte – nicht ausrutschen!

18. 10. EMSDETTEN

Nach einer erholsamen Nacht in unserer recht gemütlichen Pension fahren wir zur Kirche und laden unsere Sachen ein, um dann gleich weiter nach Emsdetten zu fahren. Wir sind sehr gespannt auf diesen Auftritt, findet er doch in einem bekannten Kulturzentrum, nämlich „Stroetmanns Fabrik" statt.

Der Veranstalter, ein ehemaliger Discjockey, der sich im Rahmen einer Erweckung (vor 25 Jahren von Rheine ausgehend) „bekehrt" hat und nun Gemeindeleiter einer freien Gemeinde ist, freut sich total, uns persönlich kennen zu lernen. Er ist ein sehr netter, engagierter Mann, der offensichtlich viel Power in dieses Event gesteckt und eine geistliche Vision für diesen Ort hat. Wir sind gerne da, und wenn wir mit unserer Musik helfen können, umso besser.

Es läuft sehr gut, rund 350 Leute kommen – für einen Ort, an dem wir noch nie gespielt haben, absolut top! Wir geben ein schönes Konzertchen, nach dem „Lethargietango" gebe ich dem Veranstalter die Möglichkeit auf seine Gemeinde hinzuweisen und das Publikum nochmals speziell einzuladen (kann es mir allerdings nicht verkneifen auch zu den normalen Sonntagmorgengottesdiensten der Evangelisch-lutherischen Kirche und der katholischen Kirche einzuladen).

19. 10. BRAUNSCHWEIG

Es gibt Kirchenräume, die betritt man und denkt: ‚Wow, hier würdest du auch gerne regelmäßig Gottesdienst feiern.' Die Evangelische Kirche in der Braunschweiger Weststadt ist solch eine Kirche. Architektonisch sehr sinn- und stilvoll konzipiert, eröffnet dieser edel bestuhlte Rundbau ganz viele Möglichkeiten unterschiedliche Gottesdienste zu feiern und sonstige Veranstaltungen durchzuführen. Auch auf die Atmosphäre unseres mit etwa 80 Leuten eher mager besuchten Konzertes wirkt sich die bauliche Qualität dieser Kirche überaus positiv aus. Die Mitarbeiter sind sehr nett und motiviert. Auch der Kirchenmusiker ist mit von der Partie und hat sich offensichtlich auch im Vorfeld für dieses Konzert eingesetzt. Anschließend gehen wir dann alle noch zu einem leicht mafiös wirkenden Italiener.

20. 10. HAMBURG-EIMSBÜTTEL

Ein selbst gebastelter „Holz-Clemens" wirbt im Schaukasten der freien evangelischen Gemeinde für unser Konzert. Wir sind gerne in Hamburg und freuen uns auf den Abend. Viele, viele schöne Erinnerungen (aus zwanzig Jahren Unterwegssein) verbinden sich mit dieser Stadt: die Zusammenarbeit mit Christina und Michael, die Konzerte in Hamburg-Harburg bei Rainer Haak, Commusikultur, die Fernsehsendung Christothek in Norderstedt, zweimal Evangelischer Kirchentag und einmal Deutscher Katholikentag und nun auf einmal wieder mehrere kleine Veranstaltungen in Hamburg – schön! Untergebracht sind wir in unserem „Stammhotel" in der Kieler Straße, und ich habe tagsüber Zeit, an unserem Anekdotenbuch zu arbeiten. Die Leute in der Gemeinde, bei der wir spielen, nehmen uns sehr herzlich auf. Der Raum ist ziemlich altmodisch, aber bald gut gefüllt.

Eine Dame, Anfang achtzig, hat zwei Jugendliche mitgebracht (sie sitzen in der ersten Reihe) und bedankt sich nach dem Konzert überschwänglich: „Mir und den beiden Mädchen hat es ausgesprochen gut gefallen. Ich wusste ja nicht, was uns erwartet – ich habe zu den beiden gesagt: ‚Ich weiß nur, dass der Mann Gitarre spielt – lassen wir uns doch einfach überraschen ...!'" – Toll, ich liebe diese „jungen, alten Menschen".

21. 10. HAIGER

Die silberne Hochzeit von Anse und Johannes Nitsch passt atmosphärisch perfekt in unsere Anekdotenschreibphase. Es wird ein buntes lustiges Wiedersehen mit vielen alten Bekannten, Helmut Jost, Manfred Siebald, Christoph Zehendner, Gerd Lehr etc. und natürlich mit Anse und Johannes.

Erst gibt es ein großes Konzert in der Stadthalle (wir spielen den „Piloten" und den Text „Ich bin das Licht"), zu dessen Abschluss Johannes ein neues 12-minütiges Werk vorstellt, das er seiner Frau Anse gewidmet hat. Danach ist für einen kleineren Kreis „Fete" angesagt. Ein bisschen überfordern mich solche großen Treffen, weil man so viele Leute auf einmal trifft, mit denen man gerne einen ganzen Abend gesprochen hätte. Aber schön ist es trotzdem, sich wiederzusehen und festzustellen, dass man/frau sich mag.

DIE ZWEI ZETTEL

Nein, eine richtige Anekdote aus der langen Fahrenszeit von Clemens und David kann ich nicht beisteuern. Dazu sind die Konzertpläne zu unterschiedlich, und man sieht sich leider nicht oft genug. Aber gute Wünsche kann und will ich aussprechen, und ich leihe mir dazu ein Stück jüdischer Weisheit aus.

In einer ihrer Geschichten erzählt die amerikanische Schriftstellerin Cynthia Ozick von einem Rabbi, der allen Menschen empfahl, zwei Stücke Papier in ihren Jackentaschen zu tragen. Auf dem Zettel in der rechten Tasche sollte stehen: „Ich bin nur Staub und Asche." Auf dem in der linken Tasche: „Um meinetwillen wurde die Welt erschaffen." Die Gefühle auf diesen Zetteln kennt wohl jeder. Und Musiker, in ihren Wechselbädern von Professionalität und Lampenfieber, von Erfolg und Misserfolg, kennen sie besonders gut. Immer beide Zettel bei sich zu tragen, mag deshalb gerade Musiker vor Überheblichkeit und gleichzeitig vor Verzweiflung schützen. Das wünsche ich Clemens und David einzeln und auch zusammen: dass sie stets ein unerschütterliches Vertrauen in die Wichtigkeit ihrer musikalischen Berufung und in die himmlischen Früchte ihrer irdischen Arbeit haben. Und dass sie auf der anderen Seite auch gelassen mit der Vorläufigkeit und Unzulänglichkeit aller menschlichen Anstrengungen leben können.

Geht weiter unter der Gnade. Ich laufe irgendwo nebenan mit.

Manfred Siebald
Akademischer Rat für Anglistik und Liedermacher

22. 10. BÜNDE

Wiedersehen mit Dieter Stork, der uns vor vielen Jahren in den Kirchenkreis Herford geholt hat, wo er als Jugendpfarrer eine astreine kirchliche Jugend-Kulturarbeit mit aufgebaut hat. Seit dieser Zeit haben wir diverse Veranstaltungen, Seminare etc. miteinander durchgeführt und viele lustige

Geschichten miteinander erlebt. Dieter ist nun im aktiven Unruhestand und versucht uns zu überreden, dass wir nach dem Konzert noch mit zu ihm kommen, aber das geht leider nicht, da es Sonntagabend ist und wir dringend nach Hause müssen – das nächste Mal sicher!

Die Pfarrersfamilie nimmt uns sehr herzlich auf und macht aus ihrer Freude über unser Konzert keinen Hehl (es tut richtig gut, wenn Menschen sich ganz offensichtlich freuen, dass wir da sind). Während des Abendessens gebe ich noch einer engagierten Reporterin ein kleines Interview.

Es wird ein gutes, gut besuchtes Konzert. Danach bauen wir zügig ab und brettern nach Darmstadt, wo auf dem Parkplatz unseres Amtes die Autos von David und Helmut stehen. Dort angekommen, erleben wir allerdings eine böse Überraschung: Ein riesiges Tor, zu dem ich keinen Schlüssel habe, versperrt uns den Weg und somit die Ausfahrt. Es bleibt den beiden nichts anderes übrig – sie müssen mit mir nach Rimbach fahren und werden am nächsten Morgen von einem Taxi (130,-DM) nach Darmstadt gebracht.

25. 10. MUSSBACH (HERRENHOF)

„Jede zweite Region, in die wir kommen, ist irgendwie deine Heimat", stöhnen meine beiden Mitmusikanten. Und in der Tat: Auch zu Neustadt/ Mußbach habe ich „heimatliche Bezüge", ist doch meine Mutter hier geboren und aufgewachsen.

Der Herrenhof, in dem wir spielen, ist eine alte Scheune, die wunder- und phantasievoll zu einer Kulturstätte umgebaut wurde. Wir freuen uns über den schönen Saal. Weniger Freude bereitet uns die lange Treppe, über die wir die ganzen „Klamotten" nach oben schleppen müssen. Eine sehr engagierte Kulturinitiative der Evangelischen Jugend Neustadt hat das Ganze gut vorbereitet.

Es wird ein schönes, normales Konzertchen. In der ersten Reihe sitzt der gesamte gemischte Chor von Maykammer und ich lerne einen alten Freund meines Vaters kennen.

26. 10. FRANKFURT (SACHSENHAUSEN)

Der „Playbackschock" von Ludwigshafen sitzt uns noch in den Knochen. Heute Abend ist wieder ein „Ich bin"-Konzert, und wir sind wild entschlossen, live zu den Bildern der Multimediashow zu spielen. Aus diesem Grund konzentrieren wir uns am Vormittag ganz auf die Videokassette, merken uns die Bilder, Helmut notiert sich die Tempi (damit er uns einzählen kann) und machen uns Notizen. Dann fahren wir nach Frankfurt in die Lukasgemeinde, die jetzt „Maria Magdalena Gemeinde" heißt.

Wir bauen auf, installieren die Technik und den Videobeamer und proben die Sprechteile mit Babsi (die das wirklich toll macht). Um 18 Uhr kommt der Chor und wir legen eine stramme Probe hin. Ohne Playback funktioniert das Ganze wesentlich besser und es wird ein guter Abend. Anschließend hat das Bistro der Gemeinde geöffnet. Doch bis wir die Anlage eingeräumt haben, ist der Zwiebelkuchen restlos „aufgeputzt". Wiedersehen mit Matthias Keilholz und seiner Frau, die jetzt im Osten Gemeindeaufbau betreiben.

27. 10. MARKTREDWITZ

„Allzu überschwängliche Fans machen mir Angst, denn mit demselben Enthusiasmus, mit dem sie einen verehren, können sie einen später auch hassen." Ich bin im Gespräch mit der Veranstalterin, die auch den CD-Tisch betreut hat und die mir von einem sehr „engagierten Fan" berichtet, der sich damit gebrüstet hätte, dass er als Einziger (?) meine private Telefonnummer hätte.

Die Landeskirchliche Gemeinschaft in Marktredwitz ist eine fitte Truppe, die sich sehr darüber freut, dass bereits im Vorverkauf 170 Karten abgesetzt wurden – wir freuen uns mit ihnen und konzertieren vor einem proppevollen Saal in einem Örtchen an der tschechischen Grenze, in dem wir noch nie waren.

CLEMENS BITTLINGER

LIVE-KONZERT AM 27.10.00

MIT DAVID PLÜSS (KEYBOARD)
UND HELMUT KANDERT (PERCUSSION)

Der Abend begann kurz nach 19.30 Uhr mit einer kurzen Moderation, bevor Clemens Bittlinger in die Saiten bzw. David Plüss in die Tasten griff und Helmut Kandert Hand an seine Percussion legte. Die erwarteten ruhigen Balladen und Instrumentalstücke begeisterten die Zuhörer ebenso wie fetzige Songs mit verständlichen und geistreichen Texten über Genmanipulation und Kernkraft.
Die frohe und gute Nachricht von Jesus Christus und der Liebe Gottes zu uns Menschen zog sich wie ein roter Faden durch das gesamte Programm. Zusätzlich gab es viel zu lachen, da Clemens Bittlinger zwischen den Liedern Geschichten und Witze mit (ernst gemeinten) Seitenhieben auf kirchliche Tradition bzw. menschliche Trägheit zum Besten gab. Jeder, der diesen Abend genießen durfte, weiß nun, was z. B. ein Kernkraftbesitzer und ein Hundehalter gemeinsam haben ... Die drei Musiker haben aber nicht nur eines ihrer vielen Konzerte „abgearbeitet". Nein, der Kontakt zum Publikum (ca. 220 Leute) war immer da und es gab viel Gelegenheit, die einfachen Melodien selbst mitzusingen.

28. 10. LONNERSTADT

Aus Marktredwitz sind wir schon um 12.30 Uhr eingetroffen. Nachdem unsere Pension erst um 14.00 Uhr öffnet, beschließen wir spontan, schon zur Kirche zu fahren und die Anlage aufzubauen. Anschließend suchen wir verzweifelt ein Lokal, wo wir noch etwas zu essen bekommen. Im Industriegebiet(!) werden wir schließlich fündig. Anschließend sind Ausruhen und Schreibarbeit angesagt.

Die Frau des Pfarrers hat uns einen tollen Imbiss bereitet. Das Konzert läuft gut, obwohl es sehr kalt ist in der Kirche (ich spiele mit Lederjacke und Schal). Überraschung des Abends: Der „alte" Baiersdorfer Hauskreis ist zum Konzert gekommen. Ich freue mich total! Sie helfen beim Einladen, und anschließend sitzen wir noch mit den Baiersdorfern und einem sehr netten und interessanten Theologenpaar zusammen und diskutieren über Kirche, Marketing und freie Marktwirtschaft.

29. 10. FRANKFURT (ESCHERSHEIM)

„Vielleicht sehen wir uns ja mal in Rom." Mit diesen Worten verabschiedet sich Pfarrer Köhler von mir, der in den nächsten Monaten in den Ruhestand gehen will und dann quasi ehrenamtlich die deutsche evangelische Kirche in Rom mitbetreuen wird. Ein Konzert in Rom, das wäre doch mal was ...

Drei- bis viermal im Jahr findet in der Andreasgemeinde in Frankfurt-Eschersheim Sonntagabend um 18 Uhr ein besonderer Gottesdienst statt. Ich bin bereits das dritte Mal da – nun endlich mal in voller Besetzung mit David und Helmut.

Die Kirche ist wie immer voll, die Leute sind gut drauf und wir feiern einen richtig schönen, lockeren und konzertanten Musikgottesdienst. Erst nach dem Gottesdienst entdecke ich Dieter Trautwein (Autor und Komponist von „Komm Herr, segne uns"). Wir begrüßen uns herzlich und ich überreiche ihm eine CD von „Ich bin ..."

31. 10. BAD BERGZABERN

„Endlich traut sich mal einer laut zu sagen, was ich schon seit vielen Jahren denke!" Eine Konzertbesucherin fällt mir fast um den Hals.

Klingenmünster, der Ort, wo ich die ersten sechs Jahre meines Lebens verbracht habe, liegt direkt neben Bad Bergzabern. Da bin ich also wieder in der Pfalz, in meiner alten Heimat.

Das Dekanat hat Fabian Vogt und mich anlässlich des Reformationstages eingeladen unser Buch „Die Sehnsucht leben" vorzustellen. Wir kommen relativ knapp an, Christa Brechtel, meine „Managerin" ist auch dabei, weil sie mal sehen will „was wir da eigentlich machen". Dementsprechend stolpern wir fast ein wenig in dieses Event, strampeln uns dann aber doch gut frei, so dass die rund 300 Besucher einen recht humorvollen, provokativ nachdenklichen Abend erleben.

IM AUTO

Fabian:	„Sag mal, wohin fahren wir eigentlich?“
Clemens:	„Ach, zu einem Wochenende mit lauter Kirchenvorstehern aus verschiedenen Gemeinden, die etwas über neue Gottesdienste lernen wollen.“
Fabian:	„Und was erzählst du denen den ganzen Tag?“
Clemens:	„Wieso ich? Ich dachte du!“
Fabian:	„Wieso ich? Ich dachte du!“
Clemens:	„Nein du!“
Fabian:	„Hast du irgendwelche Materialien dabei?“
Clemens:	„Wieso ich? Ich dachte du!“
Fabian:	„Wieso ich? Ich dachte du!“
Clemens:	„Nein du! Ich habe höchstens ein altes Video von einem Bistrogottesdienst im Koffer!“
Fabian:	„Toll!“
Clemens:	„Erzähl doch einfach ein bisschen was über ‚GoSpecial‘, euren neuen Gottesdienst in Niederhöchstadt!“
Fabian:	„Toll!“
Clemens:	„Dann lass uns was Neues überlegen!“
Fabian:	„Gut, wir haben ja eine Stunde Fahrt vor uns. Es ist großartig, dass Du als Fachmann für neue Gottesdienste dabei bist.“
Clemens:	„Wieso ich? Ich dachte du!“
Fabian:	„Wieso ich? Ich dachte du!“
Clemens:	„Nein du!“
Fabian:	„Also bitte, entwickeln wir gerade mal ein neues Konzept für Gottesdienste.“
Clemens:	„Na klar, warum nicht. Da habe ich schon lange Sehnsucht nach ...“
Fabian:	„Sehnsucht. Das ist nicht schlecht. Wir könnten nach den Sehnsüchten der Menschen gucken. Warum gehen Leute eigentlich in den Gottesdienst?“
Clemens:	„Das frage ich mich manchmal auch!“
Fabian:	„Ja, dann lass uns das doch mal überlegen. Was wollen die Leute da?“

Clemens:	„Geborgenheit, Erhabenheit, Freude, Annahme ..."
Fabian:	„Hingabe, Gemeinschaft ..."
Clemens:	„Los, hol einen Zettel und schreib mit. Wir machen erst eine kurze Einführung in die Liturgie. Dann fragen wir, welche Sehnsüchte sie erfüllt, und überlegen mit den Leuten, wie man das heute wieder lebendig werden lassen kann ..."
Fabian:	„Klingt gut. Habe ich so auch noch nie gehört. Tja, den Seinen gibt's der Herr im Schlaf."

Inzwischen ist das Buch „Die Sehnsucht leben" erschienen, das ob seiner profunden Qualifikation und der spürbar langen Vorbereitungs- und Einarbeitungszeit der Autoren von vielen Fachleuten gepriesen wird.

Fabian Vogt
Pfarrer, Kabarettist, Texter und Buchautor

3. 11. OFTERSCHWANG

Im Hotel Sonnenalp sind wir mal wieder zu Gast. Wir reisen extra schon um 14 Uhr an, um dieses wunderschöne Hotel meines alten Freundes Micki genießen zu können. Die Atmosphäre ist wie immer sehr herzlich. Freudiges Wiedersehen und längeres Gespräch mit M. und danach „Abhängen" in der Sauna, Schwimmen und Wohlfühlen. Abends um 21 Uhr ist dann Konzert im Birkenmoor, einem wunderschönen, kleinen Konzertsaal. Leider kommen nur rund 30 Leute – wir geben unser Bestes. Irgendwie fallen die starken, alten biblischen Bilder (z. B. Psalm 23) hier bei dieser reichen, glücklichen und gleichzeitig unglücklichen (weil oft einsamen) Klientel auf besonders fruchtbaren Boden. Anschließend noch gemütliches Beisammensein mit Herrn Jaczinski und Herrn Pfefferle mit Gattin.

7. 11. SULZFELD

„Schließlich, in einem wundervoll verdichteten Moment, begegnen Salz und Licht einander – Lichtstrahlen illuminieren die Illusion sanft rotierender Salz- und Quarzkristalle, eingebettet in orchestral arrangierte Synthi-Klänge. Das vielfach in den Kristallen bunt und spektral gebrochene Licht lässt den Betrachter eintauchen in eine zauberhafte Lichterfahrung ..." Ein wenig schmunzelnd lese ich den Pressetext zu unserem Tourneeprogramm „Salz & Licht" mit dem wunderbaren spanischen Pantomimen und Freund Carlos Martinez. Bei diesem Werbetext habe ich ja mal wieder ganz schön „auf den Putz gehauen", um letztendlich nichts anderes als eine am Boden rotierende Spiegelhalbkugel zu beschreiben, die von zwei farbigen Punktstrahlern beleuchtet wird.

Natürlich lebt unser gemeinsames „Pantomime und Chanson"-Projekt nicht in erster Linie von solchen Lichteffekten, sondern von dem wunderbaren Zusammenspiel dreier Künstler, die auch noch befreundet sind. Wir freuen uns alle auf diese Tour und wissen, dass wir viel Spaß haben werden. Als Lichttechniker und Aufbauhelfer haben wir Benni Backhaus dabei – ein unheimlich netter, fröhlicher und doch ernsthafter Typ.

In Sulzfeld ist die Kirche erst einmal kalt und die Lichtanlage funktioniert überhaupt nicht. Aber dann kommen Kaffee und Kuchen und ein Elektriker, und schon ist wieder alles im Lot. Wir sind zu Gast bei der sehr netten Familie Lürzel, die uns vor und nach dem Konzert verwöhnt.

Der Abend ist mit 450 Besuchern sehr gut besucht und wir merken, dass wir noch nicht richtig „drin" sind in unserem gemeinsamen Programm (u.a. sind wir ein bisschen zu kurz). Trotzdem, wie immer in Unterfranken: tolle Stimmung, auch der Fanclub aus Wülfershausen ist da (inklusive Transparent). Wiedersehen mit Gerhard Koch und vielen anderen.

8. 11. GÖPPINGEN/FAURNDAU

Morgens, bevor wir aufbrechen, fahren wir noch bei Oma Rita in Bad Königshofen mit einem Strauß Blumen vorbei und trinken ein Gläschen Sekt. Dann geht es weiter nach Faurndau im Großraum Stuttgart. Die Stiftskirche erweist sich als ein wunderschönes, sehr altes Gemäuer. Hier finden regelmäßig „Kulturevents" statt (so richtig mit nummerierten Plätzen und so). Wir fühlen uns gleich wohl und spielen hier sehr gerne. Die Leute sind unheimlich nett und engagiert.

Carlos und ich sind in einem Baustellenhotel untergebracht, es gibt keine Parkplätze, die Telefonleitung ist gekappt und morgens um acht setzt direkt über meinem Kopf ein Presslufthammer ein – das Leben kann schön sein.

9. 11. DARMSTADT

Zum Brunchen haben wir uns mit Andreas Malessa verabredet, der hier gleich um die Ecke wohnt. Ich kaufe einen schönen Strauß Blumen und klingele in der falschen Etage, woraufhin mir eine ältere Dame freudestrahlend die Tür öffnet, in der Meinung, die Blumen seien für sie gedacht. Als ich meinen Irrtum merke, ziehe ich sowohl mich als auch den Blumenstrauß zurück, um ihn dann endlich unserem Gastgeber respektive seiner werten Gattin zu überlassen. Im Nachhinein tut mir die ältere Dame Leid.

Nach einem wunderbaren Mahl und einer herzlichen Begegnung mit Andreas ziehen wir weiter gen Norden, machen einen kurzen Zwischenstop in Rimbach (Frau und Kinder herzen, alles durcheinanderbringen, CDs nachladen und weiter) und treffen am späten Nachmittag in der Freien evangelischen Gemeinde zu Darmstadt ein.

In dieser Gemeinde habe ich vor drei Jahren den Song „Halte die Freiheit im Spiel" vollendet. Es ist auch die Heimatgemeinde von Thomas und Dagmar (jener genialen Frau, die all die tollen grafischen Ideen für meine Plakate und CD-Cover hat). Der Gemeinderaum ist eine alte Fabrikhalle, die komplett saniert und toll ausgebaut wurde – ein wunderbar zweckmäßiger Raum. Alles ist prima: Die Bühne ist hoch und groß genug – wir haben genügend Helfer und es gibt einen sagenhaft leckeren vegetarischen Imbiss.

Das Konzert läuft gut, im Publikum entdecke ich u. a. Johannes Jourdan, Autor vieler neuer geistlicher Lieder – es ist schon toll, welche Tradition unsere Kirche mit Altautoren wie Trautwein und Jourdan im Bereich „neues geistliches Lied" hat.

10. 11. MANNHEIM

Die Kirche ist mit einer sehr guten und satten P. A. ausgestattet, die wir auch gleich mitnutzen – sehr guter Sound! Wir fühlen uns wohl und es wird, bei gut besetzter Kirche, ein gelungener und runder Abend. Viele Begegnungen mit alten Bekannten, Melanie und Michael aus Hamburg tauchen auf und ein Unbekannter schenkt mir mit dem Hinweis auf die „Ich bin"-Worte ein selbst gebackenes Brot!

***Idee:** „Gospel and Groove" heißt eine Konzertreihe der evangelischen Kirchengemeinde Mannheim Neckarau. Dabei handelt es sich um einen reizvollen Mix aus säkularen und sakralen Kulturveranstaltungen in dieser großen Kirche. Vier Wochen vor uns waren Edo Zanki und Xavier Naidoo mit einem Soulprojekt da. Heute sind wir mit „Salz & Licht" da, und nächstes Jahr präsentieren wir in dieser Reihe die „Nacht der Lieder" mit Joy Fleming. Es gibt immer eine Pause mit Ausschank (die einzige Kirche, die ich kenne, in der Hefeweizen ausgeschenkt wird) und Snacks, und das Ganze ist sehr professionell aufgezogen. Man/frau kann „Clubmitglied" werden und sich dadurch vergünstigt Karten sichern.*

11. 11. HAMBURG-LANGENFELDE

Es gibt mancherlei Gründe, warum im Herbst und Winter die Kirchen nur schlecht beheizt sind. In der evangelischen Kirche „Zum guten Hirten" in Hamburg-Langenfelde höre ich einen neuen Grund: Der Thermostat der Kirchenheizung würde nun endlich funktionieren (und zwar so, dass er sich für Sonntagmorgen rechtzeitig einschaltet) und dürfe nun auf keinen Fall verstellt werden (es ist ja erst Samstagabend)! Und so konzertieren wir bei lauschigen 16 Grad in dieser Hamburger Kirche.

Ansonsten ist alles prima – wir sind in unserer Lieblingsstadt, schon zum dritten Mal in diesem Jahr, und wir haben einen sehr netten und engagierten Kirchenmusiker (!) als Veranstalter.

Nach dem Konzert landen wir bei einem Italiener, wo ich mir dummerweise sehr zähes Fleisch bestelle. Mitten im Essen und Plaudern bleibt mir plötzlich ein Bissen im Hals stecken und will nicht weiterwandern. Egal was ich unternehme – das Fleischstückchen hängt fest. Ich begebe mich daraufhin ins Hotel, versuche mich zu entspannen und lege mich schlafen. Morgens um 5 Uhr wache ich auf, denn ich habe Schmerzen und außerdem höre ich immer so ein glucksendes Geräusch. Ich merke, dass der Fleischbrocken wohl immer noch nicht weitergewandert ist. Versuche, ihn erneut mit Wasser runter- und weiterzuspülen, bleiben vergeblich.

Daraufhin kriege ich ein wenig Panik, rufe ein Taxi und lasse mich in die Universitätsklinik Hamburg bringen. Der Hals-Nasen-Ohren-Arzt dort untersucht gründlich meine Ohren und meine Nase, bis ich ihm andeute, dass der Fleischbrocken wohl eher in der Speiseröhre steckt, er schickt mich weiter in die Endoskopie, wo man mir „unter Betäubung" am besten weiterhelfen könne. Mittlerweile ist es 6 Uhr morgens und ich rufe David im Hotel an: Um 10 Uhr ist ein Gottesdienst, den wir musikalisch gestalten sollen und bei dem ich auch predigen soll – das kann nun leider nicht stattfinden. Daraufhin sitzt der arme David grübelnd in seinem Zimmer und überlegt, was er nun machen soll.

Dieselbe Zeit verbringe ich in einer Art Wartehalle der Uniklinik, denn der zuständige Spezialist muss sich erst noch auf den Weg machen. Um diese Zeit treiben sich an der Uniklinik allerlei abenteuerliche Gestalten herum.

Um 8.15 Uhr ist es dann endlich so weit. Ein todmüder Clemens unterschreibt ein Formular, aus dem hervorgeht, dass er schlimmstenfalls auch darauf eingestellt ist zu sterben, und ab geht's in die Narkose. Um 8.50 Uhr erwache ich, der Fleischbrocken ist weg, ich lebe noch und rufe um 9 Uhr David im Hotel an: „Hallo hier ist der Geist von Clemens, ich habe um 8.40 Uhr meinen Körper verlassen ..." David zeigt sich wenig beeindruckt und fragt, ob ich den Gottesdienst jetzt machen könne oder nicht – na klar, sage ich und taumle um 10 Uhr in die Kirche, singe, predige und lasse mich dann ins Auto fallen, da wir abends um 17 Uhr an der holländischen Grenze (tolle Planung, Christa!) noch den letzten Abend von „Salz & Licht" haben.

Sieben gute Gründe, warum eine Kirche im Winter kalt bleibt (gesammelte Küsterzitate):

1. Du kannst eine Kirche im Winter nicht heizen ...

2. „... weil die Orgel so unglaublich empfindlich ist, dass sie bei einer bestimmten Temperatur (zw. 14 – 16 Grad) gehalten werden muss. Wenn man da einfach heizen würde, würde sie sich verstimmen und kaputt gehen." – Ob die Menschen in der Kirche frieren, ist dabei egal. Wir lernen: Der Mensch ist für die Orgel gemacht und nicht die Orgel für den Menschen.

3. „... weil der Putz sonst von der Decke kommen würde." – Das behauptete ein Küster allen Ernstes und verwies dabei auf erste ernsthafte Risse in der Wand. „Denn bei 14 Grad herrscht genau die richtige Luftfeuchtigkeit, damit die Decke oben bleibt."

4. „... weil der Thermostat endlich funktioniert." – Paradox, aber wahr ist dieses Argument, das uns in einer Hamburger Kirche begegnete. Gemeint war: Der Thermostat funktionierte endlich so, dass er für Sonntagmorgens die Kirchenheizung in Gang brachte. Würde man das nun verstellen, würde diese eine Sache auch nicht mehr funktionieren.

5. „... weil dieses alte Gemäuer sowieso nicht zu heizen ist, da müsste man Tage vorher anfangen zu heizen und das rentiert sich ja alles nicht."

6. „... weil der Thermostat auf 16 Grad eingestellt ist und man ihn einfach nicht höher drehen kann (verblombt)."

7. „... weil die Kirche nur eine Bankheizung hat und es vorne (wo die Musiker spielen) sowieso immer kalt bleibt."

8. „... weil die Kirche gar keine Heizung hat."

12. 11. UELSEN

Wenn die ersten Reihen einer Kirche so gestellt sind, dass die Gemeinde mit dem Rücken zum Altarraum sitzt, dann befindet man sich u. U. in der Reformierten Kirche zu Uelsen. Ein sehr engagiertes Veranstalterteam erwartet uns, wir bauen die Bühne kurzerhand um und „packen" die ganze Veranstaltung mitten in den Raum. Die Kirche ist um 17 Uhr mit 450 Leuten rappelvoll, so dass manche die Performance von Carlos nur von hinten bestaunen können. Im Anfangsteil intoniert noch ein ziemlich guter Projektchor aus dieser Gemeinde. Die Kerze bei der Lichtmeditation will ums Verrecken nicht angehen, aber insgesamt mögen wir alle die Atmosphäre hier – nur ich bin total „im Eimer".

Auf dem Nachhauseweg setzen wir Benni noch an einem Rasthof ab, wo ihn ein Taxi erwartet, und dann schlafe ich bis Rasthof Wetterau, während Carlos mit David darüber sinniert, wie man wohl mit Pantomime eine CD machen könnte.

21. 11. IDSTEIN-WÖRSDORF

Heute wird's ernst, wir haben den ersten Abend mit unserem „Ich bin"-Projekt. „Spohni" – so heißt unsere Veranstalterin – hat sich mächtig ins Zeug gelegt, so dass die kleine Kirche von Wörsdorf aus allen Nähten platzt. Das Interessante an diesem „Ich bin"-Konzept ist die Kombination von Chor- und Gemeindemitsingprojekt und Multimediashow. Wobei die Multimediashow quasi die homiletische Leistung bringt, die biblischen Texte in einen gesellschaftspolitischen Zusammenhang zu stellen. Die Bilder und Filme wurden von dem Gießener Medienteam (Hans Günter Ulmer, Stefanie Flauger) zusammengestellt.

Es klappt alles prima, der Chor macht einen guten Sound. Jörg Wegel ist diesmal als unser Techniker dabei und managt Auf- und Abbau, Lichttechnik und Videobeamer. Vorne im Altarraum ist es schon sehr eng, aber wir kommen klar.

Kurios: Der Gemeindepfarrer möchte zum Schluss gerne einigen Leuten Blumen überreichen und stellt dabei fest, dass er gar keine Blumen hat (zumindest nicht in der Kirche), und so zählt er auf, wer alles Blumen bekommen würde, wenn er sie denn hätte.

Später düsen wir durch die verregnete Nacht, wo wir um etwa 1 Uhr von unseren Wirtsleuten in Nidda (Brauerei Hotel Traube) erwartet werden. Hier bleiben wir zwei Nächte und können tagsüber am Laptop arbeiten.

22. 11. REICHELSHEIM

Nach einem arbeitsreichen Tag fahren wir rüber nach Reichelsheim, der kleinsten Stadt in Hessen. In der wunderschönen Kirche haben etwa 220 Menschen Platz und es riecht nach Schmalzbroten. Die gibt es dann auch in der Pause.

Am Anfang präsentiert sich der örtliche Chor mit vier sehr unterschiedlichen Musikbeiträgen (u.a. eine recht mutige Improvisation im spanischen Folklorestil), wir stellen uns musikalisch vor und üben die Lieder für das Programm mit dem Publikum ein. Nach einer kurzen Pause kommt dann „Ich bin ..." Ich habe den Eindruck, es geht immer besser, wir werden immer lockerer, wenngleich meine Stimme sich nach und nach verabschiedet. Nach dem Konzert reden wir noch ein wenig mit den Gästen, bauen ab und fahren in unser schönes Hotel, wo wir den Abend im „Brauereiflair" ausklingen lassen.

23. 11. HUNGEN

Stell dir vor, du bist sehr erkältet, deine Stimme ist fast weg, aber du hast abends ein Konzert und außerdem noch nachmittags eine Probe mit einem Chor. **Tonart** heißt der 25-köpfige Chor, der uns in seinem Habitus ein wenig an PopCHORn erinnert (Schwarz-rotes Outfit, gute Stimmen, immer Sekt parat). David übernimmt die Probe, während ich im Hintergrund bleibe und nur die nötigsten Texte singe und spreche.

Jörg geht es auch nicht gut, er hat wahrscheinlich Fieber und Schüttelfrost, aber er hält tapfer durch. Die Multimediashow projizieren wir überdimensional an die große, weiß gekalkte Wand direkt unter der Decke der Kirche. Die Pfarrerin liest die Frauenstimme. Alles in allem geht der Abend gut über die Bühne – meine Stimme wird immer leiser, so dass David ab der Hälfte des Konzertes meine Stimme stützen muss, indem er unisono mitsingt.

Nach dem Konzert bauen wir alle gemeinsam ab und „feiern" noch ein bisschen beim Italiener. Ich bin froh, dass ich den Abend heil überstanden habe, und entspanne mich zusehends.

24. 11. HAMBURG-HARBURG

Die Apostelgemeinde in Hamburg gehört zu den ersten Gemeinden, die mich bereits in meinen Anfängen als Liedermacher engagiert haben. Im Herbst 1980 lud mich Rainer Haak, damals Pfarrer dieser Gemeinde, für eine ganze Woche ein. Zu den unterschiedlichsten Anlässen durfte ich meine Lieder zum Besten geben: Vom Konfirmandenunterricht über den Seniorennachmittag bis hin zum Gottesdienst war alles dabei – ach ja, zwei

Konzerte durfte ich, glaube ich, auch geben. In dieser Zeit lernte ich auch Christina und Michael, zwei sehr kreative, junge und innovative Grafiker kennen, die gemeinsam mit Rainer an Buchprojekten sowie dem „Mach-mit-Kalender" arbeiteten.

In den ersten fünf Jahren meiner Karriere als Liedermacher war diese Gemeinde für David und mich sehr wichtig, sie war neben der Anscharkirche in Neumünster unsere „Anlaufstation" im hohen Norden. Und so kommen fast heimatliche Gefühle auf, als wir nach langer, langer Zeit (nach 15 Jahren) mal wieder die Ausfahrt Marmsdorf runterfahren und vor der Kirche zum Stehen kommen. Wir werden sehr herzlich empfangen. Ein großes Team von Leuten bastelt an einer neuen Anlage herum, die Leinwand wird aufgehängt und die Kaffeemaschine „schnorchelt".

Ein sehr guter Chor, bestehend aus zwölf Leuten, unterstützt uns bei diesem „Ich bin"-Konzert – es wird unser bisher bester Abend. Mit meiner Stimme geht es allmählich wieder aufwärts.

Nach dem Konzert setze ich mich ab und fahre nach Kiel, wo ich mich mit Hartmut Engler und den Jungs von PUR (die hatten in Kiel „etwas" mehr Leute als wir in Harburg) treffe – es wird eine lange und lustige Nacht. Am nächsten Morgen fahre ich mit dem ICE nach Fulda, wo ich von meinem ehemaligen Weggefährten (Spezialvikar) Wolfram S. abgeholt und zu unserem nächsten Konzertort gebracht werde.

25. 11. LAUTERBACH-MAAR

„Dieser David Plüss is' ein feiner Mensch, wenn der kommt, misst ihr all rutsche, dass der newe mich kommt ..." – so O-Ton der Chorleiterin, als wir im Anschluss an den Abend noch im Restaurant nebenan beisammensitzen. Sie hat voller Enthusiasmus und mit großem Engagement diesen Abend mit ihrem Chor vorbereitet. Leider ist meine Stimme durch die Fete in Kiel auch nicht gerade besser geworden – aber heute Abend haben wir eine hervorragende Solistin, die den „Piloten" und auch andere Soli sehr gut singt.

Die Kirche ist rappelvoll und in der Aufregung beendet Wolfram (der hier nun Gemeindepfarrer ist) seine etwas konfuse Begrüßung aus Versehen mit „Auf Wiederhören!" Bei dem Lied „Sei behütet" entfährt mir ausgerechnet bei der Textzeile „... spüre ich den Wind, der uns umweht ..." ein leiser, aber durchaus ausdrucksstarker Leibeswind und „dampft" in Richtung Helmut – da muss ich doch sehr aufpassen, dass ich nicht laut lospruste. Helmut hat nach eigener Aussage nichts gerochen.

26. 11. KLOPPENHEIM

„Wir haben alle Texte und Soli aufgeteilt", erwidert mir ein Mädchen aus dem Chor, als ich sie frage, ob sie die Sprecherin der Texte sei. Unwillkürlich steigt mir Angstschweiß auf die Stirn. Das kann nicht klappen! Aber zum Glück lasse ich mich darauf ein (es bleibt mir auch gar nichts anderes übrig, zumal von meiner Stimme mittlerweile kaum noch was zu hören ist), denn der Chor macht das ganz prima. Ich lobe den „Backgroundchor", so nennt sich der Chor wirklich, dann auch öffentlich als „unseren mutigsten Chor auf dieser Tour". Den Chor leiten Timo und Steffi, zwei alte Bekannte, die ich im September getraut habe. Zu diesem Konzert kommt auch Thomas aus Bischofsheim und nimmt die Lichtanlage mit, da er die „Stille Nacht"-Tournee mit Carlos und seinem Ensemble betreut, die wir von Musik*Kultur*Verkündigung geplant haben und durchführen. Alles läuft prima und wir sind abends um 22 Uhr zu Hause.

2. 12. OFTERSCHWANG

„Wir hatten Rene Kollo, Hermann Prey, Max Greger und Circus Roncalli. Und unsere Gäste haben gewissermaßen einstimmig gesagt: ‚Die Nacht der Lieder' war das Beste, was wir in 14 Jahren Goldclubwoche geboten haben." Solch hohes Lob aus professionell kommerziellem Munde (Hotel Sonnenalp „Hotelier des Jahres 2000") und das noch gegen Jahresende, das freut einen natürlich ganz besonders. Mit großem Tross sind wir hier zu Gast – PopCHORn ist mit drei großen Reisebussen (120 Personen) angereist, alle, auch Joy Fleming, sind einen Tag früher gekommen, um die Show völlig relaxed und in angenehmem Ambiente zu erleben und durchzuführen. Im Vorfeld sind wir alle ein wenig angespannt, aber es wird ein wunderbarer Abend, bei dem ich für meinen alten Freund Micki endlich auch mal ein Lied singen kann.

Die wirklich in jeder Hinsicht verwöhnten Sonnenalp-Gäste sind restlos begeistert und ich werde auch am nächsten Tag noch permanent angesprochen. Auch Christa ist dabei und wir nutzen die Rückfahrt für ausführliche Planungsgespräche.

MEHR DAVON!

Einen außergewöhnlichen Auftritt bekam ich durch einen sehr engagierten Pfarrer und Liedermacher – Clemens Bittlinger. Obwohl es für mich Neuland war, aber dennoch eine faszinierende Idee, einmal in Kirchen und Gemeindesälen aufzutreten, war ich auch kurz entschlossen dazu bereit, bei dem Projekt „Nacht der Lieder" mitzumachen. Mit meinem Freund und Pianisten Bruno Masselon stellte ich ein Programm zusammen, das, basierend auf Gesang und Klavier, den Geschmack des Publikums traf, was sich durch den Erfolg und den Applaus bestätigte.

Durch Titel wie „Sei behütet" und „Merry Christmas" wurde der gemeinsame Auftritt mit Clemens Bittlinger und dem Chor PopCHORn für mich unvergesslich. Diese kleine Tournee war mit so viel Liebe, Aufmerksamkeit und Menschlichkeit gefüllt, dass man sich als Künstlerin wünscht, es gäbe viel mehr davon.

Joy Fleming
Blues-Sängerin

6. 12. ERLANGEN

Viele alte Bekannte und eine tolle Konzertatmosphäre erwarten uns im Gemeindehaus am Bohlenplatz in Erlangen. David schmunzelt schon – mal wieder ereilen mich heimatliche Gefühle. Von Erlangen, meiner alten Uni-Stadt, werden wir herzlich bis euphorisch aufgenommen. „Flöte und Klang" heißt unsere weihnachtliche Kurztournee mit Special Guest Christine Soest (Blockflöten), und wir finden ziemlich schnell zueinander. Da meine Lichtanlage mit dem Carlos-Projekt „Stille Weihnacht" unterwegs ist, haben wir die Veranstalter dieser Tournee gebeten, jeweils eine Lichtanlage zu stellen, und lernen hier gleich ein sehr effektives Modell von kompakter und „dimmbarer" Lichttechnik kennen.

Wiedersehen mit Marc Peradoner, der mal vor 19 Jahren ein ziemlich lustiges Konzert für uns organisiert hat und der heute für Radio Don Camillo arbeitet. Nach dem Konzert ziehen wir uns mit Freunden zurück in unser Hotel in Frauenaurach, wo uns noch eine Käseplatte und ein guter Wein erwarten. Mir geht es nicht so gut – die Nacht wird wenig erholsam.

7. 12. DITTELBRUNN

Ab 9 Uhr sitzen wir wieder im Auto und sind auf dem Weg nach Frankfurt, wo wir zu einer Sitzung erwartet werden. Es geht um den zentralen Eröffnungsgottesdienst beim Deutschen Evangelischen Kirchentag in Frankfurt, den David und ich zusammen mit einer Bläsersektion, Giora Feidmann und Joy Fleming eröffnen sollen. Martin leitet die Sitzung, wir haben uns schnell verständigt und sitzen um 14 Uhr wieder im Auto nach Schweinfurt.

Auch hier heimatliche Gefühle – Schweinfurt war lange Zeit **die** Bezugsstadt für uns als Familie (als wir noch in Wetzhausen/Ufr lebten) und in Dittelbrunn wohnte meine Querflötenlehrerin (jawohl, ich habe einmal Querflöte gelernt ...). Rolf und seine Frau Angela sind liebe alte Bekannte: Angela kenne ich seit 24 Jahren, Rolf ist Pfarrer in Dittelbrunn und hat eine wunderschöne kleine Kirche, die „Arche". Es wird ein nettes, kleines Konzert, allerdings bin ich nicht sehr fit.

8. 12. GERMERING

„Eile mit Weile" heißt die schweizerische Variante des beliebten Gesellschaftsspieles „Mensch ärgere dich nicht", das erfahre ich an diesem Abend durch eine Konzertansage von David. Dazu hat er ein Instrumentalstück geschrieben. Ich muss schmunzeln, dokumentiert doch der unterschiedliche Name dieses Spieles auf liebenswerte Weise die Mentalitätsunterschiede zwischen Deutschland und Schweiz. Christine Soest beginnt aufzutauen. Heute gefällt sie mir auf der Bühne zum ersten Mal richtig gut. Sicher trägt auch die Tatsache, dass ihre Familie und viele aus ihrer Gemeinde anwesend sind, zu ihrem Wohlbefinden bei.

9. 12. BORKEN

„Schnuffel, der Bär" ist eine Tierfigur, die unser Veranstalter Roland Brandt erfunden hat. Dazu hat er ein Kinderbuch herausgebracht, das eine Zeit lang auf Platz eins der „Literatur-Bestenliste" meines Sohnes Robin stand. Das erzähle ich Roland gleich bei unserer ersten Begegnung und erfahre dabei, dass er seit diesem Buch nichts mehr veröffentlicht hat. Wir ermutigen und inspirieren ihn, doch wieder literarisch aktiv zu werden.

Christine schlottern ein wenig die Knie angesichts des Eintrittspreises von 25,- DM. Das ist sicherlich der höchste Eintrittspreis für eines unserer Einzelkonzerte in diesem Jahr. Aber diese Preisgestaltung scheint hier üblich zu sein, denn die Kirche ist gut gefüllt.

Es wird ein schönes Konzert, bei dem Christine endlich auch eine eigene Konzertansage macht. Das Programm „Flöte & Klang" wächst zusammen.

10. 12. FLENSBURG

Es ist geschafft – das letzte von 110 Konzerten in diesem Jahr ist absolviert. Wir waren zu Gast bei der sehr freundlichen Landeskirchlichen Gemeinschaft in Flensburg und donnern nun nach Hause. David fährt, Christine erzählt und ich versuche am Laptop zu arbeiten. Es war ein anstrengendes, aber erfülltes Konzertjahr. „Danke, lieber Gott, für alle Bewahrung, für alle gelungenen Konzerte und für die vielen guten Begegnungen."

Clemens Bittlinger

Clemens Bittlinger ist Liedermacher, Pfarrer und Kommunikationswirt. In den letzten 20 Jahren wurde er durch über 2.000 Konzerte für viele zu einem festen Begriff für gute und tief gehende Texte, humorvolle bis bissige Zwischenansagen und zeitgemäß poppige Gemeindelieder. Viele der bekannten Kirchentagshits stammen aus seiner Feder. Als Beauftragter für musisch-kulturelle Verkündigung in der Evangelischen Kirche von Hessen und Nassau hat er zusammen mit verschiedenen Teams neue geistlich geprägte Kulturveranstaltungen entwickelt und war Initiator und Moderator der RTL-Osterrocknacht und der ZDF-Bistro- und Kleinkunst-Gottesdienste.

Veröffentlichungen

1981	LP „Mensch bist Du's wirklich?!" (Abakus)
1983	LP „Jeder Mensch braucht einen Menschen" (Abakus)
1987	LP/CD „schwer zu sagen" (Pila)
1988	LP/CD „Mensch sing mit" (Pila)
1988	Textband „Grund genug" (Aussaat)
1990	LP/CD „Fenster in die Nacht" (Pila)
1992	Arbeitshilfe „Bezahlt – die Jugendkulturwoche"
1993	CD „selten" (Pila)
1994	CD „Mensch sing mit 2" (Pila)
1995	Arbeitshilfe „Aufstehn, aufeinander zugehn"
1995	Buch „Auf Wellen kann man gehen" (Brendow)
1996	CD und Notengesamtausgabe „Auf der Grenze" (Pila)
1996	Arbeitshilfe „Bistro Nachtcafe & Bistrogottesdienste"
1997	CD „Lieder vom Kirchentag" (Pila)
1998	CD und Notenausgabe „Aus heiterem Himmel" (Sanna Sound)
1999	Buch „Die Sehnsucht leben – Gottesdienst: neu entdeckt" (Kösel)
1999	CD und Chornoten zu „Ich bin ..." (Sanna Sound)
2000	Multimediaprojekt „Ich bin ..." (Sanna Sound)
2000	CD Clemens Bittlinger & Freunde: LIVE (Sanna Sound)
2001	CD und Noten „Hellhörig" (Sanna Sound/R. Brockhaus)

David Plüss

In der Schweiz geboren, lebt und arbeitet seit mehr als 25 Jahren als Komponist, Arrangeur, Keyboarder und Pianist in einem vielfältigen kulturellen Umfeld.: Über 200 CDs ganz unterschiedlicher Künstler hat er als Produzent und Musiker betreut. Vom Kindermusical über Pop- und Rock-Produktionen bis hin zu klassischer Musik – Davids Kreativität und stilistische Bandbreite prägte auch die Bühnenprojekte renommierter Liedermacher, Instrumentalisten, Chöre und Schauspieler.
Beim 21. Deutschen Evangelischen Kirchentag in Stuttgart 1999 war David Plüss für den Abschlussgottesdienst als verantwortlicher musikalischer Leiter zuständig, 2001 trägt er die Verantwortung für die Musik der offiziellen Eröffnungsfeier in Frankfurt am Main.
„Pur" ist der vielseitige Pianist und Keyboarder seit zwölf Jahren auf Instrumental-Alben zu hören – nie aufdringlich und schrill, aber immer eindrücklich und aussagestark. An keiner Stelle banal, sondern in jedem Takt herausfordernd. „Musik ist die Stimme des Herzens", sagt David Plüss, „und wo diese Stimme gehört wird, findet sie auch Heimat."
Andreas Malessa

Veröffentlichungen

1986	„Beflügelt" (Creation)
1989	„Jahreszeiten" (Creation/Anker)
1991	„tasten – berühren" (Creation/Anker)
1991	Bühnenmusik zur 700-Jahr-Feier der Schweiz
1994	„Stille Momente" (Anker)
1998	„Piano Colors" (Anker/GBG)
2000	„Flügel der Fantasie" (Creation)
2001	Filmmusik zur Multivision „Hinter dem Horizont"

Daneben zahlreiche Produktionen mit verschiedenen Musikern:

„Morgenstern" – mit Hans-Jürgen Hufeisen (Anker)
„Abend und Morgen" – mit Hans-Jürgen Hufeisen (Anker)
„Durchbruch" – mit Hans-Jürgen Hufeisen (Anker)
„Marimbaleo" – mit Helmut Kandert (Creation)
„Tanz der Flöte" – mit Bettina Kahl (Anker)
„Die fantastische Flöte" – mit Christine Soest (Anker)
„Pianissimo" – mit Johannes Nitsch und Helmut Kandert (Anker)
„taste to taste" – mit Johannes Nitsch und Helmut Kandert (Anker)

Chorproduktionen:

„Das Leben loben Vol. 1-4" – mit Martin Falk und Chor Con Spirito (Anker)
„Gemeinschaft feiern" – Pop-Kantate (Gerth Medien)

Produzent und Arrangeur für:

Clemens Bittlinger, Jessy Dixon, Gerhard Schöne, Markus Dolder, Jonathan Böttcher, Adonia Chöre u. a.